FUKUOKA

CHALET Travel Book

CONTENTS

Fukuoka Must Trip
후쿠오카 여행에서 꼭 해야 하는 12가지   006

Fukuoka Travel Itineraries
후쿠오카 추천 일정   008

Fukuoka Dining
후쿠오카 다이닝   010

- 01 이건 꼭 먹어야 돼! 후쿠오카의 명물 음식   012
- 02 간편하고 부담 없는 우동   014
- 03 본고장의 맛, 돈코츠 라멘   018
- 04 작지만 알찬 히토구치 교자   022
- 05 일본 문화가 담긴 한 점, 스시   024
- 06 든든한 한 끼, 후쿠오카의 밥집   028
- 07 500엔 동전 하나로 먹는 밥집   032
- 08 대인기! 줄 서서 먹는 후쿠오카 맛집   034
- 09 재료도 스타일도 각양각색 야키토리   037
- 10 후쿠오카에서 맛보는 커피   040
- 11 팔로워가 다녀간 그곳, 인스타에서 지금 핫한 카페   044
- 12 디저트 천국 후쿠오카 A to Z   048
- 13 보기 좋고 맛도 좋은, 팬케이크 맛집   052
- 14 빵을 좋아하는 사람들 모여라! 후쿠오카 빵   055
- 15 야타이가 있어 후쿠오카의 밤은 길다, 후쿠오카 야타이   058
- 16 후쿠오카 이자카야   060
- 17 ALL THAT MENTAIKO 명란젓의 모든 것   062

Fukuoka Best Shopping Spot
후쿠오카 베스트 쇼핑 스폿   067

- 01 JR 하카타 시티   068
- 02 캐널시티 하카타   072
- 03 텐진 지하상가   076
- 04 파르코   079
- 05 후쿠오카 라이프스타일 숍   082
- 06 후쿠오카 편집 숍   086
- 07 후쿠오카 잡화점   088
- 08 여성들을 위한 코스메틱 브랜드 추천   090
- 09 아카짱 혼포   092
- 10 마리노아시티 아웃렛   093
- 11 여행 선물 고민 끝! 후쿠오카 베스트 기념품   096
- 12 후쿠오카 드러그스토어 베스트 쇼핑 아이템   098
- 13 후쿠오카 슈퍼마켓 쇼핑 아이템   101
- 14 후쿠오카 편의점 쇼핑 아이템   103

이 책을 보는 방법

본문 정보

- 📍 찾아가는 방법
- 🕐 오픈 시간
- ☎ 전화번호
- 🏠 주소
- ¥ 요금 (입장료, 숙박요금)
- @ 홈페이지

지도

- 📷 관광명소
- 🍴 레스토랑, 카페, 바
- 🛍 숍, 쇼핑몰, 백화점
- H 호텔, 료칸, 게스트하우스
- ♨ 온천시설
- Ⓕ 지하철역
- 🚉 JR역, 니시테츠역
- ⚓ 항구
- 🚢 관광 크루즈
- 🚌 버스정류장
- 🚕 택시 승차장
- ⓘ 인포메이션센터

여행 정보의 업데이트

샬레트래블북 후쿠오카는 2023년 10월까지 수집한 정보와 자료로 만들었습니다.
단, 책에 소개되어 있는 관광지와 숍, 레스토랑의 오픈시간 및 요금, 교통편과 관련된 내용은 현지 사정에 따라 변경될 수 있습니다. 샬레트래블북은 6개월 또는 1년 마다 가장 최신 정보가 업데이트 된 개정판을 발행합니다.

Fukuoka City
후쿠오카 지역별 정보 　　　　　　　　　　105

01 하카타 博多　　　　　　　　　　　　107
02 나카스 & 기온 中洲 & 祇園　　　　　　113
03 텐진 天神　　　　　　　　　　　　　120
04 야쿠인 & 이마이즈미 薬院 & 今泉　　　131
05 오호리공원 & 모모치 大濠公園 & ももち　136
06 롯폰마쓰 六本松　　　　　　　　　　141
07 베이사이드 ベイサイド　　　　　　　145
08 후쿠오카 추천 호텔　　　　　　　　　150

Around Fukuoka
후쿠오카 근교 　　　　　　　　　　　152

01 노코노시마 能古島　　　　　　　　　153
02 아이노시마 相島　　　　　　　　　　155
03 난조인 南蔵院　　　　　　　　　　　157
04 다자이후 太宰府　　　　　　　　　　158
05 야나가와 柳川　　　　　　　　　　　164
06 모지코 門司港　　　　　　　　　　　168
07 유후인 湯布院　　　　　　　　　　　172
08 벳푸 別府　　　　　　　　　　　　　185
09 쿠로카와 黒川　　　　　　　　　　　205
10 타케오 武雄　　　　　　　　　　　　213
11 우레시노 嬉野　　　　　　　　　　　219
12 나가사키 長崎　　　　　　　　　　　225

미리 알아두면 좋은 후쿠오카 여행정보　　239

낭만적인 항구 도시

FUKUOKA

福岡

. MUST 1 .

후쿠오카 밤의 낭만, 나카스 야타이에서
시원한 맥주 한잔 — P. 60

. MUST 2 .

학문의 신이 있는 다자이후텐만구를 방문하고
명물 떡도 맛보기 — P. 142

. MUST 3 .

분위기 있는 아담한 카페 코히비미에서
맛있는 커피 마시기 — P. 43

. MUST 4 .

후쿠오카 명물 명란젓(멘타이코)
맛보기 — P. 64

. MUST 5 .

도심 속 정원, 라쿠스이엔에서
녹차 한잔과 차분한 명상의 시간 — P. 110

. MUST 6 .

노코노시마에서 바다와 꽃밭을 배경으로
인생 샷 남기기 — P. 150

. MUST 7 .

백화점, 쇼핑몰이 모인 JR하카타시티에서
하루 종일 쇼핑하기 — P. 70

. MUST 8 .

버스로 2시간 30분, 아기자기한
온천 마을 유후인에서 온천으로 릴랙스 — P. 158

. MUST 9 .

시사이드 모모치 해변에서 파란 바다 보며
아이스크림 먹기 — P. 129

. MUST 10 .

하카타 인기 빵집 모두 다 가보기!
긴 줄 끝에 Get한 소중한 빵 — P. 56

. MUST 11 .

후쿠오카 대표 화과자 가게 스즈카케에서 예쁘고
맛있는 일본식 디저트 즐기기 — P. 51

. MUST 12 .

후쿠오카의 소울 푸드, 독특한 향과 고소한 맛의
돈코츠 라멘 먹기 — P. 18

FUKUOKA DINING

이건 꼭 먹어야 돼!
후쿠오카의 명물 음식

지역 음식을 먹는 것은 곧 그 지역의 문화를 체험하는 것이라고 할 수 있을 만큼
여행지를 선택할 때 점점 더 중요한 기준이 되고 있는 음식!
큐슈의 최대 도시 후쿠오카는 돈코츠 라멘, 모츠나베, 미즈타키 등 어느 하나를 명물 음식으로 꼽기 어려울 만큼
다채로운 먹거리로 가득하다. 후쿠오카 여행에서 안 먹고 돌아오면 섭섭한, 한 번쯤은 꼭 먹어봐야 할 명물 음식을 소개한다.

돈코츠 라멘 豚骨ラーメン
오랜 시간 끓인 뽀얀 우유 빛깔의 진한 돼지 뼈 수프와 가늘고 곧은 면의 돈코츠 라멘 특유의 향에 익숙해지면 고소하면서도 진한 맛에 푹 빠져든다.

독특한 향에 익숙해지는 순간, 푹 빠져드는 라멘

미즈타키 水炊き
우리나라의 백숙과 비슷한 후쿠오카의 대표 향토 요리 미즈타키는 닭 육수에 적당한 크기로 썬 채소와 닭고기를 차례차례 넣고 각 단계마다 국물과 건더기를 맛보는 것이 특징이다.

닭고기의 맛을 제대로 느낄 수 있는 전골 요리

히토구치 교자 一口餃子
한입에 쏙 들어가는 크기의 히토구치 교자는 얇고 야들야들한 만두피가 특징이다. 시원한 맥주, 돈코츠 라멘과도 환상의 궁합을 자랑한다.

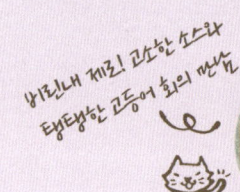

후쿠오카에서 만두 하면 ★ 히토구치 교자!

바다내음 제린 고소한 소스와 탱탱한 고등어 회의 만남

고마사바 ごまさば
신선한 고등어 회에 달콤한 간장과 참깨를 섞은 소스를 올려 먹는 고마사바는 고등어 회를 즐겨 먹는 후쿠오카에서 이자카야의 안주 또는 밥반찬으로 널리 사랑받고 있다.

우동 うどん
우동의 발상지로 알려진 후쿠오카! 탄력이 덜한, 부드러운 질감의 면이 후쿠오카 우동의 특징이다. 특히 우엉 튀김을 올린 고보텐 우동ごぼう天うどん은 후쿠오카에서 꼭 먹어볼 것!

간편하고 부담 없이 먹을 수 있는 한 그릇, 우동

담백한 국물 맛에 콜라겐이 풍부한 곱창전골

모츠나베 もつ鍋
양배추와 부추 등의 채소와 신선한 소, 돼지고기 부속(곱창, 위장, 소장 등)을 넣고 끓인 전골 요리 모츠나베는 후쿠오카의 3대 음식 중 하나. 된장 또는 간장 베이스의 담백하고 깊은 맛의 국물은 우리 입맛에도 잘 맞는다.

명란젓(멘타이코) 明太子
우리나라의 음식 명란젓이 후쿠오카로 넘어가면서 후쿠오카의 명물이자 일본 전역에서 사랑받게 되었다. 날것 또는 구워서 먹거나 유자나 고춧가루를 첨가하고 빵, 마요네즈와 곁들이는 등 다양한 음식으로 변신한 명란젓을 만나보자.

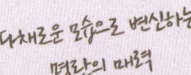

다채로운 모습으로 변신하는 명란의 매력

• FUKUOKA DINING •

간편하고 부담 없는 우동 うどん

부담 없는 가격으로 간편하게 먹을 수 있는 음식이자 일본의 대표 로컬 푸드 중 하나인 면 요리, 우동うどん. 가마쿠라시대에 후쿠오카 사찰 조텐지承天寺의 쇼이치 국사가 중국 송나라에서 우동의 제작법과 제분 기술을 도입, 이것이 일본 전국에 퍼져나가 각 지방마다 다른 맛과 형태로 우동이 발달하게 되었다. 따뜻하거나 차갑게 즐길 수 있어서 사계절 언제든지 먹을 수 있는 우동을 발상지인 후쿠오카에서 맛보자.

우동의 종류

카케우동 かけうどん

따끈한 국물에 면이 담겨 나오는 가장 기본적인 우동으로 지역에 따라 토핑이 다르게 올라간다.

자루우동 ざるうどん

물에 헹궈 차게 식힌 면을 시원한 육수에 찍어 먹는 우동

붓카케우동 ぶっかけうどん

면에 간장과 국물을 조금씩 뿌려서 먹는 우동으로 따뜻하거나 차게 먹을 수 있다. 또한 면에 날달걀을 넣어 비벼먹는 우동을 가마타마 우동 釜玉うどん 이라고 한다.

후쿠오카에서 꼭 먹어야 하는 우동

후쿠오카 하카타의 우동은 간장을 만들 때 사용하는 단백질 함유량이 적은 밀가루로 우동 면을 만들기 때문에 면이 부드럽기로 유명하다.

고보텐 우동 ごぼう天うどん

우엉 튀김이 토핑으로 올라간 것으로 후쿠오카 현내 우동 전문점에서 흔히 볼 수 있다.

마루텐 우동 丸天うどん

북큐슈 지역 대표 우동의 하나로 생선 살로 만든 동그란 튀김어묵이 올라가 있다.

FUKUOKA DINING
우동

하카타 & 나카스·기온
다이치노 우동　大地のうどん

주문을 받는 즉시 튀긴 우엉을 올린 따뜻한 고보텐 우동(ごぼう天うどん, 530엔)과 각종 채소 튀김에 차가운 우동 면이 함께 나오는 야사이텐 붓카케우동(野菜天ぶっかけ, 710엔)이 맛있다. 양이 넉넉할 뿐 아니라 우동 외에도 덮밥이나 츠케멘 등 식사 메뉴가 다양해 주변 샐러리맨을 비롯한 현지인이 많이 찾는 곳이다.

- JR하카타博多역 하카타 출구에서 도보 3분, 하카타역 지하상가 치카텐ちかてん
- 11:00~16:00, 17:00~21:00　+81-92-481-1644
- 福岡市博多区博多駅前2-1-1 朝日ビル B2F

'커다란 우엉 튀김은 비주얼도 맛도 GOOD'

하카타 & 나카스·기온
우동타이라　うどん平

후쿠오카 맛집 상위권에 항상 랭크되어 있는 우동타이라는 쫀득한 식감의 수제 면을 맛볼 수 있는 곳이다. 주문과 동시에 면을 치고 삶아내는 생동감 있는 모습을 눈앞에서 감상할 수 있어 흥미롭다. 어묵튀김과 우엉튀김이 토핑 된 마루텐고보 우동(丸天ごぼううどん, 580엔)과 고보텐 우동(ごぼう天うどん, 500엔) 등이 인기. 점심시간에는 줄이 길게 늘어서니 살짝 피해서 가도록 하자.

- JR하카타博多역 하카타 출구에서 도보 11분
- 11:15~15:00, 일·공휴일 휴무
- +81-92-431-9703
- 福岡県福岡市博多区住吉5-10-7

'하카타 사람들은 다 아는 소문난 맛집'

하카타 & 나카스·기온
히가쿠레 우동　葉隠うどん

2014년에 미슐랭 가이드의 '비부구루망 빕그루망' 가게로 선정된 곳으로 현지인들에게 인기 있는 우동 전문점이다. 가게에서 바로바로 뽑아 삶아 나오는 우동 면은 다른 집들과 달리 칼국수 면처럼 굵고 부들부들한 것이 특징이며, 인기 메뉴는 니쿠고보텐 우동(肉ごぼう天うどん, 680엔)으로 넉넉한 양에 비해 저렴한 가격이 매력적이다.

- JR하카타博多역 치쿠시 출구에서 도보 13분 / 지하철 공항선 하카타博多역 동쪽 5번 출구에서 도보 11분
- 11:00~15:00, 17:00~21:00, 일·공휴일 휴무, 8월 오봉 휴무
- +81-92-431-3889　　福岡市博多区博多駅南2-3-32

'저렴한 가격으로 먹는 부드러운 우동'

FUKUOKA DINING
우동

하카타 & 나카스·기온
미야케 우동
みやけうどん

1954년에 시작한 우동집으로 건물에서부터 오랜 연식이 고스란히 느껴진다. '고독한 미식가'에서 주인공이 먹은 마루텐 우동(丸天うどん, 500엔)이 이곳의 대표 메뉴이다. 조금 두꺼운 면발이 특징이며 새우튀김, 어묵튀김(마루텐), 우엉튀김, 계란 등 원하는 토핑을 선택해 먹을 수도 있다.
- 하코자키선箱崎線 고후쿠마치呉服町역 5번 출구에서 도보 5분
- 11:00~18:30(토요일은 ~17:00), 일·공휴일 휴무
- +81-92-291-3453
- 福岡県福岡市博多区上呉服町10-24

하카타 & 나카스·기온
에비스야 우동
えびすやうどん

일본 최고의 우동을 가리는 'U-1 그랑프리'에서 2014년 준우승을 수상한 갈비붓가케우동(カルビぶっかけうどん, 860엔)이 대표메뉴로 탱글한 면발에 갈비와 고소한 달걀 노른자가 어우러진 우동이다. 흰 쌀밥과 세트로 나오는 스태미나 우동(スタミナうどん, 770엔)도 인기. 한국어 메뉴가 있다.
- JR하카타博多역 하카타 출구에서 도보 10분
- 11:30~18:00, 수요일 휴무
- +81-92-262-1165
- 福岡県福岡市博多区住吉2-4-7, Residence Hakata, 101

하카타 & 나카스·기온
카로노우롱
かろのうろん

하카타 사람이라면 누구나 다 안다는 유명 우동집이다. 하룻밤 반죽을 숙성시켜 만든 부드러운 면과 홋카이도산 해산물을 사용한 깔끔하고 부드러운 국물이 끝내주게 어울린다. 명란젓 하나를 통째로 올린 멘타이코 우동(からし明太子うどん, 950엔)과 우엉 튀김을 올린 고보텐우동(ごぼう天うどん 650엔)이 맛있다. 사진 촬영이 안 되는 점을 주의하자.
- 지하철 공항선 기온역 5번 출구에서 도보 6분
- 11:00~19:00, 화요일 휴무
- +81-92-291-6465
- 福岡県福岡市博多区上川端町2-1

FUKUOKA DINING
우동

후쿠오카의 우동이자카야

우동의 발상지인 후쿠오카에 지금, 우동을 메인으로 하는 선술집 우동이자카야うどん居酒屋가 속속 문을 열고 있다. 맥주부터 와인에 이르기까지 다양한 종류의 술과 함께 우동과 여러 가지 안주를 맛볼 수 있는 후쿠오카의 우동 이자카야를 만나보자.

텐진
카마키리 우동 釜喜利うどん

후쿠오카의 인기 이자카야 니와카야 쵸스케二○加屋長介의 자매점으로 우동을 메인으로 다양한 술과 안주를 즐길 수 있는 곳이다. 씹을수록 차지고 쫄깃한 카마키리의 우동을 맛볼 수 있는, 반숙 달걀을 비벼 먹는 담백한 온타마붓카케 우동(温玉ぶっかけ, 715엔)과 상큼한 초록색 영귤을 가득 올린 스다치카케 우동(すだちかけ 700엔, 2~5월은 825엔) 등이 인기이다.

- 지하철 공항선 아카사카赤坂역 2번 출구에서 도보 5분
- 11:30~22:00, 화요일 휴무
- +81-92-726-6163
- 福岡市中央区大名1-7-8

하카타 & 나카스・기온
니와카야쵸스케 二○加屋 長介

간단하게 우동에 술 한잔을 겸하고 싶을 때 부담 없이 찾을 수 있는 곳이다. 심플한 맛의 쇼유우동(しょうゆうどん 605엔)과 고보텐우동(ゴボ天うどん 660엔)이 대표메뉴이다. 하카타역 옆에 있는 JRJP빌딩 지하의 300보요코쵸(300歩横町)에 위치해 오다가다 편하게 들를 수 있어 더욱 좋다.

- JR하카타博多역 하카타 출구에서 도보 5분
- 11:00~24:00, 비정기 휴무
- +81-92-409-0203
- 福岡市博多区中央街8-1JRJP博多ビルB1F

하카타 & 나카스・기온
츠키요시 つきよし

'우동과 가볍게 한잔(うどんとちょいと飲み)'이라고 써있을 정도로 다양한 우동 메뉴가 준비되어 있는 우동 이자카야이다. 100종류가 넘는 다양한 안주를 저렴하게 즐길 수 있으며 달걀에 비벼 먹는 가마타마우동(かまたまうどん 577엔), 모듬회(500엔) 등이 인기이다. 예약을 하는 편이 좋다.

- 지하철 공항선 나카스카와바타中洲川端역 나카스카와바타 출구에서 도보 3분
- 18:00~23:00, 일・공휴일 휴무
- +81-92-282-4030
- 福岡県福岡市博多区須崎町5-7

• FUKUOKA DINING •

본고장의 맛
돈코츠라멘
豚骨ラーメン

후쿠오카 사람들의 소울 푸드로 사랑받고 있는 돈코츠 라멘은 후쿠오카현 쿠루메시에서 우연히 만들어진 후 큐슈 각 지역으로 건너가면서 수프와 면 등이 달라지게 되었다고 한다. 오랜 시간 끓여낸 뽀얀 우유 빛깔의 진한 돼지 뼈 수프와 가늘고 곧은 면이 하카타 돈코츠 라멘의 특징이다. 처음 먹을 때는 특유의 향 때문에 잘 맞지 않는 경우도 있지만, 먹을수록 고소하면서도 진한 맛에 푹 빠져들게 되는 음식이다. 놓치지 말고 꼭 맛보도록 하자.

후쿠오카, 라멘 주문은 이렇게

돈코츠 라멘에 사용되는 면은 굉장히 가늘기 때문에 주문하는 방법도 남다르다.
라멘집에 갔을 때 당황하지 않고 능숙하게 주문하기 위해 아래의 용어들을 미리 알아두면 좋다.

면의 삶아진 정도
バリカタ 바리카타

하카타 라멘 가게에서는 면의 삶아진 정도가 어떤 것이 좋은지 미리 물어보는 경우가 많다. 일반적으로는 보통인 후츠우普通를 선택하지만 취향에 따라 살짝 쫄깃한 면 상태인 카타硬め, 혹은 20~60초 정도로 짧게 삶아 단단한 면인 바리카타바리硬로도 주문할 수 있다.

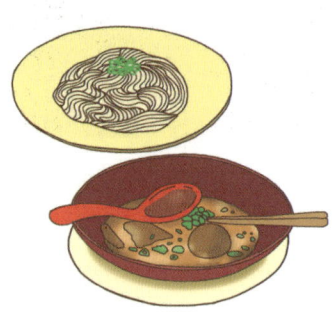

면의 리필
替え玉 카에다마

하카타 라멘 전문점에서는 곱배기의 개념이 없는 대신 카에다마라는 면 리필 서비스를 아주 저렴한 가격이나 무료로 제공하고 있다. 카에다마를 주문하면 면만 따로 용기에 담아 가져다 주기 때문에 스프에 넣고 양념을 더해 먹으면 된다.

FUKUOKA DINING
라멘

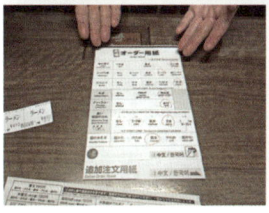

하카타 & 나카스·기온
이치란 본사 총본점
一蘭本社総本店

TV에 여러 번 방영되어 우리에게는 독서실 라멘 집으로 유명한 이치란은 후쿠오카에서 시작된 라멘 프랜차이즈로 후쿠오카 시내에만도 8개 지점이 있다. 나카스의 본점은 큐슈 최대 규모로 1층은 포장마차 스타일, 2층은 독서실 칸막이 좌석으로 되어 있으며 메뉴는 돈코츠 라멘(980엔) 한 종류. 한국어로도 쓰여 있는 주문서에 면의 익힘 정도, 파와 차슈의 양, 맵기를 선택해 주문하면 된다.

* 현재 1층 테이블 좌석은 이용할 수 없다.

- 지하철 공항선 나카스카와바타中洲川端역 2번 출구에서 도보 1분
- 24시간
- +81-92-262-0433
- 福岡市博多区中洲5-3-2

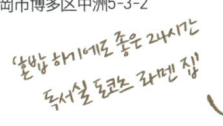

'술밥 하기에도 좋은 24시간 독서실 돈코츠 라멘 집'

'후쿠오카에서 시작해 세계로 뻗어나가는 인기 라멘 집'

텐진
하카타 잇푸도 다이묘 본점
博多 一風堂 大名本店

맛있는 하카타 돈코츠 라멘 집으로 손꼽히는 잇푸도는 큐슈뿐 아니라 일본 전역에 이어 해외까지 진출한 인기 라멘 집이다. 기본 돈코츠 라멘인 하카타 돈코츠 라멘(博多とんこつらぁめん, 820~1120엔)과 간장 라멘인 하카타 쇼유 라멘(博多しょうゆらぁめん, 860~1160엔) 등이 있다. 라멘과 곁들이기 좋은 교자(470엔), 볶음밥(430엔) 같은 메뉴도 있다.

- 니시테츠후쿠오카(텐진)西鉄福岡(天神)역 솔라리아 출구ソラリア口에서 도보 7분
- 11:00~22:00, 비정기 휴무
- +81-92-771-0880
- 福岡市中央区大名1-13-14

FUKUOKA DINING
라멘

하카타 & 나카스·기온
잇코샤
博多一幸舍

후쿠오카를 대표하는 돈코츠 라멘 전문점. 돼지고기와 해산물을 함께 끓여서 담백하면서도 진한 국물은 돈코츠 라멘 특유의 냄새가 강하지 않아 누구나 즐겨 먹을 수 있는 것이 특징이다. 인기 메뉴는 반숙 달걀을 올린 잇코샤아지타마 라멘(一幸舍味玉ラーメン, 930엔). 라멘, 밥, 한입 교자가 함께 나오는 세트(1000엔)도 인기.

- JR하카타博多역 하카타 출구에서 서일본시티은행西日本シティ銀行 방향으로 도보 5분
- 11:00~23:00(일요일은 21:00까지), 연말연시 휴무
- +81-92-432-1190
- 福岡市博多区博多駅前3-23-12 光和ビル1F

베이사이드
간소나가하마야
元祖長浜屋

하카타 라멘의 특징인 면을 추가로 더 주문하는 시스템인 '카에다마(替玉, 면 사리)'가 시작된 가게로 메뉴는 라멘(ラーメン, 550엔) 한 종류와 면 사리(替玉, 150엔), 고기 사리(替肉, 100엔)로 매우 단출하다. 먼저 라멘 티켓을 구매한 후 점원에게 건네면서 면의 삶기 정도에 따라 카타멘(かた麺, 꼬들꼬들한 면) 혹은 야와멘(やわ麺, 부드러운 면) 등 취향대로 주문하면 된다.

- 지하철 공항선 아카사카赤坂역 1번 출구에서 도보 10분
- 06:00~01:45, 연말연시에 일주일 정도 휴무
- +81-92-711-8154
- 福岡市中央区長浜2-5-25 トラストパーク長浜3-1F

FUKUOKA DINING
라멘

텐진
하카타 라멘 신신 텐진 본점
博多らーめんShinShin 天神本店

후쿠오카의 유명 야타이(포장마차)에서 시작한 돈코츠 라멘 전문점이다. 돼지 뼈 육수에 큐슈산 닭고기와 향미 채소를 더한 깊고 진하면서도 깔끔한 국물과 얇은 면발의 조화가 일품이다. 기본 메뉴인 하카타신신 라멘(博多ShinShinらーめん, 760엔) 이외에도 야키 라멘(博多焼きらーめん, 700엔), 하카타 짬뽕(博多チャンポン 920엔) 등 여러 가지 면 요리를 즐길 수 있다.

- 지하철 공항선 텐진天神역 4번 출구에서 도보 4분
- 11:00~03:00, 수요일 휴무, 비정기 휴무
- +81-92-732-4006
- 福岡市中央区天神3-2-19 1F

하카타 & 나카스 기온
라멘지난보 하카타본점 らーめん二男坊

2009년 하카타 라멘 총선거에서 1위를 차지한 곳으로, 느끼함과 고기냄새, 짠맛을 줄인 진한 국물로 특히 여성들에게 인기이다. 이곳의 가장 인기 메뉴는 반숙 계란과 큼직한 챠슈(삶은 돼지고기)가 올라간 타마라멘(半熟煮玉子らーめん 850엔). 텐진 파르코 지하 1층에도 지점이 있다.

- JR하카타博多역 하카타출구에서 도보 4분
- 11:00~22:30(일·공휴일 ~20:30), 비정기 휴무
- +81-92-473-5558
- 福岡県福岡市博多区博多駅前2-16-4

텐진
원조 아카노렌 元祖赤のれん 節ちゃんラーメン 天神本店

1946년 창업, 3대째 이어온 노포이다. 반나절 이상 푹 고아 낸 돈코츠 육수에 간장으로 맛을 낸 라멘은 580엔이며, 라멘, 교자 3개, 밥 반 공기가 세트인 라멘 정식(ラーメン定食, 780엔)도 종일 주문할 수 있다. 리즈너블한 가격과 텐진 중심부라는 편리한 위치로 점심시간에는 현지인과 관광객이 긴 줄을 만든다. 예약을 안 받기 때문에 점심시간은 피해 가는 것이 좋다.

- 지하철 공항선 텐진天神역에서 도보 7분
- 11:00~22:00, 화요일, 공휴일 휴무
- +81-92-741-0267
- 福岡市中央区大名2-6-4 プラスゲート天神1F

● FUKUOKA DINING

작지만 알찬
히토구치교자
一口餃子

1940년대 후반 하카타의 야타이(포장마차)에서 시작되었다고 알려진 후쿠오카의 명물 만두, '히토구치 교자一口餃子'는 얇고 야들야들한 만두피가 특징이다. 이름처럼 한입에 쏙 들어갈 정도로 크기가 작기 때문에 교자를 좋아하는 사람이라면 혼자서 2~3인분도 거뜬히 먹을 수 있다. 교자를 굽는 방식, 곁들이는 양념과 만두소는 가게마다 조금씩 다르기 때문에 여러 곳을 방문해 비교해가며 맛보는 것도 재미있다. 시원한 맥주와 환상의 짝꿍이자 따끈한 밥, 돈코츠 라멘의 반찬으로도 좋은 히토구치 교자 맛집 3곳을 엄선해보았다.

호불호 없이 누구나 좋아할 만한 맛

텐진
테무진
テムジン 大名店

수제 교자 전문점인 테무진은 1963년 텐진에 가게를 오픈한 후 꾸준한 인기를 누리며 도쿄, 오사카, 나가사키 등 일본 전역에 지점을 차례로 오픈하고 있다. 차진 만두피에 풍부한 채소와 다진 쇠고기를 넣은 교자는 담백하면서도 고소해 자꾸 손이 간다. 야키 교자(焼き餃子, 10개 570엔).

📍 지하철 아카사카赤坂역 5번 출구에서 도보 8분
🕐 월~금요일 17:00~01:00, 토요일 11:00~01:00,
   일요일 및 휴일 11:00~24:00
📞 +81-92-751-5870
🏠 福岡市中央区大名1-11-2

FUKUOKA DINING
히토구치 교자

하카타 & 나카스 · 기온
아사히켄
旭軒 駅前本店

1954년 포장마차에서 시작된 후쿠오카의 인기 교자 전문점으로 주말에는 하루에 5000개씩 팔릴 만큼 꾸준히 사랑받고 있다. 간판 메뉴인 한입 크기의 야키 교자(焼き餃子, 10개 380엔)는 바삭 쫄깃하며 14가지 재료가 들어 있는 교자소는 육즙이 풍부하고 씹는 맛이 일품이다. 간장으로 양념해 구운 닭 날개(手羽先, 1개 100엔)는 일찍 품절되니 유의하자.

- 📍 JR하카타博多역 하카타 출구에서 도보 4분
- 🕒 15:00~24:00, 일요일 휴무
- ☎ +81-92-451-7896
- 🏠 福岡市博多区博多駅前2-15-22

'친근한 분위기, 부담 없이 맥주 한잔과 교자'

하카타 & 나카스 · 기온
하카타 기온 테츠나베
Hakata Gion Tetsunabe, 博多祇園鉄なべ

테츠나베 교자(鉄鍋餃子, 철판에 구운 만두)의 원조인 곳으로 가게 안에는 배우와 뮤지션 등 유명인이 방문한 사진들로 장식되어 있어 그 인기를 실감하게 한다. 표면이 노릇노릇해질 때까지 바삭하게 익힌 야키 교자(焼き餃子, 1인분 8개 500엔)는 고소한 맛이 일품이다. 3인분부터는 동그란 철판에 나온다.

- 📍 지하철 기온祇園역 5번 출구에서 도보 4분
- 🕒 17:00~23:00, 일요일 및 공휴일 휴무, 연말연시 및 8월 오봉 휴무
- ☎ +81-92-291-0890
- 🏠 福岡市博多区祇園町2-20

'비주얼이 독특한 철판 교자는 과자처럼 바삭바삭'

• FUKUOKA DINING •

일본 문화가 담긴 한 점
스시

寿司

식초가 들어간 초밥과 신선한 해산물이 결합된 일본을 대표하는 요리, 스시寿司. 전후 고급 요리였던 스시는 1980년대 들어 테이크 아웃 스시나 회전 초밥 등 다양한 형태로 변모했고 이제는 편의점이나 슈퍼마켓에서도 쉽게 구매할 수 있는 친숙한 음식이 되었다. 항상 신선하고 다양한 스시를 맛볼 수 있는 후쿠오카의 유명한 스시 전문점을 소개한다.

• 스시를 먹거나 주문할 때 참고할 점 •

- 간장(쇼유, 醬油)은 가능한 재료 쪽에만 살짝 찍어서 먹는 것이 좋다.
- 스시는 종류와 상관없이 크기가 좀 크더라도 한입에 먹는 것이 베스트. 재료 부분을 혀 밑에 먼저 닿게 해 맛을 음미하자.
- 고급 스시 집을 방문할 때는 너무 강한 향수를 뿌리지 않도록 주의하자.
- 회전 초밥 집에서 컨테이너 위에 나와 있지 않은 스시나 음료, 디저트 등은 별도로 주문해야 한다. 테이블 위에 있는 주문 표를 작성하거나 점원에게 따로 주문하면 된다. 접시 색깔에 따라 가격이 구분되는 경우가 많으므로 주문 전 테이블 메뉴 등으로 미리 확인하자.

• 스시를 먹는 순서 •

스시를 먹을 때는 가능한 한 담백하면서 맛이 강하지 않은 흰 살 생선 종류(도미나 오징어 등)로 시작해서 점차 맛이 진한 참치나 붕장어를 먹는 것을 추천한다.
딱히 순서를 두지 않는다면 다음 스시를 먹기 전에 차를 마시면서 입안을 산뜻하게 하는 것도 스시 맛을 온전히 즐기는 데 도움이 된다.

FUKUOKA DINING 스시

한눈에 보는 스시 종류

니기리즈시 握りずし

ネタ 네타(재료)
シャリ 샤리(밥)

니기리즈시 네타(ネタ, 재료)의 종류

사몬	이까	엔가와えんがわ	아지	부리	타마고	우나기	사바
サーモン(연어)	イカ(오징어)	(광어 지느러미)	あじ(전갱이)	ぶり(방어)	たまご(달걀)	うなぎ(장어)	さば(고등어)

마구로	추토로	호타테	에비	히라메	타이	아와비	고하다
まぐろ(참치붉은살)	中とろ(참치뱃살)	ほたて(가리비)	えび(새우)	ヒラメ(광어)	鯛(도미)	アワビ(전복)	コハダ(전어)

마키즈시 巻きずし

ネタ 네타(재료)
海苔 노리(김)

마키즈시 네타(ネタ, 재료)의 종류

네기토로	이쿠라	우니	토비코	카니미소	데마키
ねぎとろ(다진 참치와 파)	いくら(연어 알)	うに(성게 알)	とびこ(날치 알)	かにみそ(게 내장)	手巻き(김말이)

야쿠인 & 이마이즈미

스시타츠쇼 寿司たつ庄

2014년 미슐랭 원스타를 획득한 스시집으로 전국에서 손님이 찾아올 정도로 맛이 보장된 곳이다. 생선으로 계절감을 느끼게 하고 싶었다는 주인의 의지처럼 계절별로 최상의 맛을 자랑하는 스시를 맛 볼 수 있다. 스시 12개가 나오는 런치는 1만 1000엔, 주인이 추천해주는 디너 오마케세 코스(おまかせコース)는 3만 3000엔.

- 지하철 나나쿠마선 야쿠인藥院역에서 도보 7분
- 11:30~14:00, 18:00~22:00, 일요일·공휴일 휴무
- +81-92-522-3390
- 福岡県福岡市中央区高砂1-19-28エスポワール渡辺通南1F

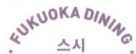

FUKUOKA DINING
스시

한 번쯤 기분 내기, 고급 스시 전문점

야쿠인 & 이마이즈미
야마나카
鮨割烹 やま中本店

일본 건축의 거장 이소자키 아라타가 디자인한 콘크리트 건물에 자리한 야마나카는 재료의 식감을 살린 조리와 섬세한 플레이팅으로 눈과 입이 모두 즐거운 수준급의 스시를 내놓고 있다. 1층에는 스시 장인들과 직접 대화를 나눌 수 있는 카운터 석과 테이블 석, 2층에는 개별실이 있다. 런치에 니기리にぎり 3850엔, 죠니기리上にぎり 4950엔, 토쿠죠니기리特上にぎり 6050엔 등의 가격으로 즐길 수 있다. 사전 예약을 하는 편이 좋다.

- 지하철 나나쿠마선 또는 니시테즈텐진오무타선 야쿠인薬院역에서 도보 4분
- 월~토요일 11:30~14:00, 18:00~22:00, 일요일 휴무, 8월 오봉, 연말연시 휴무
- +81-92-731-7771
- 福岡市中央区渡辺通2-8-8

하카타 & 나카스·기온
스시바 카와쇼
西中洲 博多前寿司 河庄

1947년부터 영업해온 스시전문점이다. 1층은 카운터석만 있고, 2층은 개별실로 되어 있다. 큐슈 근해에서 잡은 30여 종의 신선한 생선과 식초를 적당히 가미한 카와쇼 전통 방식으로 만든 밥이 조화를 이루어 생선 본연의 맛이 그대로 느껴진다. 런치 코스는 7700엔부터, 디너코스는 1만 3200엔부터.

- 지하철 나카스카와바타中洲川端역 1번 출구에서 도보 2분
- 월요일 17:00~22:00, 화~토 11:00~14:30, 17:00~22:00, 일요일 휴무
- +81-92-761-0269
- 福岡県福岡市中央区西中洲5-13 河庄

하카타 & 나카스·기온
타츠미 스시 총본점
たつみ 寿司総本店

후쿠오카를 대표하는 창작 스시 전문점. 간장을 찍어 먹는 보통의 스시와 달리 각각의 스시 재료에 맞게 양념이 되어 있는 독특한 스시를 맛볼 수 있다. 11시부터 오후 5시까지 판매하는 런치 메뉴(우메 코스梅コース 3000엔, 타케 코스竹コース 4000엔, 마츠 코스松コース 5500엔)는 가성비가 뛰어나 인기이다. 나가하마와 텐진 이와타야 백화점에도 지점이 있다.

- 지하철 나카스카와바타中洲川端역에서 도보 2분
- 11:00~22:00, 월요일, 1월 1일 휴무
- +81-92-263-1661
- 福岡市博多区下川端町8-5

1~3	야마나카
4~5	스시바 카와쇼
6	타츠미 스시 총본점

FUKUOKA DINING
스시

착한 가격의 저렴한 스시 전문점

하카타 & 나카스·기온
우오가시
博多魚がし 博多1番街店

후쿠오카 여행의 시작점인 하카타역과 연결된 JR하카타시티 지하 1층에 있어 접근성이 뛰어난 회전 초밥 집이다. 매일 아침 어시장에서 가져온 싱싱한 제철 생선을 이용한 30여 가지 초밥이 한 접시당 176엔부터 시작하며, 가장 인기 있는 메뉴인 장어, 야키 아나고焼あなご를 주문하면 바로 구워주기 때문에 따뜻하게 먹을 수 있다. 초밥 7개가 함께 나오는 세트 메뉴 도쿠타쿠(どんたく, 1969엔)도 있다.

- JR하카타博多역과 연결, JR하카타시티 지하 1층 하카타1번가博多1番街 내
- 11:00~21:30, 12월 31일은 20:00까지, 1월 1일 휴무
- +81-92-413-5223
- 福岡市博多区博多駅中央街1-1　JR博多シティ B1F

텐진
스시쇼군
すし将軍 新天町店

서서 먹는 회전스시집으로 스시 한 접시 99~605엔까지로 비교적 합리적인 가격으로 스시를 즐길 수 있다. 원하는 메뉴를 터치패드(한국어, 영어 지원)로 주문하는 방식으로 쉽게 주문할 수 있다. 텐진의 아케이드 신텐초에 있어 찾아가는 데 어렵지 않다.

- 지하철 공항선 텐진天神역 2, 6번 출구에서 도보 4분
- 11:00~22:00
- +81-92-717-5115
- 福岡市中央区天神2丁目7-245新天町南通り1F

텐진
효탄스시 총본점
ひょうたん寿司

가성비 맛집으로 관광객은 물론 현지인들까지 항상 긴 줄이 늘어서는 텐진의 대표 스시 전문점이다. 알찬 구성의 효탄 정식(ひょうたん定食, 1430엔, 주말은 1540엔)이 대표적인 인기 점심 메뉴이다. 성게 알이나 전복, 참치 뱃살 등도 함께 나오는 오늘의 특선 本日の特選ネタづくし도 점심 한정으로 3630엔의 가격에 맛볼 수 있다.

- 니시테츠후쿠오카(텐진)西鉄福岡(天神)역에서 도보로 2분, VIORO 건물 뒤편에 위치
  * 솔라리아 스테이지 지하 2층에 회전 초밥 분점 ひょうたんの回転寿司도 운영
- 11:30~15:00, 17:00~21:00 연말연시 휴무
- +81-92-722-0010
- 福岡市中央区天神2-10-20 新天閣ビル 2F·3F

1~3　우오가시　　4~5　스시 쇼군　　6~8　효탄스시

027

• FUKUOKA DINING •

든든한 한 끼, 후쿠오카의 밥집

라멘과 우동, 디저트 등 맛있는 음식이 넘쳐나는 후쿠오카이지만 여행을 하다 보면 꼭 한 번씩 고슬고슬한 밥과 따끈한 국, 제대로 된 밥 한 끼가 생각날 때가 있다. 후쿠오카 여행에서 밥심이 절실한 당신에게 딱 맞는, 괜찮은 후쿠오카 밥집을 소개한다.

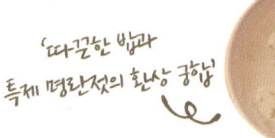

'따끈한 밥과 특제 명란젓의 환상 궁합'

하카타 & 나카스·기온

고항야 쇼보안

| 일본 가정식 | ごはん家 椒房庵

기본에 충실한 건강하고 맛있는 일본식 가정 요리를 테마로 한 레스토랑. 특히 가마솥에 갓 지은 따끈한 밥과 후쿠오카 명물인 특제 명란젓의 조화는 익숙하면서도 그 맛에 새삼 감탄하게 된다. 명란젓을 비롯한 반찬과 국, 생선 구이 등이 나오는 정식 세트(2400엔)가 있어 든든하게 한 끼를 먹고 싶은 여행자들에게 사랑받는다.

📍 JR하카타博多역에서 연결, JR하카타시티 아뮤플라자 9층
🕐 런치 11:00~16:00, 디너 17:00~23:00
☎ +81-92-409-6611
🏠 福岡市博多区博多駅中央街1-1 JR博多シティアミュプラザ博多9F くうてん

FUKUOKA DINING
밥집

텐진
카마메시 빅토리아
| 가마솥밥 | 釜めしビクトリア

1954년 오픈한 가마솥 밥 전문점이다. 엄선한 재료와 비법 육수로 지어낸 가마솥밥은 오픈 이래 지금까지 꾸준히 사랑받아 오고 있다. 새우, 닭고기, 산나물, 스키야키, 연어, 명태알 등 다양한 재료가 들어간 가마솥 밥이 있다(960~1050엔). 가장 인기있는 것은 다진 양념 소고기와 스크램블 에그가 반 씩 들어간 하카타 카마메시 소보로(博多釜めし そぼろ, 1050엔).

- 지하철 공항선 텐진天神역 2, 6번 출구에서 도보 4분
- 11:00~19:30, 비정기 휴무
- +81-92-771-4081
- 福岡市中央区天神2-7-144（新天町商店街）

'비법 육수로 갓 지은 따끈따끈 솥밥'

텐진
키스이테이 와라쿠
| 해산물 덮밥 | 喜水亭 和樂 博多店

하카타 시티 9층 쿠우텐くうてん에 있는 해산물 전문 레스토랑이다. 신선한 해산물 덮밥을 즐길 수 있다. 가장 인기 있는 메뉴는 정식 카츠사키젠(筐咲季膳, 2640엔)으로 매달 바뀌는 생선 요리와 반찬, 회 3종류, 계란찜, 밥과 국이 함께 나온다. 이 밖에도 해산물 덮밥, 연어 덮밥, 도미 덮밥, 참치 덮밥 등의 정식 메뉴가 있다(2310~3410엔).

- JR하카타博多역과 연결, JR하카타시티 9층
- 11:00~15:00, 17:00~22:00, 일요일 11:00~22:00, 비정기 휴무
- +81-92-292-6001
- 福岡市博多区博多駅中央街1-1JR博多シティ9F

'신선한 해산물 덮밥'

FUKUOKA DINING 밥집

베이사이드
오키요 식당
| 해산물덮밥 | おきよ食堂

큐슈 각지의 수산물이 모이는 후쿠오카 나가하마 선어시장鮮魚市場의 시장 회관 내에 있는 오키요 식당은 이른 아침부터 문을 여는 스시 집이다. 큼지막한 회와 성게 알, 연어 알을 듬뿍 올린 카이센동(해산물덮밥, 海鮮丼, 1500엔)이 인기이며 시오사바(塩サバ, 고등어), 아지후라이(アジフライ, 전갱이 튀김) 등에 밥, 국, 반찬이 함께 나오는 800엔의 정식도 인기.

- 지하철 아카사카赤坂역 5번 출구에서 도보 10분
- 09:00~14:30, 18:00~21:30, 일요일 휴무, 연말연시, 8월 오봉 휴무
- +81-92-711-6303
- 福岡市中央区長浜3-11-3 市場会館 1F

'바다 향 가득한 화려한 해산물덮밥에 도전!'

텐진
덴푸라 히라오
| 튀김 | 天麩羅処ひらお 大名店

후쿠오카에서 오랫동안 사랑받았던 튀김 전문점 히라오가 텐진 바로 옆의 다이묘로 이전해 문을 열었다. 가게에 들어서기 전에 자판기에서 메뉴를 정하고 식권을 구입해 주문할 수 있으며 간단한 한국어 메뉴도 준비되어 있다. 튀김뿐만 아니라 반찬으로 제공되는 오징어 젓갈과 숙주 무침도 별미이다. 원하는 튀김 종류를 선택할 수 있는 오코노미 정식(お好み定食, 990엔), 고등어 튀김이 포함된 덴푸라 정식(天ぷら定食, 890엔) 등의 정식 메뉴에는 밥과 된장국이 포함되어 있다.

- 지하철 공항선 텐진天神역 2번 출구에서 도보 5분 / 지하철 아카사카赤坂역 5번 출구에서 도보 6분
- 10:30~21:00, 연말연시(12/31-1/2) 휴무
- +81-92-752-7900
- 福岡市中央区大名2-6-20

'새롭게 이전 오픈! 바삭바삭한 맛은 그대로'

텐진
왓파테이쇼쿠도우
| 일본 가정식 | わっぱ定食堂

푸짐하고 다양한 정식 메뉴가 있는 일본 가정식 밥집으로 대표 메뉴인 돈지루 정식(豚汁定食 1180엔), 하카타의 특산물 명란젓과 낫토가 함께 나오는 하카타 정식(博多定食 1280엔) 등이 인기이다. 반찬과 밥, 밥 위에 뿌려먹는 후리카케는 추가로 가져다 먹을 수 있다. 평일 한정으로 오픈부터 15시까지는 890엔에 가라아게, 돈카츠, 고등어구이 등의 정식 런치 메뉴를 즐길 수 있다. 테이크아웃도 가능하다.

- 지하철 공항선 나카스카와바타中洲川端역 1번 출구에서 도보 5분
- 11:30~21:30, 수요일 휴무(공휴일인 경우 오픈)
- +81-92-771-8822
- 福岡県福岡市中央区今泉1-11-7

텐진
마코토
| 고등어 정식 전문점 | 真

방송 잡지 등 각종 매체에 여러 번 소개된 텐진 지역의 인기 밥집으로 점심에는 고등어구이 정식(鯖の一枚焼き定食 1000엔) 한가지 메뉴만 주문할 수 있는데, 바삭한 껍질에 부드러운 속살의 고등어 구이는 한 입만 먹어봐도 백만 마리 이상 고등어를 구워냈다는 주인 아저씨의 솜씨를 알 수 있다. 오픈 시간 전부터 줄이 긴 경우도 있으니, 일찍 가도록 하자. 저녁에는 이자카야로 변신한다.

- 지하철 공항선 텐진天神역 4번 출구에서 도보 5분
- 11:00~13:30, 18:00~22:00, 일요일·공휴일 휴무
- +81-92-712-0201
- 福岡県福岡市中央区天神1-15-3

• FUKUOKA DINING •

500엔 동전 하나로 먹는,
밥집

한국에서도 5천원 짜리 식사 메뉴를 갖춘 식당들을 좀처럼 찾기 쉽지 않은 요즘, 관광 도시 후쿠오카도 역시 상황은 별반 다르지 않다. 웬만한 식당에서 식사를 하려면 최소 700~800엔, 그리고 1,000엔이 훌쩍 넘어가는 일도 다반사. 하지만 그 중에서도 여행자들의 얄팍한 주머니 사정을 헤아리는 착한 가격의 식당들이 있다. 후쿠오카에서 500엔 동전 하나로 간단하지만 괜찮은 식사를 할 수 있는 곳을 모아보았다.

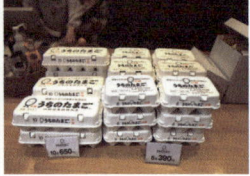

하카타 & 나카스·기온
우치노타마고
| 달걀 | うちのたまご

유기농 달걀만을 고집하는 우치노타마고의 대표메뉴는 타마고카케고항(たまごかけごはん 650엔)으로 흔히 우리가 알고 있는 계란 간장 밥이다. 흰 쌀밥에 날계란과 간장을 넣어 쓱쓱 비벼 먹으면 든든한 한끼 식사가 된다. 아침 8시부터 11시까지는 550엔. 푸딩과 케이크도 판매한다.

📍 JR하카타博多역에서 연결. 하카타역 1층 마잉구 안
🕗 08:00~21:00
📞 +81-92-432-3562
🏠 福岡県福岡市博多区博多駅中央街1-1マイング博多

하카타 & 나카스·기온

탄야하카타

| 규탄정식집 | たんやHAKATA

규탄(우설) 정식집으로 같은 참마와 우설이 함께 나오는 규탄 무기 토로로 정식(牛タン麦とろろ定食 1780엔), 규탄 카레 세트(牛タンカレーセット 1230엔) 등 다양한 메뉴가 있다. 조식 타임에만 제공되는 규탄아침정식(牛タン朝定食)은 780엔이라는 반값으로 푸짐하게 규탄정식을 즐길 수 있다.

- JR하카타博多역에서 연결, JR하카타시티 지하 1층 하카타 1번가 안
- 07:00~22:00(조식 월~금 07:00~10:00)
- +81-92-415-1114
- 福岡県福岡市博多区博多駅中央街1-1 JR博多シティB1F博多1番街

하카타 & 나카스·기온

야요이켄

| 일본 가정식 | やよい軒 筑紫口店

일본 가정식 집으로 생선구이, 스키야키, 돈가스 등 다양한 메인 요리로 구성된 정식 메뉴가 있다. 오전 5시부터 11시까지는 낫토, 달걀 프라이, 연어구이 등 3가지 아침메뉴가 준비되는데, 각각 370엔~530엔까지 저렴한 가격에 푸짐한 아침을 즐길 수 있다. 추천 아침메뉴는 달걀 프라이에 소시지가 나오는 메다마야키죠쇼쿠(目玉焼朝食 480엔). 하카타 시내 여러 곳에 지점이 있다.

- JR하카타博多역 치쿠시 출구에서 도보 2분
- 06:30~23:00, 비정기 휴무
- +81-92-437-2609
- 福岡県福岡市博多区博多駅東2-1-26

하카타 & 나카스·기온

하카타 라멘 하카타야

| 라멘 | 博多ラーメンはかたや 川端店

1976년 오픈 이래, 싸게, 빨리, 맛있게, 언제든 먹을 수 있는 편리한 가게라는 콘셉트로 꾸준히 사랑받아온 라멘집이다. 라멘 1그릇에 290엔. 여기에 파, 숙주, 차슈, 달걀 등 다양한 토핑을 추가할 수 있다(100~150엔). 500엔 정도로 푸짐하게 라멘 한 그릇을 먹을 수 있어 고물가 시대에 현지인은 물론 관광객의 발길이 끊이질 않는다. 외국어 메뉴는 지원되지 않으며 딱 가격만큼의 서비스만 기대하는 것이 좋다.

- 지하철 공항선 텐진天神역 2, 6번 출구에서 도보 4분
- 24시간, 연중무휴
- +81-92-291-3080
- 福岡市博多区上川端9-151

• **FUKUOKA DINING** •

대인기! 줄 서서 먹는
후쿠오카 맛집 人気行列店

작열하는 태양의 뜨거움 혹은 칼바람의 추위를 견디며 줄 서서 먹는 맛집에는 다 그만한 이유가 있다.
기다림의 시간이 아깝지 않은 후쿠오카의 맛집들을 만나보자.

텐진
키와미야
햄버그스테이크 | 極味や福岡パルコ店

큐슈에서도 손꼽히는 이마리 지역 쇠고기로 만든 두툼한 햄버그스테이크를 맛볼 수 있는 곳. 적당히 한 입 크기로 잘라 뜨겁게 달군 손바닥 만한 개인 돌판에 직접 구워서 먹으면 된다. 기름이 많이 튀니 비치된 앞치마를 꼭 두르도록 하자. 대표 메뉴는 키와미야 햄버그스테이크極味やハンバーグステーキ이며 S, M, L, D(더블) 사이즈가 있다. 단품 1078엔부터이며 440엔을 추가하면 세트로 변경할 수 있다. 세트에는 밥과 된장국, 샐러드, 아이스크림이 포함되어 있다.

📍 지하철 공항선 텐진天神역 7번 출구에서 연결, 파르코 지하 1층
🕐 11:00~22:00
📞 +81-92-235-7124
🏠 福岡市中央区天神2-11-1福岡パルコ B1F

FUKUOKA DINING
인기 맛집

하카타 & 나카스 · 기온
쿠시쇼
| 튀김 | 串匠 博多駅筑紫口店

하나하나 수작업으로 만든 다양한 꼬치를 즉석에서 바로 튀겨주는 튀김 전문 집. 제철 재료를 이용하기 때문에 메뉴는 조금씩 바뀐다. 점심 한정으로 밥과 샐러드, 된장국, 7개의 즉석 꼬치 튀김이 함께 나오는 쿠시아게 정식串揚げ定食을 1200엔에 먹을 수 있어 현지인과 관광객들로 늘 줄이 길다.

- JR하카타博多역 치쿠시 출구에서 도보 2분, 요도바시 카메라 방향
- 11:30~14:00, 17:00~21:00
- +81-92-483-1556
- 福岡市博多区博多駅中央街5-15 ホテルセンチュリーアート1F

텐진
링고
| 애플파이 | RINGO, リンゴ

도쿄 이케부쿠로의 인기 애플파이 전문점인 링고가 2017년 텐진 지하상가에 문을 열었다. 홋카이도산 우유를 사용한 부드럽고 달콤한 커스터드 크림과 사과가 들어간 바삭바삭한 애플파이를 가게 내에서 직접 구워 판매하고 있다. 엄두가 나지 않을 만큼 대기 줄이 길지만 향긋한 사과 향의 애플파이는 한 입 베어 물고 나면 다시 줄을 서고 싶을 만큼 맛있다.

- 니시테츠후쿠오카(텐진)西鉄福岡(天神)역에서 연결, 텐진지하상가 내
- 09:00~21:00, 비정기 휴무
- +81-92-406-5028
- 福岡市中央区天神2-2-229(西4番街)

텐진
텐진 호르몬 솔라리아스테이지점
| 곱창 | 天神ホルモン ソラリアステージ店

곱창 구이 전문점으로 12명 남짓한 인원이 들어가면 꽉 차는 작은 가게이다. 주문과 동시에 커다란 철판에서 고기와 곱창ホルモン을 바로 구워내기 때문에 언제가도 신선한 맛을 즐길수 있다. 곱창 양이 많은 호르몬 정식(ホルモン定食, 1480엔)이 인기이며, 정식에 함께 나오는 밥과 된장국은 리필도 가능하다.

- 지하철 공항선 텐진天神역 또는 니시테츠후쿠오카(텐진)西鉄福岡(天神)역 북쪽 출구에서 연결, 솔라리아스테이지 지하 2층
- 11:00~22:00, 1월 1일 휴무
- +81-92-733-7080
- 福岡市中央区天神2-11-3 ソラリアステージ専門店街 B2F

FUKUOKA DINING
인기 맛집

하카타 & 나카스 · 기온
쿠시야 모노가타리
| 꼬치튀김 | 串家物語

준비되어 있는 30 종류의 꼬치 중 원하는 꼬치를 골라 테이블에서 바로 튀겨먹을 수 있는 꼬치튀김 뷔페로 샐러드바와 디저트까지 포함되어 있어 아이와 함께 방문하는 가족이 많다. 드링크바 추가는 220엔, 평일 오전 11시~오후 3시의 런치타임에는 90분에 1920엔, 토·일·공휴일 런치타임은 70분에 1980엔이다. 오후 4시부터 밤 11시까지의 녁시간에는 평일 90분에 2900엔, 주말 90분에 2970엔이다.
- JR하카타博多역 2층 보행자 데크에서 연결, 키테하카타 10층
- 11:00~23:00, 비정기 휴무
- +81-50-5385-3898
- 福岡県福岡市博多区博多駅中央街9-1KITTE博多10F

하카타 & 나카스 · 기온
야키니쿠 타큐
| 꼬치튀김 | 焼肉多牛

후쿠오카에서 가성비 최고로 손꼽히는 야키니쿠 전문점으로 저렴한 가격에 질 좋은 와규를 즐길 수 있어서 예약하지 않으면 방문 자체가 불가능하다. 야키니쿠 메뉴는 부위에 따라 차이가 있지만 580엔~980엔(세금별도, 1인분) 정도이며 대표 메뉴인 상갈비는 790엔으로 1인당 1인분만 주문이 가능하다. 예약은 오후 3시에 미리 가서 리스트에 이름을 적어야 하며 현금만 받는다.
- JR하카타博多역 치쿠시 출구에서 도보 7분
- 17:30~23:00, 월요일 휴무
- +81-92-483-0329
- 福岡県福岡市博多区博多駅南1-5-3西園ビル1F-2F

• FUKUOKA DINING •

재료도 스타일도 각양각색,
야 키 토 리 やきとり

일본식 닭 꼬치구이, 야키토리やきとり는 1960년대에 식용 닭고기가 보급되면서부터 본격적으로 대중화 되기 시작해 지금은 일본의 음식문화에서 빼놓을 수 없는 대중 음식으로 자리잡았다. 닭고기 뿐만 아니라 돼지고기나 소고기의 부위 등 재료나 굽는 방식, 소스도 다양해졌으며 포장마차와 일반 음식점, 꼬치구이를 전문으로 취급하는 이자카야에서 맛볼 수 있다.

• 후쿠오카 야키토리 やきとり 종류 •

일본 내에서도 1~2위를 다툴 정도로 닭고기의 소비량이 많은 후쿠오카는 닭고기 꼬치 구이의 점포도 전국 1위를 차지할 만큼 그 수가 상당하다. 껍질부터 모래집, 연골에 이르기 까지 닭의 모든 부위를 사용해 꼬치구이를 만들며 베이컨에 토마토, 버섯, 치즈 등 여러 재료를 넣어 만드는 마키모노쿠시卷物串도 인기다.

닭 꼬치 구이의 종류

토리카와とり皮
닭껍질

토리미とり身
닭다리

츠쿠네(민치)つくね(ミンチ)
닭고기 완자

테바手羽
닭날개

세세리せせり
닭의 목부분

모츠もつ
닭 내장

난코츠なんこつ
닭연골

스나즈리すなずり
닭모래집

키모キモ
닭의 간

하츠ハツ
닭의 심장

후쿠오카 꼬치구이는
이것이 특징!

1 | 꼬치구이 전문점에 가면 먼저 새콤한 폰즈(일본간장소스)와 함께 양배추가 나오는데, 꼬치구이와 잘 어울린다.

2 | 후쿠오카에서는 닭고기, 소고기, 야채, 해산물을 모두 통틀어 야키토리(닭꼬치)로 통칭한다. 이름만 듣고 메뉴에 닭고기만 있을거라는 섣부른 오해는 금물.

FUKUOKA DINING
야키토리

텐진
네지케몬 ねじけもん

각종 채소를 베이컨으로 돌돌 만 채소 말이 꼬치(やさい巻き串)가 유명하다. 약 20여 종의 꼬치(220엔부터)가 있으며 실물 모형을 보여주므로 주문이 어렵지 않다. 선택이 어려울 경우는 주인이 추천해주는 7개 모듬세트(1408엔)를 주문해보자. 단, 주문은 2인분 이상부터 가능하다. 예약 없이는 가기 힘든 곳으로 미리 예약할 것을 추천한다.

- 지하철 공항선 아카사카赤坂역 5번 출구에서 도보 3분
- 17:30~24:00(일요일·공휴일 16:00~24:00), 월요일, 12월31일~1월2일 휴무
- +81-92-715-4550
- 福岡県福岡市中央区大名2-1-29 AIビルC館1F

야쿠인 & 이마이즈미
카와야 かわ屋

6일간 특제소스에 재어놓는 토리카와(닭껍질) 꼬치가 인기인 야키토리집으로 자리에 앉으면 제일 먼저 토리카와부터 주문을 받는다. 소스가 잘 배어 있는 토리카와는 겉은 바삭하면서 씹을수록 입안 가득 퍼지는 육즙에 감탄이 절로 나오는 맛이다. 토리카와를 먹은 다음 다른 꼬치를 주문하는데, 모든 꼬치메뉴는 1개 130엔이다. 하카타 내 여러 곳에 지점이 있으며, 예약 후 방문하는 편이 좋다.

- 지하철 나나쿠마선 야쿠인薬院역 2번 출구에서 도보 5분
- 17:00~24:00, 화요일 휴무
- +81-92-522-0739
- 福岡県福岡市中央区白金1-15-7ダイヤパレス 1F

FUKUOKA DINING
야키토리

텐진
로바타 카미나리바시
炉ばた雷橋

카운터 석 12개가 전부인 작은 이자카야로 예약하기도 힘들 정도로 현지인들에게 인기이다. 카운터에 숯불이 놓여져 있어서 주문을 하면 그 자리에서 바로 구워 준다. 눈앞에서 제철 야채와 생선, 고기 등이 구워지는 걸 보는 것도 쏠쏠한 재미가 있고, 구이가 완성되면 맛있게 먹는 방법까지 친절하게 설명해 준다. 가격은 1접시 당 300엔~1000엔.

- 지하철 나나쿠마선 텐진미나미天神南역 6번 출구에서 도보 2분
- 17:00~24:30, 일요일 휴무(비정기 휴무일 있음)
- +81-92-751-4110
- 福岡県福岡市中央区渡辺通5-24-37第5レジデンス江崎1F

텐진
야키토리 무사시
やきとり 六三四

70년 역사의 하카타 인기 꼬치구이 전문점 하치베에(八兵衛)에서 16년간 실력을 쌓아 오픈한 꼬치구이 전문점. 좋은 재료를 최상급 참숯을 사용해 구워내는 꼬치구이는 은은한 숯불 향이 배어 깊은 맛을 내어, 무엇을 선택하든 그 맛이 보장된다. 꼬치 1개에 176엔~480엔으로 부담스럽지 않은 가격도 좋다.

- 지하철 나나쿠마선 텐진미나미天神南역 6번 출구에서 도보 2분
- 17:30~24:00(토·일 16:00~23:00), 비정기 휴무
- +81-92-725-3768
- 福岡県福岡市中央区渡辺通5-3-23-1プロスペリタ天神川1F

야쿠인 & 이마이즈미
토리카와 스이쿄
とりかわ 粋恭

4일 동안 소스를 발라 초벌 구이를 한 후, 냉장고에서 숙성시키는 과정을 7번 반복해서 완성하는 토리카와 야키토리(とり皮焼鳥, 180엔)가 이 집의 명물이다. 일반적인 토리카와와는 다르게 꼬치에 토막내지 않은 닭껍질을 말아 다른 곳의 2.5배 정도의 닭 껍질을 사용한다. 예약은 3인 이상부터 가능.

- 지하철 공항선 텐진天神역 4번 출구에서 도보 5분
- 17:00~23:00, 연말연시 휴무
- +81-92-731-1766
- 福岡県福岡市中央区薬院1-11-15

• FUKUOKA DINING •

후쿠오카에서 맛보는
커 피 Coffee

사이폰이나 융드립, 자가배전 등 다양한 도구를 활용해 커피를 추출하는 오랜 전통의 커피 전문점은 물론 고급 원두와 머신, 뛰어난 바리스타들이 만들어내는 스페셜티 커피까지 다채로운 커피를 만날 수 있는 후쿠오카. 한 잔을 마시더라도 제대로 된 커피를 마시고 싶은 당신이라면 후쿠오카의 이 커피 전문점들을 주목할 필요가 있다.

오호리 공원 & 모모치

히이라기
ひいらぎ

40년이 훌쩍 넘는 역사를 가진 차분한 분위기의 찻집이다. 먼저 진열되어 있는 약 250여 종의 커피 잔 중에서 좋아하는 잔을 선택한 후 커피를 주문하면, 눈 앞에서 커피를 내려 준다. 커피, 홍차, 말차는 각 950엔, 커피와 곁들이기 좋은 치즈케이크는 800엔. 가격이 살짝 부담되지만 커피 맛은 물론 주인아저씨의 커피를 내리는 퍼포먼스를 보는 것 만으로도 충분히 그 값을 한다.

📍 지하철 나나쿠마선 사쿠라자카桜坂역 2번 출구에서 도보 12분
🕐 11:00~22:30, 월요일 휴무
📞 +81-92-731-1938
🏠 福岡県福岡市中央区六本松3-16-33 グランドソレイユ護国神社前 1F

FUKUOKA DINING
커피

오호리 공원 & 모모치

코히비미
珈琲美美

손때묻은 가구와 커피 향이 밴레트로한 분위기의 코히비미는 후쿠오카의 커피 문화를 견인해온 모리미츠 무네오 씨가 1977년에 문을 연 커피 전문점으로 모리미츠 씨가 별세한 이후 부인이 운영하고 있다. 1층에서는 로스팅 및 원두를 판매하며 2층에서는 클래식 음악과 함께 정성스럽게 내린 맛있는 커피를 맛볼 수 있다. 새로운 커피를 경험하고 싶다면 비미풍의 콜드 커피(800엔)를 추천한다. 차가운 에스프레소에 얹은 생크림이 고소하면서도 깔끔한 맛이다.

- 📍 지하철 공항선 오호리코엔大濠公園역 5번 출구에서 도보 15분 / 지하철 나나쿠마선 사쿠라자카桜坂역 2번 출구에서 도보 10분
- 🕐 12:00~17:00(원두 판매 11:00~18:30), 월요일과 첫 번째 화요일 휴무(공휴일이면 다음 날 휴무)
- 📞 +81-92-713-6024
- 🏠 福岡市中央区赤坂2-6-27

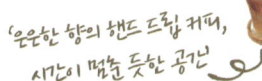
'은은한 향의 핸드 드립 커피, 시간이 멈춘 듯한 공간'

텐진

코히샤노다 본점
珈琲舎のだ 大名 本店

1966년에 오픈한 오래된 커피 전문점으로 클래식한 분위기의 본점은 가게 창업부터 지금까지 사이폰으로 한잔 한잔 정성스럽게 추출한 커피를 고집하고 있어 산미와 향이 풍부한 것은 물론 보는 즐거움까지 더하고 있다. 인기 메뉴는 노다블렌드(のだブレンド, 750엔)로 함께 나오는 진하고 부드러운 수제 생크림을 넣어 마셔보자.

- 📍 지하철 아카사카赤坂역 3번 출구에서 도보 3분
- 🕐 09:00~19:00, 일, 공휴일 10:00~19:00, 목요일, 연말연시 휴무
- 📞 +81-92-741-5357
- 🏠 福岡市中央区大名2-10-1 シャンボール大名 1F

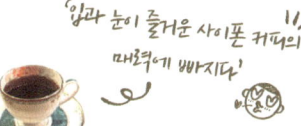
'입과 눈이 즐거운 사이폰 커피의 매력에 빠지다'

야쿠인 & 이마이즈미

마누커피 하루요시점
Manu Coffee 春吉店

스페셜티 커피의 선구적 역할을 한 커피숍으로 야쿠인과 다이묘에도 지점이 있다. 풍부한 향을 느낄 수 있는 프렌치프레스 커피(フレンチプレス, 600엔)의 진한 커피를 추천한다.

- 📍 지하철 와타나베도리渡辺通역 2번 출구에서 도보 6분
- 🕐 09:00~01:00, 비정기 휴무
- 📞 +81-92-736-6011
- 🏠 福岡市中央区渡辺通3-11-2 ボーダータワー 1F

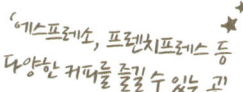
'에스프레소, 프렌치프레스 등 다양한 커피를 즐길 수 있는 곳'

1~3	코히비미
4~5	코히샤노다 본점
6	마누커피 조텐 지점

041

FUKUOKA DINING
커피

하카타 & 나카스 · 기온
렉커피 하카타마루이점
REC COFFEE, レック コーヒー 博多マルイ店

일본 바리스타 챔피언십에서 2년 연속 우승한 바리스타가 운영하는 REC COFFEE는 야쿠인에서 매장을 시작해 지금은 하카타마루이 백화점 등 후쿠오카에 5개의 점포를 가지고 있다. 따뜻한 라테를 주문하면 앉아 있는 테이블에서 직접 라테아트를 시연해 준다. 디저트와 샌드위치 등의 메뉴도 있다.

- JR하카타博多역에서 연결, 키테하카타 6층
- 10:00~21:00
- +81-92-577-1766
- 福岡市博多区博多駅中央街9-1博多マルイ 6F

'실력 있는 바리스타가 운영하는 인기 커피 전문점'

하카타 & 나카스 · 기온
푸글렌 후쿠오카
FUGLEN FUKUOKA

새가 그려진 빨간색 로고가 눈에 띄는 푸글렌은 커피왕국으로도 알려진 북유럽 노르웨이 오슬로에 본점이 있는 카페. 높은 천장으로 개방적이면서 편히 쉬다 갈 수 있는 매력적인 공간으로, 일본 내 푸글렌 중 2번째로 큰 규모이다. 커피 외에도 간단한 베이커리와 맥주 등을 주문할 수 있다.

- JR하카타博多역 치쿠시 출구에서 도보 3분
- 08:00~20:00(금~일요일 및 공휴일 08:00~22:00)
- +81-92-292-9155
- 福岡県福岡市博多区博多駅東1-18-33 博多イーストテラス 1F

'후쿠오카에서 만나는 노르웨이의 커피'

야쿠인 & 이마이즈미
킷사 베니스
喫茶ベニス

와타나베도리역에서 도보 5분, 대로변에 위치한 레트로 풍 카페이다. 묵직한 문을 열고 들어서면 유럽풍의 가구, 입구의 스테인드글라스, 차분한 조명 등 시간의 흐름의 멈춘 듯한 공간이 나타난다. 친절한 주인이 맞이하는 이곳에는 커피, 홍차 등의 음료와 팬케이크, 토스트, 카레라이스 등을 커피가 포함된 세트 메뉴가 준비되어 있다(850~1000엔). 전 좌석 흡연이 가능하다.

- 지하철 와타나베도리渡辺通역 2번 출구에서 도보 5분
- 08:30~15:00, 일요일 휴무
- +81-92-731-3968
- 福岡市中央区春吉1-1-22F

'레트로 카페에서 즐기는 맛있는 커피'

1~3 렉커피
4 푸글렌 후쿠오카
5~6 킷사 베니스

042

FUKUOKA DINING
커피

야쿠인 & 이마이즈미
MANLY COFFEE
マンリーコーヒー

2016년에 니시테츠 히라오역 부근으로 이전 리뉴얼 오픈한 곳으로 하카타에 커피 붐이 일기 전부터 맛있는 커피 집으로 현지인들의 사랑을 받아온 곳이다. 카운터에는 어떤 원두를 사용했는지에 대한 설명이 있고, 주문을 하면 바로 원두를 갈아 에어로 프레스(공기압을 이용해 커피를 추출하는 기계)를 사용해 맛있는 커피를 눈앞에서 내려준다.

📍 텐진오오무타선 니시테츠 히라오西鉄平尾역에서 도보 2분
🕐 10:00~17:00, 일~화, 공휴일 휴무
☎ +81-92-522-6638
🏠 福岡県福岡市中央区平尾2-14-21

베이사이드
Connec⁺ Coffe
Connec+ Coffe

라테 아트 선수권 세계2위의 수상경력을 비롯해 다수의 수상경력을 가진 바리스타가 오픈한 커피 숍으로 직접 로스팅한 원두를 사용한 다양한 커피 메뉴가 있지만, 인기 메뉴는 탑클라스 라테아티스트인 바리스타의 솜씨가 빛나는 카페라테(550엔). 저녁 6시 이후에는 아이리쉬 커피, 에스프레소 럼토닉 같은 커피 칵테일도 만날 수 있다.

📍 지하철 공항선 텐진天神역 텐진바시 출구에서 도보 4분
🕐 12:00~20:00(일·공휴일 11:00~18:00), 화요일 휴무
☎ +81-92-719-7213
🏠 福岡県福岡市中央区天神5-6-13

하카타 & 나카스 · 기온
토카도커피
豆香洞コーヒー

2013 월드커피 로스팅 챔피언십에서 우승한 세계적인 실력을 가진 바리스타가 운영하는 곳으로, 엄선한 최고급 원두를 직접 로스팅해 핸드드립 커피를 제공하고 있다. 카운터에서 바로 커피를 내려주는데, 그 모습을 구경하는 것만으로도 흥미롭다. 커피는 484엔.

📍 지하철 나카스카와바타中洲川端역 6번, 7번출구에서 연결. 하카타 리버레인몰 지하2층.
🕐 10:30~19:30, 비정기 휴무
☎ +81-92-260-9432
🏠 福岡市博多区下川端町3-1博多リバレインモールB2F

1~3	MANLY COFFEE
4~5	토카도커피
6	Connec⁺ Coffe

043

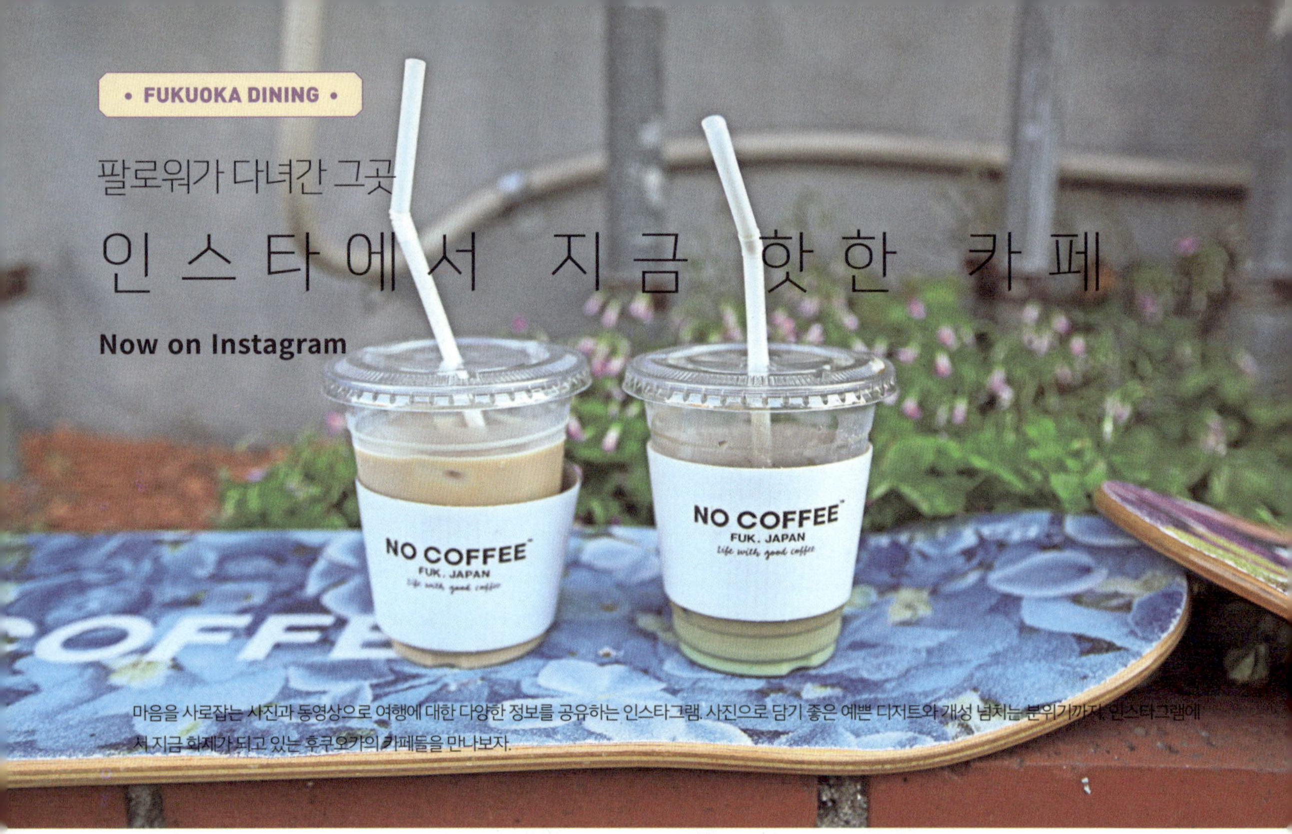

• FUKUOKA DINING •

팔로워가 다녀간 그곳

인스타에서 지금 핫한 카페

Now on Instagram

마음을 사로잡는 사진과 동영상으로 여행에 대한 다양한 정보를 공유하는 인스타그램. 사진으로 담기 좋은 예쁜 디저트와 개성 넘치는 분위기까지, 인스타그램에서 지금 화제가 되고 있는 후쿠오카의 카페들을 만나보자.

chalettnl

5686 likes

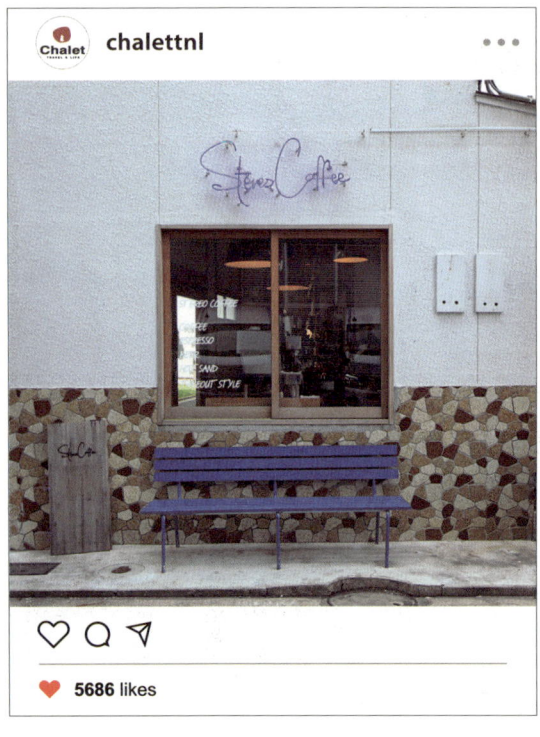

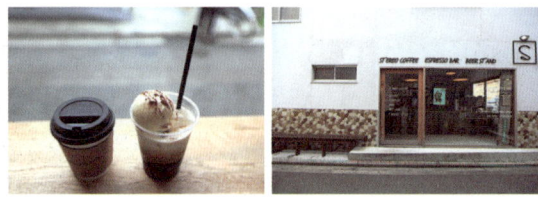

야쿠인 & 이마이즈미

스테레오 커피

STEREO COFFEE

2층짜리 민가를 리노베이션해서 1층은 스탠딩 카페로 2층은 갤러리로 운영하고 있다. 핸드 드립 커피와 에스프레소 커피가 모두 있으며 커피는 450엔~680엔으로 따뜻한 음료와 아이스의 금액이 같다. 50엔을 추가해서 샷을 추가하거나, 우유를 두유로 바꿀 수 있다. JBL 스피커를 통해 흘러나오는 세련된 사운드가 좋은 카페로 모두들 파란 벤치 앞에서 인증샷을 찍는다.

- 지하철 나나쿠마선 와타나베도리渡辺通역 2번 출구에서 도보 3분
- 10:00~21:00(금, 토 10:00~22:00)
- +81-92-231-8854
- 福岡県福岡市中央区渡辺通3-8-3

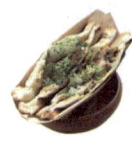

FUKUOKA DINING
커피

하카타 & 나카스·기온

FUK COFFEE
FUK COFFEE

후쿠오카 공항의 코드인 FUK를 이름으로 한 공항 콘셉트의 카페로 커피 잔은 물론 카페 내에서 판매하는 상품에도 수하물에 붙어 있는 태그 모양의 스티커가 붙어 있고, 커피의 라테 아트로 비행기 모양을 만들어 준다. 커피 맛 보다는 인증샷을 위해 많이 찾는다.

- 지하철 나나쿠마선 구시다진자마에櫛田神社前역에서 도보 1분
- 08:00~22:00
- +81-92-281-7300
- 福岡市博多区祇園町6-22

오호리공원 & 모모치

시로 커피
siro coffee

외관은 물론 실내도 화이트 컬러의 세련된 분위기로 일본 인스타에서 이미 소문이 자자한 곳이다. 커피뿐 아니라 일본 느낌이 가득한 라테 메뉴가 인기인데, 콩가루의 고소한 맛이 일품인 키나코 라테(黒ごま塩きな粉ラテ, 540엔) 등은 꼭 한번 시도해보자. 치즈케이크(450엔)는 워낙 인기여서 일찍 품절되는 경우가 많다.

- 지하철 공항선 니시진西新역에서 도보 6분
- 12:30~18:00, 화~수요일 휴무 (비정기 휴무일 있음)
- +81-92-836-5781
- 福岡県福岡市早良区城西2-12-16

FUKUOKA DINING
커피

야쿠인 & 이마이즈미
굿 업 커피
Good up Coffee

야쿠인의 조용한 골목에 자리한 아담한 카페로 손님이 늘어나면서 대기시간도 점점 길어지고 있다. 두꺼운 토스트 위에 버터와 단팥 잼이 올라간 앙코 토스트(あんこトースト, 690엔)는 커피보다 유명한 인기 메뉴.
- 지하철 나나쿠마선 야쿠인薬院역 2번 출구에서 도보 8분
- 11:00~19:00(일요일 11:00~18:00), 목요일 휴무
- 福岡市中央区高砂1-15-18

야쿠인 & 이마이즈미
아베키
Abeki, アベキ

'후쿠오카의 치즈 케이크 하면 이곳!'이라고 소문났을 만큼 치즈 케이크로 유명한 카페. 커다란 창문을 통해 자연광이 들어오는 아늑한 카페에서 촉촉하면서도 진한 치즈 케이크(チーズケーキ, 550엔)를 커피와 함께 맛보자.
- 지하철 야쿠인薬院역 또는 야쿠인오도리薬院大通역에서 도보 8분
- 12:00~17:00, 일요일, 첫 번째, 세 번째 월요일 휴무
- +81-92-531-0005
- 福岡市中央区薬院3-7-13

· FUKUOKA DINING ·
커피

♡ 5686 likes

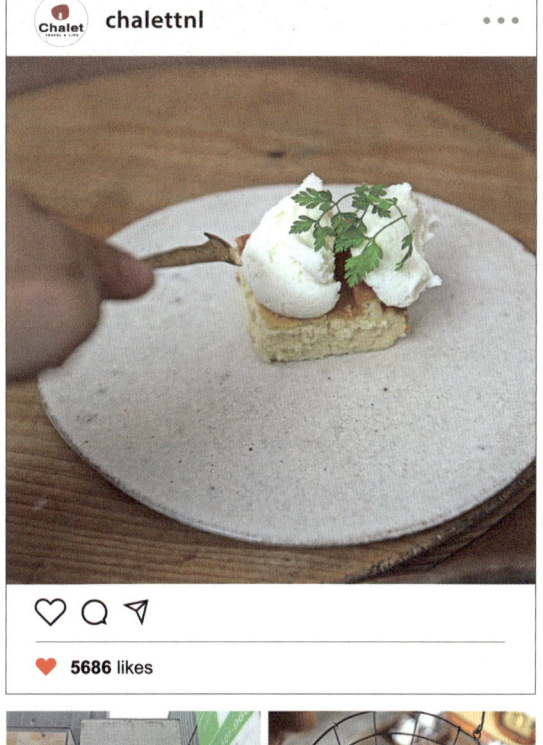

♡ 5686 likes

야쿠인 & 이마이즈미
노 커피
NO COFFEE

커피를 사랑하는 현지인들에게 인기가 높은 곳으로 교토의 말차를 이용한 아이스 말차라테가 청량한 색깔과 달콤한 맛으로 가장 잘나간다. 심플하면서도 세련된 디자인의 텀블러, 에코백, 티셔츠 등 오리지널 굿즈도 구매할 수 있다.

📍 지하철 야쿠인薬院역 또는 야쿠인오도리薬院大通역에서 도보 10분
🕐 화~금요일 11:00~18:00, 주말 및 공휴일 10:00~18:00, 월요일과 두 번째, 네 번째 화요일 휴무
☎ +81-92-791-4515
🏠 福岡市中央区平尾3-17-12

야쿠인 & 이마이즈미
오야츠야 유
OYATUYA.U

요즘 후쿠오카의 가장 핫한 카페로 떠오르는 곳으로 1층에서는 비스코티, 파운드케이크 등의 과자와 디저트를 판매한다. 독특한 분위기의 2층 카페에서는 촉촉하고 진한 맛이 매력적인 카페 한정의 치즈 케이크(550엔~), 가토 쇼콜라(ガトーショコラ, 450엔) 등의 케이크를 먹으며 쉬어 갈 수 있다.

📍 지하철 나나쿠마선 사쿠라자카桜坂역에서 도보 3분
🕐 10:00~18:30(품절 시 영업 종료), 일~목요일 휴무
☎ +81-92-725-7070
🏠 福岡市中央区桜坂3-11-66

• FUKUOKA DINING •

디저트 천국
후쿠오카 A to Z

수제 초콜릿 전문점부터 프렌치토스트와 같은 서양식 디저트는 물론 먹기 아까운 일본식 디저트까지. 여행지에서 디저트 맛집을 가장 먼저 검색하는 당신에게 추천하는 디저트 천국 후쿠오카 A to Z.

일본식 디저트

텐진

이토킨구 | 화과자 | 伊都きんぐ

직접 재배한 후쿠오카산 아마오우 딸기로 디저트를 만드는 곳으로 인기 있는 메뉴는 큼직한 아마오우 딸기와 팥, 크림이 꽉 차게 들어가 있는 도라야키(626엔, 계절한정). 커다란 딸기를 화이트 초콜릿으로 감싼 이치코노 타마(いちごの卵 1512엔, 11월 중순~3월말 한정)도 선물용으로 좋다. 텐진점 2층은 카페가 있어서 도라야키를 차와 함께 맛 볼 수 있다.

📍 니시테츠 후쿠오카(텐진) 西鉄福岡(天神)역 중앙 출구에서 도보 5분
🕐 11:30~19:00, 토, 일, 공휴일 10:30~19:00, 두 번째 화요일 휴무
📞 +81-92-711-1539
🏠 福岡県福岡市中央区今泉1-22-21 JOLISビル1F-2F

하카타 & 나카스・기온

이시무라 만세이도 | 화과자 | 石村萬盛堂

1905년 창업해서 100년 넘게 후쿠오카 사람들에게 사랑 받고 있는 과자점이다. 또한 1977년에는 발렌타인 데이에 받은 초콜릿을 부드러운 마시멜로에 돌려준다는 콘셉트로 초코 마시멜로(6개들이 648엔)를 출시, 홍보하면서 화이트 데이의 발상지가 되어 더더욱 유명해졌다. 학의 알이라는 이름의 마시멜로 안에 노란 앙을 넣은 츠루노코(銘菓鶴乃子, 2개 350엔)는 하카타를 대표하는 기념선물 중 하나이기도 하다.

📍 지하철 공항선 나카스카와바타 中洲川端역에서 도보 5분
🕐 10:00~19:00, 세 번째 월요일 휴무   📞 +81-92-291-1592
🏠 福岡市博多区須崎町2-1

일본식 디저트

하카타 & 나카스·기온
오카시 TUGI(츠기) | 화과자 | 御菓子 TUGI

양갱, 오하기(찹쌀떡) 등의 일본 화과자 전문점으로 전통의 맛부터 서양의 맛을 접목시킨 예쁘고 다양한 화과자를 판매한다. 제철의 맛을 살린 화과자부터 파운드케이크에 팥소를 접목시킨 동서양이 어우러진 맛의 디저트까지 오직 TUGI(츠기)에서만 만날 수 있는 화과자가 진열장을 가득 채우고 있다. 공간이 협소하여 테이크아웃 위주이지만 14시부터는 호지차, 녹차 등의 차와 함께 가게 안에서 화과자를 즐길 수도 있다.

- 지하철 공항선 텐진天神역 2, 6번 출구에서 도보 4분
- 12:00~17:00(제품 소진 시 영업 종료), 카페 14:00~17:00, 화~수요일 휴무
- +81-92-521-3833
- 福岡市中央区白金1-10-15 KADONOビル

하카타 & 나카스·기온
나카스 젠자이 | 단팥죽 | 中洲ぜんざい

일본식 단팥죽, 젠자이를 비롯한 디저트를 판매하는 아담한 가게로 가와바타 상점가와 구시다 신사 가까이에 있다. 간판 메뉴는 단맛이 너무 강하지 않은 따뜻한 팥죽 속에 쫀득한 식감의 떡이 들어 있는 젠자이(ぜんざい, 500엔). 여름에는 높이 쌓은 우유 얼음 속에 단팥과 경단이 들어 있는 밀크젠자이(ミルクぜんざい, 650엔) 등이 맛있다.

- 지하철 공항선 나카스카와바타中洲川端역 5번 출구에서 도보 8분
- 11:00~18:00, 수요일, 일요일 및 공휴일 휴무
- +81-92-291-6350
- 福岡市博多区上川端町3-15

하카타 & 나카스·기온
스즈카케 | 화과자 | Suzukake, 博多 鈴懸本店

하카타좌 바로 앞에 있는 오랜 전통의 화과자 집인 스즈카케는 세련된 카페가 갖추어진 나카스카와바타 본점 외에도 텐진의 이와타야 백화점, JR하카타시티의 데이토스 등에 입점되어 있다. 인기 상품인 방울 모양의 스즈노모나카鈴乃最中와 촉촉한 스즈노엔모치鈴乃〇餅를 비롯한 고급스럽고 예쁜 화과자들은 선물용으로도 좋다. 카페에서는 스즈파르페(すずのパフェ, 1050엔) 등 다양한 디저트를 맛볼 수 있다.

- 지하철 공항선 나카스카와바타中洲川端역 5번 출구에서 도보 1분
- 과자 판매 09:00~20:00, 카페 11:00~19:00, 1월 1~2일 휴무
- +81-92-291-0050
- 福岡市博多区上川端町12-20 ふくぎん博多ビル1F

서양식 디저트

야쿠인 & 이마이즈미
그린 빈 투 바 초콜릿
| 초콜릿 | green bean to bar CHOCOLATE

도쿄 나카메구로에 오픈하며 화제가 되었던 초콜릿 전문점 green bean to bar CHOCOLATE이 후쿠오카에도 문을 열었다. 카카오를 수작업으로 선별하는 과정부터 초콜릿 제품이 만들어지는 전 공정을 유리창을 통해 한눈에 볼 수 있어 흥미롭다. 수제 초콜릿과 봉봉 초콜릿 등을 구매할 수 있으며 카페에서 초콜릿 음료와 초콜릿 케이크, 과자도 맛볼 수 있다.

- 니시테츠후쿠오카(텐진)西鉄福岡(天神)역 남쪽 출구에서 도보 6분
- 11:00~21:00, 수요일 휴무
- +81-92-406-7880
- 福岡市中央区今泉1-19-22 西鉄天神 CLASS 1F

텐진
아이보리쉬
| 프렌치토스트 | Ivorish 福岡本店

후쿠오카에서의 뜨거운 인기에 힘입어 도쿄까지 진출한 프렌치토스트 전문 카페 아이보리쉬는 오리지널 토스트와 소스, 다양한 토핑으로 뛰어난 맛에 비주얼까지 멋진 프렌치토스트를 만들고 있다. 과일을 듬뿍 올린 디저트용 프렌치토스트는 물론 한끼 식사로도 좋은 프렌치토스트 메뉴도 있다. 딸기, 블루베리, 라즈베리를 올린 베리디럭스(ベリーデラックス, 2090엔) 추천.

- 지하철 공항선 텐진天神역 2번 출구에서 도보 3분
- 10:00~19:00, 금~토요일 10:00~20:00, 화요일 휴무
- +81-92-791-2295
- 福岡市中央区大名2-1-44

서양식 디저트

텐진
키르훼봉
| 타르트 | Quil fait bon, キルフェボン 福岡

제철 과일을 듬뿍 올린 다양한 종류의 타르트를 만날 수 있는 타르트 전문점으로 쇼 케이스 안의 먹음직스러운 타르트들을 보면 저절로 행복해진다. 테이크 아웃 손님과 카페를 이용하는 손님으로 나누어 줄을 서도록 되어 있으며 인기 타르트는 빨리 마감되기 때문에 서둘러 가야 한다. 타르트 한 조각에 745~2002엔으로 비싼 편이지만 한 번 맛을 보면 다시 생각날 정도로 맛있다.

- 니시테츠후쿠오카(텐진)西鉄福岡(天神)역 남쪽 출구에서 도보 4분
- 11:00~18:00 +81-92-738-3370
- 福岡市中央区天神2-4-11パシフィーク天神 1F

오호리 공원 & 모모치
파티시에 자크 | 케이크 |
Patisserie Jacques, パティスリー ジャック 大濠店

오호리 공원에서 가까운 곳에 자리한 후쿠오카의 대표 케이크, 과자 전문점으로 프랑스의 유명 베이커리 자크에서 배운 파티시에 오오츠카 요시나리가 운영하고 있다. 케이크, 과자, 초콜릿 등 먹기 아까운 모양의 디저트들을 판매하고 가게 한 쪽에는 조용하게 티타임을 즐기기 좋은 16석의 작은 카페 공간도 있다.

- 지하철 공항선 오호리코엔大濠公園역 1번 출구에서 도보 5분
- 10:00~12:20, 13:40~17:00(품절 시 영업종료), 월~화요일 휴무
- +81-92-762-7700
- 福岡市中央区荒戸3-2-1

야쿠인 & 이마이즈미
프랑스 과자 16구
| 디저트 | フランス菓子 16区

계란 흰자 거품에 설탕과 아몬드 가루를 섞어 만든 과자 '다쿠와즈'의 발상지로 2007년 일본 후생성으로부터 '현대의 명장(現代の名工)'이라는 칭호를 받기도 했다. '자신의 눈길이 닿는 곳에서 과자를 만들어 팔고 싶다'는 생각에 지점을 내지 않고 이곳에서만 영업을 하는 것으로도 유명하다. 대표 상품인 다쿠와즈(486엔) 이외에도 카시스 무스(1개 486엔), 피낭시에(1개 238엔)도 맛있다.

- 지하철 나나쿠마선 야쿠인도리薬院通역에서 도보 5분
- 숍 10:00~18:00, 카페 10:00~17:00, 월요일 휴무, 비정기 휴무 +81-92-531-3011
- 福岡県福岡市中央区薬院4-20-10

> FUKUOKA DINING

보기 좋고 맛도 좋은
팬케이크 맛집 福岡パンケーキ

최근 몇 년 동안 지속되고 있는 일본의 팬케이크 붐! 디저트의 천국으로 불리는 후쿠오카 역시 팬케이크를 먹을 수 있는 가게가 점점 늘어나고 있다. 꾸준히 사랑받고 있는 후쿠오카 본고장의 팬케이크 맛집부터 하와이와 오사카에서 온 소문난 팬케이크 카페, 새로 오픈한 가게까지, 후쿠오카에서 맛있는 팬케이크를 먹을 수 있는 곳을 엄선해보았다.

야쿠인 & 이마이즈미

시로가네사보
白金茶房

'백금다방'으로 잘 알려진 시로가네사보는 커피와 팬케이크 전문의 카페로, 잡지와 서적으로 가득한 아늑한 1층과 전망 좋은 2, 3층 공간이 있다. 팬케이크에 샐러드, 커피가 함께 나오는 클래식 샐러드 세트(クラシックサラダセット, 1200엔), 치즈 크림 브륄레 팬케이크(チーズクリームブリュレパンケーキ, 1450엔)가 인기이다.

- 지하철 나나쿠마선 야쿠인薬院역 2번 출구에서 도보 7분
- 08:00~17:30, 토, 일, 공휴일 08:00~18:30
- +81-92-534-2200
- 福岡市中央区白金1-11-7

'비주얼과 분위기 최고! 후쿠오카에서 가장 트렌디한 카페'

하카타 & 나카스·기온
캠벨얼리 Campbell Early, キャンベル・アーリー

과일 전문점에서 운영하는 팬케이크 전문 카페로 신선한 제철 과일을 곁들인 맛있는 팬케이크를 맛볼 수 있다. 여러 가지 과일을 풍성하게 올린 믹스후르츠 팬케이크(ミックスフルーツパンケーキ, 1595엔), 바나나 캐러멜 팬케이크(バナナのキャラメルパンケーキ, 1386엔)등이 인기.

- 📍 JR하카타博多역에서 연결, JR하카타시티 아뮤플라자 9층
- 🕐 11:00~22:00   📞 +81-92-409-6909
- 🏠 福岡市博多区博多駅中央街1-1 JR博多シティアミュプラザ博多 9F くうてん

'신선한 제철 과일을 재료로 한 달콤한 팬케이크가 일품'

텐진
만리 Manly マンリー

호주를 테마로 한 레스토랑 & 카페로 시드니 해변가의 카페처럼 통유리로 된 개방적인 공간이 인상적이다. 호주에서만 만날 수 있는 식재료로 만든 다양한 요리도 있지만, 폭신폭신한 리코타치즈 팬케이크(リコッタチーズのパンケーキ, 1350엔)가 인기. 큼직하게 아이스크림이 올려진 허니 토스트(ハニートースト, 850엔), 파스타, 피자 등의 메뉴도 있다.

- 📍 니시테츠 후쿠오카(텐진)西鉄福岡(天神)역에서 도보 8분
- 🕐 11:00~17:00, 18:00~23:00(금~토요일은 24:00까지), 비정기 휴무
- 📞 +81-92-791-7738
- 🏠 福岡市中央区今泉1-18-55 天神南ロイヤルハイツ1F

'폭신폭신 리코타치즈 팬케이크'

하카타 & 나카스·기온
빌즈 후쿠오카 bills 福岡

호주에서 시작되어 전 세계에서 사랑받고 있는 캐주얼 다이닝 Bills의 후쿠오카점으로 나카스 강 위에 오픈한 레스토랑 Ship's Garden 1층에 있다. 리코타 치즈가 듬뿍 들어간 팬케이크에 바나나가 함께 나오는 간판 메뉴 리코타 팬케이크(リコッタパンケーキ, 1900엔)를 비롯한 다양한 팬케이크와 브런치 메뉴가 있다.

- 📍 지하철 공항선 텐진天神역 12번 출구에서 도보 4분
- 🕐 08:30~21:00, 금~토요일 08:30~22:00, 비정기 휴무
- 📞 +81-92-733-2555
- 🏠 福岡市中央区西中洲13-1 水上公園内 Ship's Garden1F

'나카스 강 위에 새로 오픈한 브런치 팬케이크의 정석'

FUKUOKA DINING · 팬케이크

텐진
호시노 커피 星乃珈琲店 福岡ソラリア店

호시노 커피는 폭신폭신하면서도 촘촘한 식감의 수플레 팬케이크로 잘 알려진 곳이다. TV, 잡지와 같은 매체를 통해서도 많이 소개되고 있는 수플레 팬케이크(スフレパンケーキ, 580엔)와 함께 직접 로스팅한 원두를 갈아 정성스럽게 내린 핸드 드립 커피를 곁들이면 멋진 브런치로 손색이 없다.

- 니시테츠후쿠오카(텐진)西鉄福岡(天神)역에서 연결, 솔라리아 플라자 6층
- 11:00~22:00
- +81-92-406-4761
- 福岡市中央区天神2-2-43 ソラリアプラザ 6F

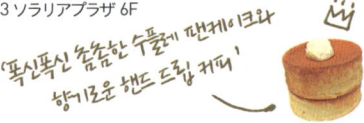
'폭신폭신 촘촘한 수플레 팬케이크와 향기로운 핸드 드립 커피'

텐진
시아와세 팬케이크 幸せのパンケーキ福岡天神店

오사카에 팬케이크 열풍을 일으켰던 시아와세 팬케이크가 후쿠오카에 새롭게 문을 열었다. 푸딩이나 젤리를 연상시키는 말랑말랑한 팬케이크는 시아와세(행복)라는 가게 이름처럼 먹는 사람을 기분 좋게 만들어준다. 뉴질랜드산 마누카 벌꿀과 발효 버터를 혼합해 올린 시아와세 팬케이크(幸せのパンケーキ, 1380엔)가 단연 인기이다.

- 지하철 공항선 텐진天神역 2번구에서 도보 5분
- 평일 10:30~19:30, 주말 및 공휴일 10:00~20:30, 비정기 휴무
- +81-92-725-1234
- 福岡市中央区天神2-7-12 天神吉富ビル 2F

 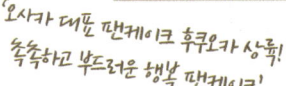
'오사카 대표 팬케이크 후쿠오카 상륙! 촉촉하고 부드러운 행복 팬케이크'

텐진
카페델솔 Cafe del Sol

손님의 90%가 젊은 여성일 정도로 여성층에게 사랑 받는 팬케이크 카페로 처음에는 하나였던 팬케이크 메뉴가 지금은 5종류까지 늘어났다. 직접 만든 캐러멜 소스, 바삭한 쿠키와 넛츠가 토핑된 캐러멜 팬케이크(1540엔)가 인기. 귀여운 라테 아트로 사랑받는 카페라테도 인기. 주말에는 어느 시간대에 가든 줄이 늘어서 있다.

- 니시테츠후쿠오카(텐진)西鉄福岡(天神)역 2번 출구에서 도보 5분
- 11:00~21:00(재료 소진 시 영업 종료), 비정기 휴무
- +81-92-725-3773
- 福岡県福岡市中央区大名1-14-45Qiz TENJIN 103

• FUKUOKA DINING •

빵을 좋아하는 사람들 모여라!
후쿠오카 빵
人気パン屋

1일 1빵은 물론 밥대신 빵을 즐겨 먹고 빵이라면 종류 불문하고 좋아하는 빵순이 빵돌이들에게 여행지에서의 빵집 투어는 필수! 일본 전국에 걸쳐 인기를 모은 빵집과 후쿠오카에서만 맛볼 수 있는 베이커리 맛집을 모아보았다.

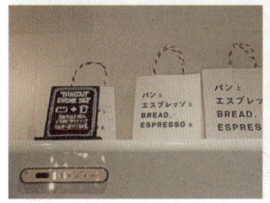

하카타 & 나카스·기온

빵토 에스프레스토 하카타토
パンとエスプレッソと博多っと

맛있는 빵과 커피로 인기를 얻고 있는 빵토 에스프레스토 도쿄의 하카타 지점으로 최근 하카타에서 가장 핫한 베이커리 카페이다. 큼직한 식빵을 사용한 토스트 위에 명란젓을 살짝 올린 멘타이 토스트(ムーめんたい)는 오직 하카타에서만 판매하고 있다. 멘타이 토스트와 샐러드, 음료가 포함된 세트는 1300엔. 도쿄에서도 이미 맛으로 인정받은 맛있는 빵을 구입할 수 있다. 예약을 따로 받고 있지 않기 때문에 카페를 이용하려면 긴 줄을 각오해야 한다.

📍 JR하카타博多역에서 도보 5분, 지하철 쿠시다진자마에櫛田神社前역에서 도보 3분
🕐 08:00~19:00, 비정기 휴무
📞 +81-92-292-1190
🏠 福岡市博多区博多駅前2-8-12

FUKUOKA DINING
빵

야쿠인 & 이마이즈미
무츠카도 야쿠인 본점 むつか堂

후쿠오카에서는 보기 드물게 식빵을 전문으로 한 빵집. 가게 옆에 공방이 있어 그날의 판매 상황에 맞추어 빵을 굽기 때문에 항상 갓 만든 따뜻하고 맛있는 식빵을 먹을 수 있다. 폭신폭신하고 결이 얇아 다른 것을 곁들이지 않아도 맛이 있는 무츠카도의 기본 식빵(角型食パン, 사각형 식빵 한 덩어리 432엔)은 꾸준한 인기. 식빵을 이용한 크로크무슈나 샌드위치도 판매한다.

- 지하철 나나쿠마선 야쿠인오도리薬院大通역에서 도보 5분
- 10:00~20:00(품절 시 영업 종료), 일요일 휴무
- +81-92-726-6079
- 福岡市中央区薬院2-15-2

'흔한 식빵도 이곳에 가면 예술이 된다!'

하카타 & 나카스·기온
후루후루 하카타 THE FULL FULL HAKATA

쫀득한 바게트 속에 후쿠오카의 명물 명란젓 크림을 넣은 고소한 명란 바게트(明太フランス, 459엔)가 이 베이커리의 간판 메뉴로, 10분 단위로 계속 빵을 구울 정도로 인기가 뜨겁다.

- 지하철 나나쿠마선 쿠시다진자마에櫛田神社前 역에서 도보 2분
- 10:00~19:00, 화요일 휴무
- +81-92-292-7838
- 福岡市博多区祇園町9-3

'고소한 명란젓 크림의 명란 바게트가 명물'

텐진
코베야브레즈 神戸屋ブレッズ

100년의 역사를 지닌 베이커리 브랜드 코베야의 후쿠오카 텐진 지점. 홋카이도산 버터를 사용한 바삭바삭한 크루아상クロワッサン, 달콤한 링도넛クリスピーリング, 진한 초콜릿을 부드러운 빵이 감싸고 있는 초코코로네チョココロネ 등 매일 갓 구운 빵과 샌드위치를 판매한다. 5종류의 빵과 샐러드, 요구르트, 음료까지 나오는 모닝세트(選べるモーニングセット, 517엔)는 아침 식사로 좋다.

- 지하철 공항선 텐진天神역 7번 출구에서 연결, 파르코 지하 1층
- 07:30~21:00
- +81-92-235-7133
- 福岡市中央区天神2-11-1 福岡パルコ B1F

'오사카에서 시작한 유명 베이커리 전문점'

FUKUOKA DINING 빵

오호리 공원 & 모모치

라브리오슈 La Brioche, ラブリオシュ

무농약 채소와 천연 바다 소금, 사탕수수로 만든 천연 설탕 등 자연에 가까운 재료를 엄선해 사용하는 베이커리로 식빵, 바게트, 브리오슈, 천연 효모 빵, 계절 한정 특선 빵 등 식사 또는 디저트로도 손색없는 여러 종류의 빵이 있어 무엇을 먹을지 행복한 고민에 빠지게 된다.

- 지하철 공항선 오호리코엔大濠公園역에서 도보 5분
- 07:30~19:00
- +81-92-751-4628
- 福岡市中央区荒戸2-1-19

천연 재료로 만든 건강하고 맛있는 빵

하카타 & 나카스 · 기온

사츠마죠키야 薩摩蒸気屋

튀기지 않고 구워낸 야키 도넛(博多焼どうなつ, 1개 110엔)으로 유명한 사츠마죠키야는 나카스뿐 아니라 하카타역 한큐 백화점 지하 1층에도 숍이 있어 선물용 도넛을 구매하기 좋다. 깔끔하면서도 적당한 단맛의 도넛은 카스텔라 느낌이 강하다. 단품으로도, 세트로도 구매할 수 있는 야키 도넛은 2주 정도 보관할 수 있으며 전자레인지에 살짝 돌려서 먹어도 맛있다.

- JR하카타博多역에서 연결, 하카타 한큐 백화점 지하 1층
- 10:00~21:00
- +81-92-419-5892
- 福岡市博多区博多駅中央街1-1 博多阪急 B1F

튀기지 않고 구운 도넛은 선물로도 제격!

야쿠인 & 이마이즈미

MOROPAIN モロパン

캘리포니아 레이즌 베이커리 콘테스트에서 그랑프리를 차지한 니다베이유 레이즌(ニダベイユ・オ・レザン)은 칼피스 버터를 사용한 반죽에 꿀과 캐러멜로 건포도와 넛츠를 넣고 구워낸 빵으로 하루 20개 한정이어서 오전 중에 다 팔려 버리니 이 빵을 맛보려면 아침에 찾도록 하자. 공간이 협소해서 한 번에 3팀까지만 가게 안으로 들어갈 수 있다.

- 텐진오오무타선 니시테츠 히라오西鉄平尾역에서 도보 5분
- 07:00~15:00, 월, 화, 일요일 휴무
- +81-92-791-5676
- 福岡市南区市﨑1-2-8 高宮マンション 1F

• FUKUOKA DINING •

야타이가 있어 후쿠오카의 밤은 길다
후쿠오카 야타이
福岡の屋台

아직까지 야타이(포장마차) 문화가 뿌리 깊게 남아있는 대도시, 후쿠오카. 밤이 깊어지면 나카스, 텐진, 나가하마 등 도시 중심가 곳곳에서 불을 밝힌 채 손님을 기다리는 야타이 행렬을 목격할 수 있다. 다양한 음식과 정겨운 분위기가 가장 큰 매력인 야타이에서 어깨와 어깨가 맞닿는 아담한 의자에 앉아 라멘, 히토구치 교자, 모츠나베 등 각양각색의 음식을 먹으며 이야기꽃을 피우다 보면 후쿠오카에서 또 하나의 특별한 추억이 만들어질 것이다.

YATAI GUIDE
후쿠오카 야타이에 가기 전 알아둘 것!

1. 날씨와 휴무일은 야타이를 방문하기 전 꼭 확인해야 한다. 휴무가 아니더라도 비가 오면 문을 닫는 야타이도 많다. 또한 야타이는 실내가 아니기 때문에 여름에는 무더위를 어느 정도 감수해야 한다.
2. 야타이를 여유 있게 즐기고 싶다면 현지인이 많이 찾는 저녁 8~10시를 피해 오픈 직후나 오후 10시 이후를 노리자!
3. 야타이는 좌석 수가 매우 한정되고 공간이 협소하기 때문에 가져온 짐은 자신의 발밑에 두는 것이 좋다.
4. 카드 결제 불가, 예약 불가인 곳이 대부분. 현금은 필수로 챙겨가도록 하자.
5. 가끔 바가지 씌우기를 하는 야타이가 있다. 메뉴와 요금을 확실하게 표시한 야타이를 이용하자.
6. 13개의 야타이를 돌면서 주류 한 잔과 야타이의 추천 메뉴를 맛볼 수 있는 야타이 티켓(屋台きっぷ, 1매당 1팀 1050엔)을 하카타 및 텐진의 관광 안내소에서 구매할 수 있다. npoidea.com/yataichiket 참고.

FUKUOKA DINING
야타이

RECOMMEND 추천 야타이

텐진
에비짱 屋台バーえびちゃん

50년이라는 긴 시간 동안 바텐더로 일해온 주인 부부가 운영하는, 하카타에서 유일한 바 스타일의 야타이. 정장 차림에 나비넥타이를 맨 주인이 맞이하는 에비짱의 자랑은 다채로운 종류의 칵테일(カクテル, 한 잔당 990~1210엔)로, 메뉴에 있는 칵테일 외에도 원하는 취향을 이야기하면 그에 맞게 만들어주기도 한다. 마멀레이드를 올려서 구운 카망베르 치즈와 비스킷을 함께 먹는 카망베루치즈노마마레도야키(カマンベールチーズのマーマレード焼き, 990엔) 추천.

- 지하철 공항선 텐진天神역 12번 출구에서 도보 3분
- 19:00~24:00, 금~토요일 19:00~01:00, 비정기 휴무, 우천 시 휴무
- +81-90-3735-4939
- 福岡市中央区天神4-2-1 日本銀行福岡支店前

'세련된 바식 야타이에서 칵테일 한잔'

텐진
뽕키치 ぴょんきち

후쿠오카에서 좀처럼 보기 드문 한국식 요리를 선보이는 야타이로 한국에서 직접 공수한 고추와 향신료를 베이스로 한 일품요리, 라멘, 야키토리, 볶음밥焼飯 등 다양한 메뉴가 있다. 만두 속에 명란젓을 넣어 만든 한 입 크기의 멘타이 교자(明太ぎょうざ, 600엔)는 맥주 안주로 그만이다. 한국어 메뉴가 준비되어 있으며 한국어를 구사하는 재일 교포 출신의 주인 덕분에 편안하게 술과 안주를 즐길 수 있다.

- 지하철 나나쿠마선 텐진미나미天神南역 2번 출구에서 도보 3분, 다이마루 백화점 앞
- 18:30~02:00, 비정기 휴무
- +81-90-9074-4390
- 福岡市博多市中央区天神1-4-1 大丸前

텐진
야타이 미야코 屋台 都

부부가 운영하는 미야코는 단골손님들이 많이 찾는 북적이지 않은 조용한 분위기의 야타이로 시원한 맥주, 소주와 함께 수준급의 음식을 맛볼 수 있다. 특히 국물이 스며들어 부드러운 맛의 오뎅(おでん, 1개 120엔)은 술안주로 제격이다. 특제 소스와 면, 채소를 넣고 볶은 야키 라멘(焼きラーメン, 550엔)도 맛있다.

- 니시테츠후쿠오카(텐진)西鉄福岡(天神)역에서 도보 5분
- 18:00~01:00, 월~수요일 휴무
- +81-80-3988-4795
- 福岡市中央区天神2-14-13 天神三井ビル西側

'익숙한 한국의 맛과 분위기를 느낄 수 있는 곳'

'수준급의 안주를 조용하고 느긋하게'

059

• FUKUOKA DINING •

후쿠오카 이자카야 居酒屋

소박하고 편안한 분위기에서 도란도란 이야기를 나누며 시간을 보내고, 때로는 세련되고 고급스러운 곳에서 오붓하게 술 한잔을 마실 수 있는 후쿠오카의 이자카야. 왠지 잠들고 싶지 않은 후쿠오카의 밤, 이곳을 방문해 그 아쉬움을 달래보는 것은 어떨까.

가기 전에 알아두자!
• 이자카야 이용 TIP •

1. 이자카야에서는 먼저 술이나 음료와 같이 마실 것(노미모노, 飲み物)부터 주문한다. 이때 기본 안주인 오토오시おとおし가 함께 나온다. 술을 먼저 마시면서 안주나 식사 메뉴를 찬찬히 살펴보면 된다.

2. 오토오시おとおし란 따로 주문하지 않아도 나오는 일품요리로 우리나라로 치면 기본 안주와 비슷하다. 에다마메나 히야얏코, 생선 요리가 나오기도 한다. 오토오시는 무료인 곳이 많지만 요금을 내야 하는 곳도 있다.

술 종류

츄하이(사와)酎ハイ(サワー)
소주에 차나 탄산, 과일즙을 넣어 희석시킨 도수가 낮은 술로 레몬レモン, 오렌지オレンジ 등 다양한 맛이 있다

하이볼ハイボール
위스키에 소다수를 혼합해 청량감을 더한 알코올 도수가 낮은 칵테일. 산토리サントリー의 카쿠 하이볼角ハイボール이 가장 유명.

우메슈梅酒
달콤한 매실주로 얼음만 넣는 록ロック, 탄산수를 섞는 소다와리ソーダ割り, 물을 섞는 미즈와리水割り의 방식으로 마신다.

소주焼酎
고구마, 보리, 메밀 등을 증류하여 만드는 술로 알코올 도수가 25도 이상으로 독한 술이 많아 물이나 차를 섞어 먹기도 한다.

맥주ビール
생맥주(나마비루, 生ビール)와 병맥주(빙비루, 瓶ビール)로 부르며 기린, 삿포로, 에비스 등 다양한 브랜드가 있다.

칵테일カクテル
카시스 오렌지, 카시스 우롱, 카시스 밀크 등 카시스カシス 계열의 칵테일이 많다. 달달한 맛으로 여성들에게 인기.

니혼슈日本酒
쌀을 발효시켜 만든 일본 전통 술로 재료로 쓰이는 쌀의 도정에 따라 긴조吟醸, 준마이純米, 다이긴조大吟醸로 나뉜다

FUKUOKA DINING
이자카야

하카타 & 나카스·기온
시라스쿠지라
博多漁家礒貝 しらすくじら 筑紫口

스시 레스토랑 이소가이礒貝에서 운영하는 가성비 뛰어난 이자카야. 생선회 모둠(刺身盛り, 782엔), 사시미, 구이, 튀김, 덮밥 등 신선한 해산물 요리를 비교적 저렴한 가격으로 즐길 수 있어 가볍게 한잔 하고 싶을 때 방문하면 좋다.

- 📍 JR하카타博多역 치쿠시 출구에서 도보 2분, 하카타 데이토스 아넥스 2층
- 🕐 11:00~14:30, 17:00~21:30, 금~일요일 및 공휴일 11:00~22:00
- ☎ +81-92-433-7575
- 🏠 福岡市博多区博多駅中央街1-1 デイトスアネックス店 2F

'직장인들에게 인기! 가볍게 한잔 하고 싶을 때'

야쿠인 & 이마이즈미
메시야 코야마 파킹 めしや コヤマパーキング

원형의 목재 바에 전 좌석 카운터 석인 세련되고 모던한 분위기의 이자카야. 주방을 가운데 두고 원형으로 카운터가 둘러싸고 있어 음식이 만들어지는 과정을 직관할 수 있다. 한적한 동네에 위치해 있지만 워낙 인기 있는 곳이어서 예약은 필수. 예약은 인터넷으로 받고 있다(www.tablecheck.com/en/shops/koyama-parking/reserve). 이자카야치고는 이른 시간인 오후 1시부터 문을 연다.

- 📍 지하철 텐진미나미天神南역 혹은 야쿠인藥院역에서 도보 10분
- 🕐 13:00~23:00, 비정기 휴무
- ☎ +81-92-753-8358
- 🏠 福岡市中央区警固1-6-4

'세련된 분위기, 맛있는 안주'

하카타 & 나카스·기온
하지메노잇포 海鮮居酒屋 はじめの一歩

하카타의 대표 향토 요리 중 하나인 고마사바(고등어 회를 간장과 참깨에 버무린 음식), 고마칸파치(잿방어 회 참깨 소스 무침, ごまかんぱち, 한 접시一皿 2인분 2134엔)를 맛볼 수 있는 현지인들이 사랑하는 이자카야이다. 그날 잡힌 신선한 고등어만 사용하는 이곳의 고마사바(ごまさば, 2인용 2728엔, 3인용 3608엔)는 탱탱하면서도 비리지 않고 양도 많아 워낙 인기여서 이른 저녁에 품절된다. 외국어 메뉴가 없으니 일본어가 가능한 사람들이 도전해보자.

- 📍 JR하카타博多역 하카타 출구에서 도보 5분
- 🕐 11:30~13:00, 17:30~23:00 연말연시휴무(12월31일~1월2일)
- ☎ +81-92-471-1850
- 🏠 福岡市博多区博多駅前3-7-15 庄野ビル 1F

'현지인들이 사랑하는 하카타 향토 요리 전문 이자카야'

ALL THAT MENTAIKO

명란젓의 모든 것

짭짤하면서 고소한 감칠맛으로 밥 한 그릇을 뚝딱 비우게 하는 밥도둑 명란젓. 명란젓을 전문으로 생산하는 브랜드가 있고 교자와 라멘, 베이커리, 과자에 이르기까지 다채로운 음식에 명란젓을 사용하는 등 음식점이나 기념품 숍 어디에서나 명란젓을 발견할 수 있을 만큼 후쿠오카의 명란젓 사랑은 유별나다.

밥반찬에서 근사한 요리로, 변신의 변신을 거듭한 후쿠오카 명란젓의 모든 것을 소개한다.

명란젓 X 음식의 다양한 콜라보레이션

BRAND 시마모토 島本

훗카이도에서 잡은 신선한 명태를 사용, 좋은 재료 본연의 맛을 살린 조리법으로 만든 명란젓을 제공하고 있다. 특히 시마모토에서 나오는 명란 마요네즈는 맛도 좋을 뿐 아니라 패키지가 귀여워 선물용으로도 좋다.

SHOP 하카타역앞점 博多駅前店

기온의 관광 명소 도초지 옆에 위치한 멘타이코명란젓 전문 브랜드 시마모토의 직영점으로 매콤한 맛의 명란젓인 카라시멘타이코辛子明太子부터 시마모토의 간판 상품인 멘타이 마요네즈めんたいマヨネーズ 등 다양한 상품을 판매하고 있다. 하카타역의 한큐백화점 지하에도 있다.

- 지하철 공항선 기온祇園역 1번 출구에서 도보 2분
- 09:00~19:00, 1월 1일 및 8월 오봉 휴무 +81-92-291-2771
- 福岡市博多区御供所町2-63

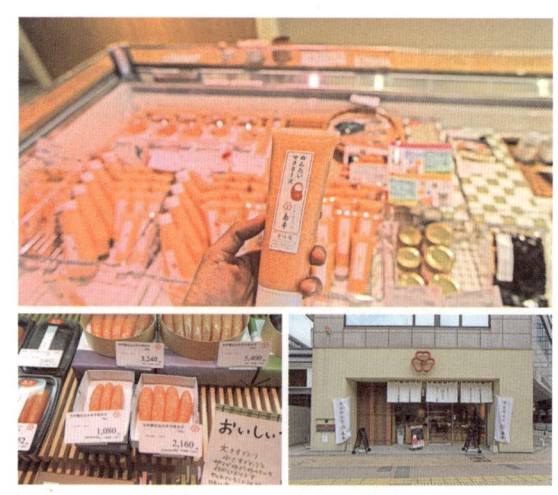

ALL THAT MENTAIKO 명란젓

BRAND 후쿠야 ふくや

한국에서 명란젓을 처음 들여와 생산하기 시작한 명란젓의 원조로 불리는 브랜드. 기본 명란젓부터 튜브나 캔 형태의 명란젓 제품도 나오고 있다.

SHOP 하카타데이토스점 博多デイトス売店

하카타역과 연결된 쇼핑몰 데이토스 1층에 있는 후쿠야의 직영점으로 매장 앞에 시식 코너가 있어 먹어보고 구매할 수 있어 좋다. 김과 명란젓을 섞어 걸쭉하게 만든 멘타이코노리明太子のり, 명란 맛이 가미된 참치 캔인 멘츠나칸칸めんツナかんかん 같은 다양한 명란젓 제품이 갖추어져 있다. 텐진 지하상가에도 지점이 있다.

- JR하카타博多역에서 연결, 하카타데이토스 1층 미야게몬이치바み やげもん市場 내에 위치
- 08:00~21:00 +81-92-433-2981
- 福岡市博多区博多駅中央街1-1

BRAND 야마야 やまや

야마야의 명란젓은 유자·후추를 더한 양념에 168시간 동안 숙성시켜 은은한 유자향과 부드러운 맛이 특징이다. 곱창과 명란젓을 중심으로 레스토랑체인도 운영하고 있다.

SHOP 하카타 마잉구점 マイング

감칠맛이 나는 야마야의 명란젓을 판매하고 있는 하카타 직영점으로 토스트나 바게트 빵, 파스타에 넣어 먹기에 좋은 튜브 형태의 명란젓 츄브明太子가 인기 상품이다.

- JR하카타博多역에서 연결, 하카타역 내 마잉구マイング
- 09:00~21:00 +81-92-432-9081
- 福岡市博多区博多駅中央街1-1博多ステーションビル 名店街マイング 1F

BRAND 치카에 稚加榮

후쿠오카의 전통 있는 료테이고급 일식 요리점으로 유명한 치카에에서 만드는 명란젓이다. 레스토랑에서도 명란젓을 맛볼 수 있고 직영점에서 판매도 한다.

SHOP 본점 本舗

텐진의 치카에 레스토랑 바로 옆에 명란젓 전문 판매점이 자리하고 있다. 매운 고추를 이용해 만든 날것 그대로의 명란젓인 카라구치카라코멘타이코辛口辛子めんたいこ는 자극적인 매운맛과 감칠맛이 공존해 명란젓 마니아들에게 큰 인기를 얻고 있다.

- 지하철 공항선 아카사카赤坂역 4번 출구에서 도보 5분
- 11:00~19:00
- +81-92-401-8778 福岡市中央区大名2-2-19

063

명란젓 정식 & 도시락

수제 명란젓을 이용한
덮밥과 츠케멘

하얀 쌀밥 위에 다시마로 감싼 명란젓 한 덩어리가 통째로 올라간 덮밥 멘타이쥬(めんたい重, 1848엔)와 츠케멘(명란젓이 들어간 국물에 면을 찍어먹는 요리, めんたい煮こみつけ麵 1848엔)이 유명하다.

명란젓이
듬뿍 들어간 교자

야타이포장마차 뿡키치びょんきち에서 판매하는 명란젓을 듬뿍 넣은 한입 크기의 멘타이 교자(明太ぎょうざ, 600엔)는 맥주 안주로 그만!

야마야 소혼텐
시로가네 코미치

예쁘고 맛있는 명란젓 정식(博多めんたい 織~御膳~, 3000엔)과 테이크아웃 도시락(博多めんたい 織~海鮮重~, 2000엔)을 만날 수 있다. 전좌석 예약제(전화예약)로 운영되며 도시락도 이틀 전까지는 주문을 해야 한다.

- 🕐 11:00~18:00, 화요일 휴무
- 🏠 福岡市中央区白金1-5-5
- 📞 +81-92-406-8087

계란말이
속에 명란젓이 쏙

일본식 가정 요리 전문 하카타의 고향야 쇼보안ごはん家 椒房庵에서는 계란말이 속에 명란젓이 들어 있는 멘타이타마고야키(めんたい玉子焼き, 1000엔)를 맛볼 수 있다.

훌륭한 조합!
명란젓이 들어간 바게트 빵

베이커리 The Full Full Hakata フルフル博多의 명란 바게트(明太フランス, 459엔)를 맛보면 빵과 명란젓이 의외로 잘 어울린다는 사실을 알 수 있다.

군침 도는 향의
명란 크루아상

하카타역에 퍼지는 향기로운 빵 냄새의 주인공, 일포르노델미뇽 il FORNO del MIGNON. 크루아상 전문 빵집으로 후쿠오카의 명물 명란젓을 넣은 짭조름하고 고소한 명란 크루아상(明太クロワッサン, 100g 259엔)도 판매한다.

여행 선물 고민 끝!
후쿠오카 여행 선물로 좋은 명란젓 제품

멘타이 마요네즈 めんたいマヨネーズ
시마모토島本

명란젓이 들어간 마요네즈로 고추냉이 맛, 갈릭 맛도 있다. 밥이나 샐러드는 물론 빵에 발라 먹어도 맛있다.

튜브튜브 tubu tube, ツブチューブ
후쿠야ふくや

튜브 형태로 된 명란젓으로 여러 가지 맛이 있어 입맛대로 선택할 수 있다. 유통기한은 2주 정도.

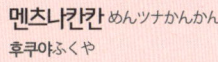

멘츠나칸칸 めんツナかんかん
후쿠야ふくや

명란젓이 가미된 참치 캔으로 기본, 매운맛, 프리미엄 3가지 종류가 있다. 보관 기간이 길어 선물용으로 좋다.

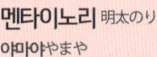

멘타이노리 明太のり
야마야やまや

명란젓 알이 콕콕 박혀 있는 김으로 따끈한 밥에 올려 먹으면 다른 반찬 없이도 밥이 술술 넘어간다.

멘베이 めんべい (MENBEI)
후쿠타로福太郎

명란젓 맛의 일본 전통 과자 센베이. 기본 명란젓 맛에 마요네즈, 파 등의 맛이 추가로 가미되어 종류가 다양하다.

멘타이에비 센베이 明太えびせんべい
하카타후미안博多風美庵

바삭바삭 씹히는 새우·명란젓맛 센베이. 그냥 먹어도, 맥주 안주로도 좋은 과자로 계속 손이 간다.

프릿츠 하카타멘타이코 プリッツ博多明太子
글리코glico

막대 모양 과자 프릿츠의 명란젓 맛으로 씹을수록 고소하다. 큐슈 지역 한정판으로 판매되고 있다.

하카타 쿠오카 博多くーおか
하카타모모타로博多桃太郎

명란젓이 들어간 과자 위에 김과 치즈, 새우 분말 등 6가지 토핑이 올라가 있는 쿠오카는 귀여운 모양만큼이나 맛도 뛰어나다.

타라코차즈케 永谷園たらこ茶づけ
나카타니엔永谷園

밥에 뿌려 먹는 명란 젓맛 후리카케(조미료)로 밥에 뿌린 뒤 차를 부으면 훌륭한 오차즈케가 된다.

자가리코 멘타이코아지 じゃがりこ 明太子味
가루비Calbee

가루비의 인기 과자 시리즈인 자가리코의 명란젓 맛으로 살짝 매콤하다. 명란젓 맛이 강하진 않다.

러스크
ラスク
후쿠야ふくや

명란이 들어간 바삭한 러스크로 슈거와 갈릭 2가지 맛이 있다. 한 입 사이즈로 먹기 편하며 간식은 물론, 술안주로도 잘 어울린다.

멘베이 후리카케 めんべいふりかけ
후쿠타로福太郎

계란과 김에 짭조름한 명란 맛이 추가된 후리카케다. 밥에 뿌려 먹으면 맛이 더욱 좋아지며, 작은 사이즈 포장으로 휴대하기도 좋다.

멘타이아지 카린토
めんたい味かりんとう
후쿠타로福太郎

식용유로 튀겨낸 막대 과자에 흑설탕이나 꿀을 바른 일본 전통 과자 카린토에 명란을 가미한 과자다. 한번 먹기 시작하면 단짠의 매력에서 빠져나오기 힘들다.

멘타이 치즈딥
めんたいチーズデップ
호타카칸코식품穂高観光食品

부드러운 치즈에 짭짤한 명란젓이 들어간 치즈 Dip으로 치즈와 명란의 맛이 잘 어울린다. 빵에 발라먹거나, 파스타에 넣는 등 활용도가 높다.

명란 계란 간장
たまごにかけるお醤油明太子入り
테라오카케寺岡家

우리에게 익숙한 계란 간장에 명란젓이 첨가된 것이다. 계란에 뿌려 먹는 것은 물론, 구이나 무침에 조미료로도 활용이 가능하다.

더 멘타이 오일 The Mentai
オイル漬け
후쿠타로福太郎

껍질을 벗긴 명란에 향신료와 오일을 첨가한 것으로 바게트에 발라 먹기 좋다. 오일 외에도 바질, 치즈, 유자, 오징어 등 다양한 맛이 있다.

프링글스 명란 맛
Pringles 明太子味
켈로그Kellogg

명란 맛이 첨가된 프링글스로 짭조름한 맛이 맥주 안주로 그만이다. 프링글스 명란 맛은 오직 큐슈에서만 구입할 수 있다.

멘타이 센베이 후와삐리리
明太せんべい ふわぴりり
후쿠야ふくや

2023년 3월에 출시된 따끈따끈한 신상품이다. 다른 센베이에 비해 두툼하고 폭신한 식감이 특징이다.

명란 토스트 스프레드
塗って焼いたら明太トースト
야마야やまや

빵에 바르고 굽기만 하면 맛있는 명란 토스트를 만들 수 있는 스프레드이다. 부드러운 크림 속에 동결건조 명란젓이 들어 있다.

하카타노 고향·하카타노 빵
博多のごはん・博多のパン
야마야やまや

명란을 튜브에 넣어 사용하기 편하도록 한 제품이다. 총 4가지 맛이 있으며, 명란 프랑스와 크림치즈 명란은 빵에 발라 먹고, 메실 다시마 명란과 카라시 명란은 밥 위에 뿌려 먹으면 된다.

멘타이후 후리카케
辛子めんたい風ふりかけ
후쿠사야 福さ屋

명란젓, 가다랑어 포, 깨, 김 등이 들어간 후리카케다. 흰쌀밥, 파스타, 볶음밥 등에 뿌려 먹으면 맛있다.

이카 멘타이코 いか明太子
후쿠야ふくや

두툼한 갑오징어를 잘게 썰어 명란젓으로 버무린 것으로, 밥반찬, 술안주, 파스타 토핑 등 다양한 용도로 활용할 수 있다.

FUKUOKA BEST SHOPPING SPOT

> **Best Shopping Spot**

교통, 식사, 쇼핑까지 원스톱으로 즐긴다
JR 하카타 시티

JR Hakata City, JR博多シティ

JR하카타시티는 신칸센과 JR, 지하철이 연결되어 있는 교통의 요지인 JR하카타역 건물에 있는 복합 상업 시설이다. 백화점과 쇼핑몰, 영화관, 거대한 레스토랑 플로어까지 모여 있어 하카타의 대표 명소로 손꼽힌다. 종합 쇼핑몰 아뮤플라자, 한큐 백화점이 자리하고 있으며 후쿠오카의 대표 맛집들이 모인 식당가가 형성되어 있어 교통, 쇼핑, 식사까지 원스톱으로 모두 즐길 수 있다.

- JR하카타博多역과 연결
- 숍 10:00~20:00, 레스토랑 11:00~22:00(점포마다 다름)
- 福岡市博多区博多駅中央街1-1

Best Shopping Spot
JR하카타 시티

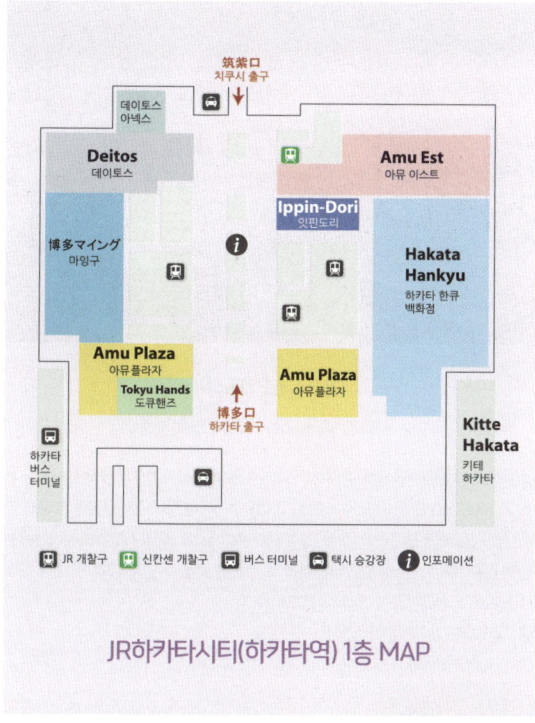

JR하카타시티(하카타역) 1층 MAP

아뮤플라자
| 복합 상업 시설 | AMU PLAZA

라이프스타일 숍 도큐핸즈, 무인양품, 마가렛 호웰MHL, 모자 전문점 카시라CA4LA, 디즈니스토어 등 다양한 패션, 생활 잡화 숍이 입점해 있는 쇼핑몰이다. 일본 전 지역과 하카타의 유명 음식점들이 모여 있는 레스토랑 존인 9~10층의 시티다이닝쿠우텐シティダイニングくうてん과 지하 1층 식당가 하카타이치반가이博多1番街까지 있어 다양한 숍에서 쇼핑과 식사를 한 번에 해결할 수 있다.

- JR하카타博多역에서 연결, 하카타 출구 쪽 위치, JR하카타시티의 지하 1층부터 10층
- AMU 숍 10:00~20:00(지하1층 10:00~21:00), 레스토랑 11:00~24:00(점포마다 다름)

츠바메노모리히로바
| 옥상정원 | つばめの杜ひろば

아뮤플라자의 옥상정원 츠바메노모리히로바つばめの杜ひろば는 후쿠오카 시내는 물론 멀리 하카타 만의 바다와 산까지 360 파노라마 전망을 감상할 수 있는 야외 전망 테라스가 있고, 아이들이 탈 수 있는 작은 미니 전차인 츠바메 전차つばめ電車도 운행하고 있어 쇼핑 중간에 쉬어 가기에 좋다. (츠바메 전차는 평일 11:00~18:00, 주말 및 공휴일 10:00~18:00 운행)

- 아뮤플라자 최상층
- 10:00~22:00

Best Shopping Spot
JR하카타 시티

데이토스
| 복합 상업 시설 | DEITOS

하카타역 치쿠시 출구쪽 지하 1층부터 지상 2층에 있다. 1층에는 후쿠오카 과자나 특산품을 구매할 수 있는 미야게몬이치바みやげもん市場, 유명 빵집 시로야를 비롯해 도시락, 과자 숍이 모여 있는 잇핀도리いっぴん通り가 있으며 2층에는 라멘, 짬뽕 등 큐슈의 각종 면 요리를 맛볼 수 있는 '하카타면가도博多めん街道'가 있어 현지인과 관광객들의 발길을 잡는다.

📍 JR하카타博多역에서 연결, 치쿠시 출구 쪽 위치
🕐 숍 08:00~21:00, 레스토랑 07:00~24:00(점포마다 다름)

하카타 한큐
| 백화점 | Hakata Hankyu, 博多阪急

큐슈 최초의 한큐 백화점으로 지하 1층의 식료품 매장 우마치카우마치카에는 후쿠오카 대표 스위츠들이 모두 모여 있고 1층 액세서리 코너에서는 명품 브랜드 손수건을 저렴하게 판매하고 있어 기념품을 구매하기에 좋다. 1층 인포메이션에서는 여권을 제시하면 5% 할인되는 게스트 쿠폰을 받을 수 있고 5000엔 이상 구매 시 소비세도 환급받을 수 있으니 참고하자.

📍 JR하카타博多역에서 연결
🕐 10:00~20:00

하카타 마잉구
| 쇼핑몰 | Hakata Maingu, 博多マイング

히요코ひよ子와 츠쿠시 모찌筑紫もち, 명란젓 센베이 후쿠타로福太郎 등 후쿠오카 대표 과자, 명란젓, 술 등 후쿠오카 여행 선물로 좋은 특산품과 먹거리들을 다양하게 판매하고 있다.

📍 JR하카타博多역 1층
🕐 09:00~21:00

도큐핸즈 하카타
| 잡화 | 東急ハンズ 博多店

큐슈 1호점 도큐핸즈로 하카타역과 연결된 건물인 JR하카타시티, 아뮤플라자에 있다. 생활용품을 비롯해 각종 아이디어 상품, 문구류, 패션 소품 등 상품 종류가 다양하며 각 층마다 카테고리를 나누어 비치해놓았기 때문에 원하는 아이템을 쉽게 찾을 수 있다.

📍 JR하카타博多역에서 연결, JR하카타 시티 아뮤플라자 1~5층
🕐 10:00~20:00

네이버후드

| 패션의류 | ネイバーフッド

일본을 대표하는 패션 브랜드로 스트리트 웨어와 모터사이클, 밀리터리, 아웃도어를 접목시킨 의류와 액세서리가 있으며 우리나라에는 구할 수 없는 품목도 꽤 찾아볼 수 있다.

- JR하카타博多역에서 연결, 하카타 한큐 2층
- 10:00~20:00, 비정기 휴무

이세이 미야케

| 패션 | Hakata Maingu, 博多マイング

세계적인 패션 브랜드로 플리츠 라인 여성복과 바오바오가 인기. 일본 쇼핑 리스트에 항상 손꼽히는 바오바오(1층), 남성복(2층), 플리츠 플리츠 이세이 미야케(5층)를 하카타 한큐에서 모두 만날 수 있다.

- JR하카타博多역에서 연결, 하카타 한큐 내
- 10:00~20:00, 비정기 휴무

어반 리서치

| 패션 | URBAN RESEARCH

일본의 패션 브랜드로 도시적이고 현대적인 스타일을 추구하며, 의류, 액세서리, 가방, 신발, 소품 등 다양한 패션 아이템이 있다. 국내에서는 구하기 힘든 아이템도 쉽게 구입할 수 있는 경우가 많다.

- JR하카타博多역에서 연결, JR하카타 시티 아뮤플라자 4층
- 10:00~20:00, 비정기 휴무

포켓몬 센터

| 캐릭터 | ポケモンセンターフクオカ

포켓몬 시리즈 게임과 애니메이션 캐릭터의 다양한 상품이 있는 포켓몬 전문 캐릭터 숍으로 주말에는 사람이 너무 많아 입장하고 계산하는 줄만도 엄청나니 가능하면 주중 방문을 추천한다.

- JR하카타博多역에서 연결, JR하카타 시티 아뮤플라자 8층
- 10:00~20:00, 비정기 휴무

• Best Shopping Spot •

하카타 명소에서 쇼핑도, 관광도 알차게!
캐널시티 하카타
Canal City Hakata, キャナルシティ博多

사우스 빌딩, 센터 워크, 노스 빌딩, 그랜드 하얏트 후쿠오카 호텔, 이스트 빌딩, 비즈니스 센터 빌딩으로 구성되어 있는 캐널시티 하카타는 엔터테인먼트 시설과 각종 패션 및 잡화 브랜드 숍, 라이프스타일 숍, 패스트푸드점부터 일식, 양식 등 다양한 레스토랑이 있어 남녀노소 모두 아침부터 저녁까지 하루를 알차게 즐길 수 있다.

📍 JR하카타博多역 하카타 출구에서 도보 15분 / 니시테츠 버스 캐널시티하카타앞キャナルシティ博多前 하차
🕐 숍 10:00~21:00, 레스토랑 11:00~23:00, 연중무휴   🏠 福岡市博多区住吉1-2

SHOPPING

일부 매장 제외하고 10:00~21:00 오픈

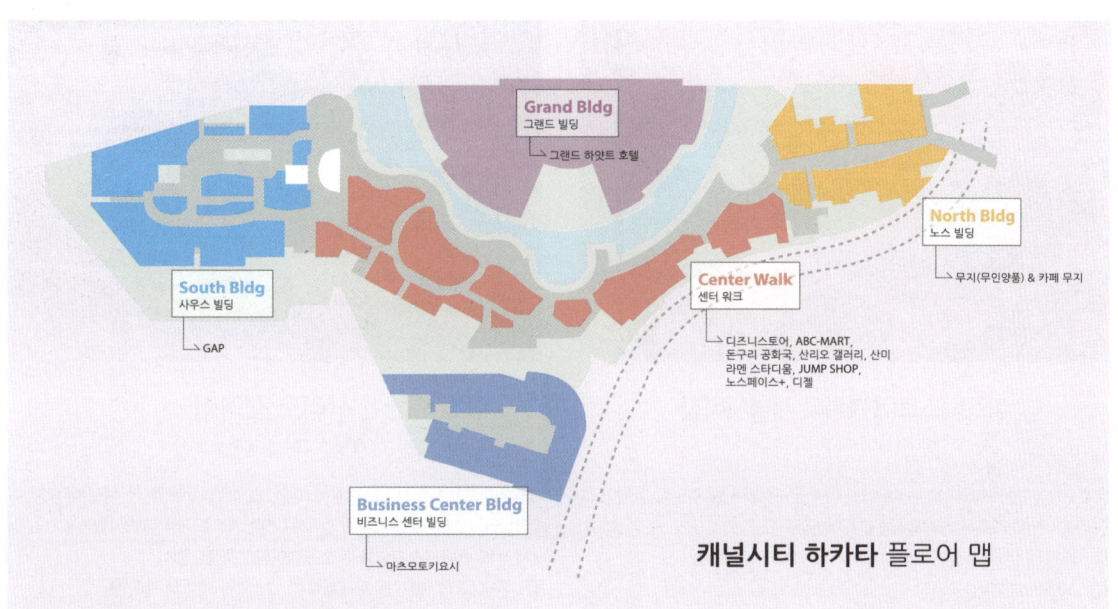

캐널시티 하카타 플로어 맵

돈구리공화국
| 캐릭터 | どんぐり共和国

나무 아래 커다란 토토로가 서 있는 매장 입구가 마치 애니메이션 속 세계를 연상시키는 돈구리공화국은 '이웃집 토토로', '센과 치히로의 행방불명', '마녀 배달부 키키' 등 유명한 스튜디오 지브리의 작품에 등장했던 캐릭터 상품을 갖추고 있다.

📍 캐널시티 하카타 센터워크 남쪽センターウォーク南側 지하 1층
🕐 10:00~21:00

무지(무인양품) & 카페 무지
| 라이프스타일 숍 | MUJI 無印良品 & Cafe MUJI

일본 대표 라이프스타일 브랜드 무인양품 매장으로 서점 MUJI BOOKS와 디저트, 음료를 판매하는 Cafe MUJI가 있다.

📍 캐널시티 하카타 노스 빌딩ノースビル 3~4층
🕐 10:00~21:00

디즈니스토어 하카타 캐널시티점

| 캐릭터 숍 | ディズニーストア

후쿠오카에 있는 2개의 디즈니스토어 중 하나. 문구류와 가방, 주얼리, 홈 웨어, 화장품 등 다양한 디즈니 캐릭터 상품을 판매한다.

📍 캐널시티 하카타 센터 워크 남쪽センターウォーク 南側 2층
🕐 10:00~21:00

산리오 갤러리

| 캐릭터 | サンリオギャラリー

헬로키티를 비롯한 산리오 캐릭터 스페셜 숍으로 입구에 커다란 헬로키티가 있어 멀리서도 금방 눈에 띈다. 매장 안에는 다양한 산리오 캐릭터 아이템이 있으며, 일반 산리오 숍에서는 구입할 수 없는 리미티드 제품도 있다.

📍 캐널시티 하카타 센터워크 북쪽センターウォーク北側 지하 1층
🕐 10:00~21:00

마츠모토키요시

| 드러그스토어 | マツモトキヨシ

다양한 브랜드의 코스메틱 제품과 일반 의약품, 과자, 음료까지 쇼핑할 것이 정말 많은 일본 최대 드러그스토어 체인.

📍 캐널시티 하카타 비즈니스 센터 빌딩ビジネスセンタービル 지하 1층
🕐 09:00~22:00

JUMP SHOP

| 캐릭터 | ジャンプショップ

'ONE PIECE', 'NARUTO', 'BLEACH', '주술회전' 등 슈에이샤集英社의 소년 점프에 연재 중이거나 연재되었던 작품을 중심으로 한 캐릭터 숍이다. 인기 작품을 중심으로 한 다양한 굿즈가 빽빽이 전시되어 있으며 다른 캐릭터 숍에서는 구입할 수 없는 점프 숍 한정 아이템도 다수 있다.

📍 캐널시티 하카타 센터워크 북쪽センターウォーク北側 지하 1층
🕐 09:00~21:00

노스페이스+
| 아웃도어 | ザ・ノース・フェイス+

기능성 아웃도어로 유명한 브랜드 일본에서만 생산되는 노스페이스의 퍼플 라벨은, 아웃도어 의류의 고급 소재와 기능성은 유지하면서 사이즈와 핏을 보다 캐주얼하게 디자인한 라인으로, 일상생활에서 더 활용하기 쉬운 제품을 구입할 수 있다.

📍 캐널시티 하카타 센터 워크 남쪽センターウォーク 南側 3층
🕐 10:00~21:00

디젤
| 패션 | DIESEL

이탈리아의 프리미엄 캐주얼 브랜드로 매장 안에는 청바지와 의류, 액세서리, 시계 등이 세련되게 진열되어 있다. 5포켓 데님을 중심으로 시즌별로 다양한 테마로 컬렉션을 선보이고 있다.

📍 캐널시티 하카타 센터 워크 남쪽センターウォーク 南側 1층
🕐 10:00~21:00

라멘 스타디움
| 라멘 | ラーメンスタジアム

현재 일본에서 핫한 일본을 대표하는 라멘집 8곳을 한자리에 모아 놓은 곳으로, 다양한 라멘을 맛볼 수 있다. 레트로하게 꾸며진 실내를 둘러보는 것만도 재미있다.

📍 캐널시티 하카타 센터워크 남쪽センターウォーク南側 6층
🕐 09:00~22:00

산미(333)
| 라멘 | 三味(333)

2015년 오픈한 원조 토마토 라멘 전문점으로 돈코츠 라멘 일색인 하카타에서 토마트 라멘을 선보여 새로운 라멘 명물로 자리 잡은 곳이다. 새콤한 신맛과 감칠맛이 조화를 이룬 원조 토마토 라멘(元祖トマトラーメン, 680엔)은 의외로 한국인 입맛에 잘 맞는다. 300엔을 더 추가하면 먹고 남은 토마토 라멘의 국물에 치즈 리조트를 만들어 주는데, 그 맛 또한 일품이다.

📍 캐널시티 하카타 센터워크 남쪽センターウォーク南側 5층
🕐 11:00~23:00

• Best Shopping Spot •

긴 지하도를 따라 펼쳐지는 쇼핑 천국

텐 진 지 하 상 가 天神地下街

후쿠오카 최대의 번화가인 텐진 지하에 남북으로 약 590m 길이로 길게 뻗어 있는 지하상가로, 돌로 된 바닥과 이국적인 무늬의 천장 등 19세기 유럽을 이미지화한 차분하면서도 세련된 분위기가 인상적이다. 다이마루 백화점, 텐진코어 등 20곳의 주요 빌딩과 쇼핑 구역과도 바로 연결되기 때문에 비가 올 때도 편안하게 이동할 수 있고 무료 Wi-Fi도 제공한다. 최신 패션 아이템이 진열된 숍과 레스토랑, 서점 등 약 150개의 다양한 숍들이 늘어서 있어 구경하는 재미가 있다.

- 니시테츠후쿠오카(텐진)西鉄福岡(天神)역에서 연결
- 10:00~20:00(음식점은 오후 9시까지, 점포마다 다름)
- 福岡市中央区天神2丁目 地下1·2·3号

Best Shopping Spot
텐진 지하상가

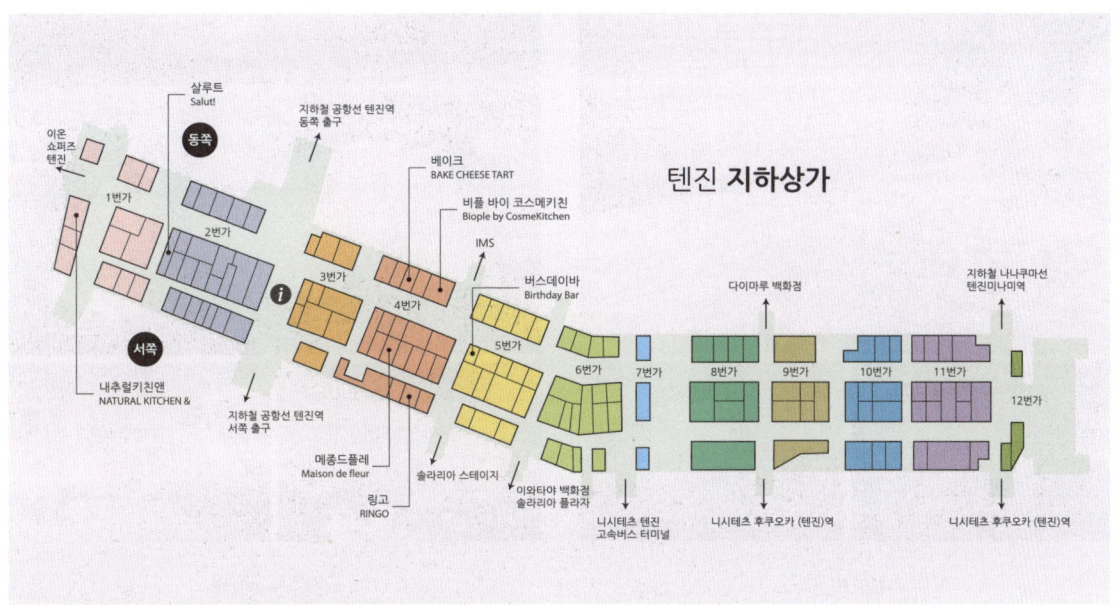

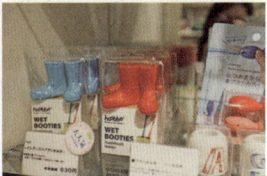

버스데이바
| 잡화 | **BIRTHDAY BAR**

재치 있는 아이디어 상품과 아기자기하고 예쁜 인테리어 소품, 액세서리를 판매하는 잡화점으로 여성들이 좋아할 만한 아이템이 많다.

- 텐진 지하상가 동쪽 5번가 208
- 10:00~20:00

살루트
| 잡화 | **Salut!**

1000엔대의 저렴한 가격으로 비교적 괜찮은 품질과 디자인의 생활 잡화, 인테리어 소품을 살 수 있는 잡화점.

- 텐진 지하상가 동쪽 2번가 320
- 10:00~20:00

Best Shopping Spot
텐진 지하상가

베이크
| 치즈 타르트 | BAKE CHEESE TART

홋카이도에 본점을 둔 인기 치즈 타르트 전문점으로 바삭하게 구운 타르트와 부드러운 치즈무스의 조합이 환상적이다.

📍 텐진 지하상가 4번가 225
🕐 09:00~21:00

메종드플레
| 잡화 | Maison de FLEUR

레이스나 리본 장식, 파스텔 톤 색상으로 꾸며진 액세서리, 손수건, 파우치, 가방 등 여성스럽고 러블리한 잡화 브랜드.

📍 텐진 지하상가 4번가 232
🕐 10:00~20:00

링고
| 애플파이 | RINGO, リンゴ

최근 큐슈에 오픈한 도쿄의 인기 애플파이 전문점. 사과가 듬뿍 들어간 맛있는 파이를 먹기 위해 항상 긴 줄이 늘어서 있다.

📍 텐진지하상가 4번가 229
🕐 09:00~21:00

내추럴키친앤
| 잡화 | NATURAL KITCHEN &

도쿄 및 일본 전역에 지점을 둔 아기자기한 디자인의 생활 잡화점 체인. 100~2000엔대의 부담스럽지 않은 가격에 득템할 수 있다.

📍 텐진 지하상가 1번가 북쪽 광장 앞 342
🕐 10:00~20:00

비플 바이 코스메키친
| 화장품 | Biople by CosmeKitchen

일본 및 해외 오가닉 화장품과 보디 용품, 과자와 음료 등의 식품에 이르기까지 각종 유기농 제품을 만날 수 있는 곳.

📍 텐진 지하상가 4번가 221
🕐 10:00~20:00

• Best Shopping Spot •

가장 핫한 숍과 아이템이 다 모였다

파르코

PARCO, 福岡パルコ

쇼핑 중심지 텐진에서도 최대 규모를 자랑하는 파르코는 젊은 층을 겨냥한 세련된 숍과 식당가가 본관과 신관, 2개 빌딩에 자리하고 있다. 본관 8층에는 스누피와 리락쿠마 등 캐릭터 상품을 판매하는 텐진 캐릭터 파크天神キャラパーク가 있으며 도쿄에서도 화제가 된 숙박형 서점인 Book And Bed Tokyo, 천연 유기농 화장품 전문 매장 코스메키친, 가성비가 뛰어난 빔스 라이츠, 저널 스탠더드 등 트렌드를 반영한 라이프스타일 숍과 패션 숍은 물론 지하 1층에는 키와미야極味や와 같은 인기 레스토랑이 있어 쇼핑과 식사를 동시에 즐길 수 있다.

📍 지하철 공항선 텐진天神역 7번 출구에서 연결
🕐 10:00~20:30　📞 +81-92-235-7000
🏠 福岡市中央区天神2-11-1

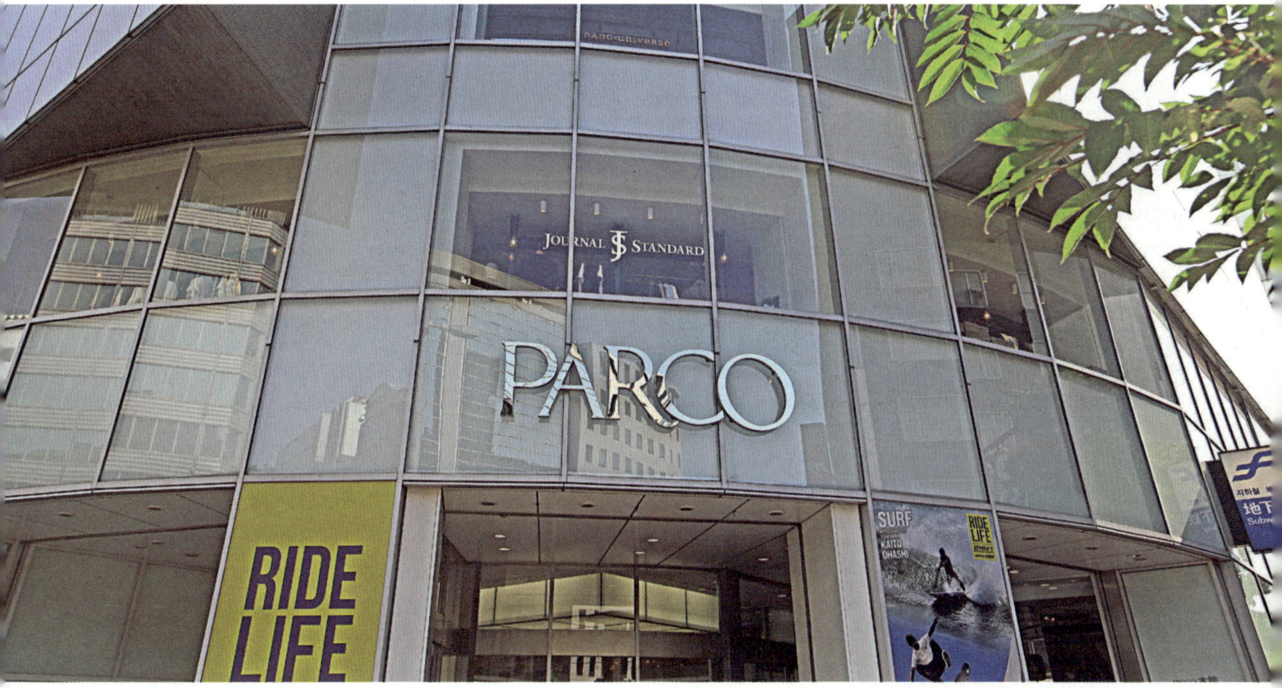

Best Shopping Spot
파르코

수프 스톡 도쿄
| 수프 | Soup Stock Tokyo

재료 본연의 맛과 풍미를 즐기기 위해 화학조미료를 사용하지 않고 정성껏 만든 수프를 즐길 수 있다. 수프와 카레 등 식사 메뉴 외에 디저트류와 음료 등의 메뉴도 있다.

📍 파르코 신관 지하 2층 新館B2F

빌리지 뱅가드
| 잡화 | VILLAGE VANGUARD

사진집, 만화책 등을 비롯해 장난감, 옷가지 등 잡다한 물건을 만나볼 수 있는 '테마 없는 잡화점'이다. 정리되어 있지 않은 좁은 통로를 뱅글뱅글 돌다 보면 어디서도 쉽게 구할 수 없는 물건을 찾아낼 수 있다. 보물찾기하는 기분으로 하나하나 빠짐없이 돌아보자.

📍 파르코 본관 6층 本館6F

러쉬
| 화장품 | LUSH

영국 핸드메이드 화장품 브랜드 러쉬의 파르코 지점. 천연 팩과 같은 스킨케어 제품과 비누, 입욕제 등 갖추고 있는 물건의 종류만도 200여가지가 넘는다. 현지 공장이 있어 우리나라보다 가격이 많이 저렴하고 국내에는 판매되지 않는 제품도 찾아볼 수 있다.

📍 파르코 본관本館 5층

기타노 에이스
| 슈퍼마켓 | 北野エース

이색적인 먹거리로 가득한 차별화된 슈퍼마켓 체인점으로 레토르트와 양념, 과자, 커피, 디저트 등 각종 먹거리를 판매하고 있다. 특히 패키지가 예쁜 제품이 많아 구경하다 보면 시간이 금방 지나간다.

📍 파르코 본관 지하 1층 本館B1F

Best Shopping Spot
파르코

마가렛 호웰
| 패션 의류 | MHL.

내추럴한 프렌치 스타일에 격식 있는 영국식 스타일이 적절하게 녹아들어 있는 패션 브랜드 마가렛 호웰의 텐진 파르코 지점.

📍 파르코 본관 2층本館2F

오니츠카 타이거
| 편집 숍 | Onitsuka Tiger

일본 스포츠 패션 브랜드, 오니츠카 타이거의 운동화와 패션 잡화를 선보이고 있다. 한국에 수입되지 않는 모델의 제품도 있기 때문에 관심이 있다면 한 번 들러보자. 3층에는 레귤러 라인을 본관 1층 팝업 스토어에서는 컨템퍼러리 라인을 만날 수 있다.

📍 파크코 본관 3층本館3F

탑 오브 더 힐
| 빈티지 숍 | Top of the hill

유럽 및 미국에서 가져온 1960~1980년대 패션 아이템과 잡화, 희귀 아이템을 판매하는 빈티지 전문 숍. 보물찾기하듯 구석구석 살펴보는 재미가 있는 곳이다.

📍 파르코 본관 7층本館7F

저널 스탠더드 퍼니쳐
| 잡화 인테리어 | Jounal standard Furniture

패션 편집 숍 저널 스탠더드에서 만든 인테리어 전문 숍. 탐나는 트렌디한 디자인의 생활 잡화와 앤티크 가구를 엄선해 판매하고 있다.

📍 파르코 본관 5층本館5F

• Best Shopping Spot •

후쿠오카 라이프스타일 숍

패션 의류, 주방 용품, 생활 잡화, 화장품 등 단일 품목을 판매하던 기존의 편집 숍과 달리 이를 한데 모아 한자리에서 원스톱 쇼핑이 가능한 라이프스타일 숍은 국내뿐 아니라 일본에서도 인기가 뜨겁다. 해외 유명 라이프스타일 숍과 일본 오리지널 라이프스타일 숍 그리고 후쿠오카에서만 만날 수 있는 곳까지 후쿠오카 여행에서 꼭 한 번은 가봐야 할 라이프스타일 숍을 살펴보자.

하카타 & 나카스·기온

토키네리
トキネリ

후쿠오카의 유명 잡화점 B·B·B POTTERS의 자매점으로 하카타 리버레인몰 1F에 있다. 전통, 디자인, 미래라는 키워드로 일본스타일의 예쁘면서도 오래도록 옆에 두고 자주 사용할 만한 잡화들로 가득하다. 특히 하쿠산 도기, 아리타 도기 등 그릇을 좋아하는 사람이라면 이름만 들어도 다 아는 자기 그릇들이 가득하다.

📍 지하철 공항선 나카스카와바타中洲川端역 6번출구에서 도보 1분, 하카타 리버레인몰 1층
🕐 10:00~19:00, 비정기 휴무
📞 +81-92-409-5506
🏠 福岡市博多区下川端町 3－1 博多リバレインモール 1F

Best Shopping Spot
라이프 스타일 숍

텐진
무인양품
無印良品天神大名

텐진 니시도리天神西通り 거리에 있는 무인양품은 5층으로 구성되어 있는 큐슈 최대 규모의 플래그십 스토어. 내부는 마치 잘 정리된 옷장처럼 상품을 찾기 쉽게 배치해놓았으며 의류부터 식품, 주방 용품, 생활 용품, 인테리어 소품, 가전제품에 이르기까지 생활 전반의 모든 상품이 갖추어져 원스톱 쇼핑이 가능하다. 음료를 마시거나 식사를 하면서 쉴 수 있는 Café & Meal MUJI, 여행 관련 상품을 모아놓은 Muji to go, 프리미엄 라인인 Muji Labo 등 볼거리와 즐길 거리가 풍성하다.

- 니시테츠후쿠오카(텐진)西鉄福岡(天神)역 솔라리아 출구ソラリア口에서 도보 5분~지하철 공항선 텐진天神역 2번 출구에서 도보 6분
- 10:00~21:00
- +81-92-734-5112
- 福岡市中央区大名1-15-41

하카타 & 나카스·기온
더블데이 DOUBLEDAY, ダブルデイ アミュプラザ博多店

'Retro Fusion 새로운 것과 오래된 것의 조화'이라는 콘셉트의 라이프스타일 숍으로 오래도록 쓸 수 있는 제품, 심플하면서도 고급스러운 제품 등을 엄선하여 판매한다. 유럽에서 가져온 앤티크 가구와 인테리어 잡화, 생활 잡화, 의류 등 생활 전반에 필요한 물건이 모두 갖추어져 있어 구경하다 보면 시간 가는 줄 모른다.

- JR하카타博多역에서 연결, JR하카타시티 아뮤플라자 7층
- 10:00~21:00, 비정기 휴무
- +81-92-413-5380
- 福岡市博多区博多駅中央街1-1 JR博多シティ7F

Best Shopping Spot
라이프 스타일 숍

텐진
프랑프랑
Francfranc, 福岡パルコ店

세련된 디자인의 생활 잡화와 인테리어 소품이 가득한 라이프 스타일 숍이다. 톡톡 튀는 신선한 감각의 아이디어 상품부터 예쁜 디자인의 주방 용품과 인테리어 소품, 목욕 용품 등을 구입할 수 있다. 뛰어난 소재로 만든 제품들은 디자인과 실용성을 모두 만족시켜 선물용으로 안성맞춤이다.

- 텐진天神역 7번출구에서 직결, 후쿠오카 파르코 본관 5층
- 10:00~20:30
- +81-3-4216-4012
- 福岡市中央区天神2-11-1福岡パルコ 本館 増床エリア 5F

야쿠인 & 이마이즈미
스탠더드 매뉴얼
STANDARD MANUAL

주인이 직접 셀렉트한 아웃도어, 가드닝 용품, 주방 용품, 인테리어 및 패션 소품 등 다양한 제품을 갖추고 있는 라이프스타일 숍이다. 마치 개인 스튜디오에 놀러 온 듯한 편안한 분위기의 가게 내부에는 전 세계에서 가져온 재미있으면서도 베이식한 아이템이 가득해 구경하는 재미가 쏠쏠하다.

- 텐진오오무타선 니시테츠 히라오西鉄平尾역에서 도보 7분
- 12:00~19:00, 수요일 휴무
- +81-92-791-1919
- 福岡市中央区平尾3-9-9世界文化ビル 1F&2F

야쿠인 & 이마이즈미

스리비 포터스 (비비비 포터스)
B·B·B POTTERS

후쿠오카 토종 라이프스타일 숍으로 주방과 욕실, 정원에 이르기까지 생활공간 전반에서 사용되는 일상용품과 아이디어 상품을 판매한다. 2층에는 카페가 있어 디저트와 음료를 즐길 수 있으며 바로 옆의 식기와 음식 전문 BBB & 매장에서는 조리 도구, 그릇은 물론 올리브 오일이나 잼, 메이플 시럽 등 식품에 이르기까지 폭넓게 상품을 갖추고 있다.

- 📍 지하철 나나쿠마선 야쿠인역에서 도보 4분
- 🕐 숍 11:00~19:00, 카페 11:00~19:00
- ☎ +81-92-739-2080
- 🏠 福岡市中央区薬院1-8-8-1F·2F

야쿠인 & 이마이즈미

론허먼
Ron Herman, ロンハーマン福岡店

캘리포니아의 라이프스타일 셀렉 숍 론허먼의 후쿠오카 지점으로 캘리포니아의 밝고 경쾌한 분위기를 느낄 수 있는 매장에서는 패션 아이템을 중심으로 생활잡화와 인테리어 소품, 코스메틱까지 다양한 제품을 판매하고 있다. 바로 옆의 론허먼에서 운영하는 RH CAFE에는 샐러드, 팬케이크 등 가볍게 먹을 수 있는 메뉴들이 준비되어 있다.

- 📍 지하철 나나쿠마선 야쿠인오도리薬院大通역 1번 출구에서 도보 9분
- 🕐 11:00~19:30(카페는 09:00~19:30)
- ☎ +81-92-406-4790
- 🏠 福岡市中央区警固1-15-43

• Best Shopping Spot •

후쿠오카 편집 숍 セレクトショップ

한 매장 안에서 다양한 브랜드의 패션 아이템을 모두 만나볼 수 있는 편리한 쇼핑 스폿, 편집 숍. 저널 스탠더드나 빔스와 같은 일본의 대형 편집 숍의 경우 자체 제작도 활발하며 패션뿐 아니라 인테리어와 요식업에 이르기까지 그 범위를 넓히고 있다. 후쿠오카에서도 텐진과 이마이즈미 지역을 중심으로 저마다의 개성과 색깔을 지닌 편집 숍을 만날 수 있어 조금만 발품을 팔면 기대 이상의 보물 같은 아이템을 찾을 수 있으니 눈을 크게 뜨고 꼼꼼히 살피자.

야쿠인 & 이마이즈미

다이스 앤 다이스
DICE & DICE, ダイスアンドダイス

후쿠오카 이마이즈미의 오래된 편집 숍인 다이스 앤 다이스에서는 전 세계 곳곳에서 엄선한 브랜드를 제안하고 있다. 남성복 중심으로 클래식한 슈트에서부터 스트리트 패션까지 제품 선택의 폭이 넓다. 우리에게 익숙한 노스페이스 퍼플 라벨부터 일본의 브랜드 나나미카, 깔끔한 디자인이 돋보이는 YAECA 등 다양한 브랜드를 만날 수 있다.

- 지하철 공항선 텐진天神역 2번 출구에서 도보 13분
- 13:00~18:00, 화요일 휴무
- +81-92-722-4877
- 福岡市中央区今泉2-1-43 DXD BLDG 2F

슈트부터 스트리트 패션까지, 남성복이 중심인 편집 숍

Best Shopping Spot
편집 숍

텐진
저널 스탠더드 파르코점 Journal Standard 福岡パルコ

편안하고 기본이 되는 아이템이 많은 편집 숍 저널 스탠더드에서는 자체 제작 제품은 물론 국내외에서 엄선한 제품들을 만날 수 있다. 파르코 1층은 여성 의류 및 잡화, 2층은 남성 의류와 잡화를 판매한다. 또한 본관 5층에는 귀엽고 재미있는 디자인의 생활 잡화와 소품, 빈티지 수입 가구 등 인테리어 상품을 중심으로 한 Journal Standard Furniture 매장도 있어 볼거리가 풍성하다.

- 지하철 공항선 텐진天神역 7번 출구에서 연결, 파르코 1~2층, 5층
- 10:00~20:30, 비정기 휴무
- +81-92-235-7161
- 福岡市中央区天神2-11-1 福岡パルコ 1F(레이디스) 2F(멘즈) 5F(퍼니처)

'패션부터 가구까지 다채로운 아이템의 편집 숍!'

텐진
빔스 BEAMS Fukuoka

자체 디자인으로 제작하는 제품뿐만 아니라 외국의 브랜드를 수입해 판매하는 일본의 대표 편집 숍 빔스. 파르코에는 남성 및 여성 의류와 잡화, 액세서리 등 캐주얼한 아이템은 물론 비즈니스 정장까지 갖추고 있다.

- 지하철 공항선 텐진天神역 7번 출구에서 연결, 파르코 신관 1~2층
- 10:00~20:30, 비정기 휴무
- +81-92-737-2401
- 福岡市中央区天神2-11-1 福岡パルコ

'파르코에는 빔스와 빔스 라이츠가 모두 있어 편리!'

야쿠인 & 이마이즈미
갓슈 Gouache Fukuoka, ガッシュ

멀리에서도 눈에 확 들어오는 이국적 분위기의 새하얀 2층 건물의 감각적인 편집 숍 갓슈는 의류, 테이블 웨어, 수공예 그릇이나 인테리어 소품, 화장품 등 여성이 좋아할 만한 아이템을 골라 판매하고 있다. 특히 피부에 친화적인 소재로 만든 편안한 옷과 신발은 유행에 크게 치우치지 않은 디자인이 많아 오래 두고 입기에 좋다.

- 지하철 공항선 텐진天神역 2번 출구에서 도보 11분
- 11:00~20:00, 비정기 휴무
- +81-92-791-7555
- 福岡市中央区今泉1-19-8

'사랑스러운 공간엔 여성들이 좋아할 만한 아이템이 가득'

• Best Shopping Spot •

후쿠오카 잡화점 雜貨屋

문구 및 사무 용품부터 각종 생활 용품까지 모두 갖추어놓은 잡화점에서의 쇼핑은 마치 보물찾기를 하는 것과 같다. 가격을 크게 고민하지 않고 마음껏 쇼핑을 할 수 있고, 친구들이나 직장 동료를 위한 여행 선물을 사기에도 좋은 후쿠오카의 잡화점을 엄선해보았다.

하카타 & 나카스·기온 도큐핸즈 하카타
東急ハンズ 博多店

생활 용품을 비롯해 각종 아이디어 상품, 문구류, 패션 소품 등 상품 종류가 다양하며 각 층마다 카테고리를 나누어 비치해놓았기 때문에 원하는 아이템을 쉽게 찾아서 쇼핑할 수 있다.

- JR하카타博多역에서 연결, JR하카타시티 아뮤플라자 1~5층
- 10:00~20:00
- +81-92-481-3109
- 福岡市博多区博多駅中央街1-1 JR博多シティ 1-5F

'하카타역과 직결되어 편리한 위치의 잡화 '백화점''

하카타 & 나카스·기온 100엔 숍 다이소
DAISO, ダイソー博多バスターミナル店

후쿠오카 최대 규모인 다이소는 하카타 여행의 필수 쇼핑 스폿 중 하나로 식품, 과자, 주방 용품, 생활 잡화, 문구류는 물론 의류와 패션 소품까지 웬만한 아이템이 다 구비되어 있다. 아이디어 상품이 많으니 시간을 넉넉히 가지고 꼼꼼히 살펴보도록 하자.

- JR하카타博多역 하카타 출구에서 도보 1분, 하카타 버스 터미널博多バスターミナル 5층
- 10:00~21:00
- +81-92-475-0100
- 福岡市博多区博多駅中央街2-1 博多バスターミナル店 5F

'100엔으로 살 수 있는 모든 것이 모여 있는 곳'

Best Shopping Spot
잡화점

텐진 인큐브 INCUBE, 雜貨館インキューブ天神店

텐진의 중심 솔라리아 스테이지 건물 M3층부터 5층까지 자리하고 있는 잡화 쇼핑몰로 M3층에는 패션잡화, 4층에는 다양한 문구류, 5층에는 주방 및 조리 용품과 생활전반에 사용되는 도구 등을 골고루 갖추고 있다. 깜찍한 기념품을 찾는다면 꼭 들러볼 것.

- 니시테츠후쿠오카(텐진)西鉄福岡(天神)역에서 연결
- 10:00~20:30   +81-92-713-1092
- 福岡市中央区天神2-11-3 ソラリアステージビル M3F~5F

'여성의 취향을 제대로 저격한 깜찍한 잡화몰'

텐진 로프트 LoFt, 天神ロフト

멀리에서도 눈에 띄는 노란색 간판의 로프트는 인테리어 용품부터 문구, 화장품과 건강 용품, 가정 용품, 만화책이나 피규어와 같은 취미 용품을 모두 갖추고 있는 생활 잡화점으로, 카테고리별로 상품이 잘 정리되어 있다. 희귀한 잡화나 로프트 제작의 오리지널 제품, 아이디어 상품이 많아 충동구매 욕구가 생길 수 있으니 주의할 것.

- 지하철 공항선 텐진天神역 東1a 출구에서 도보 1분
- 10:00~20:00   +81-92-724-6210
- 福岡市中央区天神4-3-8 ミーナ天神 4F

'톡톡 튀는 아이디어 상품은 여기 다 모여 있다'

텐진 플라잉 타이거 코펜하겐
FLYING TIGER COPENHAGEN, 福岡天神ストア

북유럽의 100엔 숍으로 불리는 덴마크사의 잡화점 플라잉 타이거 코펜하겐의 텐진 지점으로 넓은 매장은 톡톡 튀는 색상과 재기 넘치는 디자인의 아이템으로 가득하다. 특색 있는 인테리어 용품과 주방 용품, 학생과 직장인을 위한 문구류와 아이들을 위한 귀여운 장난감까지 다양한 제품을 비교적 저렴한 가격에 구매할 수 있다.

- 지하철 나나쿠마선 텐진미나미天神南역 남쪽 출구에서 도보 9분
- 11:00~20:00, 비정기 휴무
- +81-92-791-5427
- 福岡市中央区警固1-15-38 CAITAC SQUARE GARDEN 1F

'재기 발랄! 재치 만점의 북유럽 잡화점'

텐진 스몰 이즈 뷰티풀
Small is beautiful, スモール・イズ・ビューティフル

골목 안쪽에 자리한 작은 잡화점 Small is beautiful은 가게 이름처럼 작은 것이 가지는 가치에 대해 되돌아보는 삶의 자세와 라이프스타일을 제안하는 곳이다. 인테리어 디자인 전문 회사인 안셀하우스가 운영하는 가게로 내부에는 디자인 및 아이디어 상품을 판매하는 상점과 디자인 스튜디오 그리고 안셀하우스 사무실이 함께 있다.

- 지하철 공항선 아카사카赤坂역 2번 출구에서 도보 6분 / 지하철 공항선 텐진天神역에서 도보 12분
- 12:00~20:00, 수요일 휴무
- +81-50-3340-6049
- 福岡市中央区大名1-8-25 杉の宮マンション 1F

'디자인 전문 회사가 운영하는 아담한 잡화점'

• Best Shopping Spot •

여성들을 위한
코스메틱 브랜드 추천

드러그스토어, 면세점, 백화점 등 일본에서 화장품을 살 수 있는 곳은 많지만 어떤 화장품을 사야 할지 고민하는 당신이라면 이 브랜드들을 주목하자. 지속력이 뛰어난 색조 제품과 소장 욕구를 자극하는 예쁜 패키지의 화장품 등 여심을 흔드는 화장품 브랜드를 미리 체크하자.

시로
SHIRO

홋카이도에서 태어난 화장품 브랜드로, 엄선된 소재를 사용한 순한 텍스처에 청량한 향이 특징이다. 큰 기교를 넣지 않은 심플하면서도 세련된 케이스도 매력적이다.

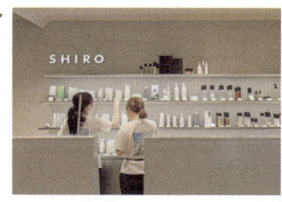

어딕션
ADDICTION

우리나라에도 론칭한 일본 고세의 색조 화장품 브랜드로 발색이 뛰어나다. 섀도 제품은 물론 은은한 색의 블러셔 치크폴리쉬 등의 제품이 인기가 많다.

Best Shopping Spot
코스메틱

쓰리
THREE

일본에서 핫한 메이크업 브랜드로 떠오른 쓰리는 최근 우리나라 면세점에도 입점되었다. 과하지 않고 자연스럽게 마무리되는 색조 제품이 많아 우리나라 여성들과도 잘 맞는다.

질 스튜어트
JILL STUART

독특하면서도 사랑스러운 패키지를 가진 화장품 질 스튜어트는 패션 디자이너 질 스튜어트가 일본 화장품 기업 고세와 합작해 만든 뷰티 브랜드이다. 특히 발색이 뛰어난 믹스 블러셔는 꾸준히 인기를 얻고 있다.

인기 코스메틱 브랜드를 한곳에서 쇼핑한다

이와타야 IWATAYA, 岩田屋

텐진에 있는 후쿠오카의 대표 백화점 이와타야 1층에서 어딕션, 쓰리, 질 스튜어트 등 다양한 코스메틱 브랜드의 제품을 구매할 수 있다. 5000엔 이상 구매 시 면세 혜택도 받을 수 있다.

- 지하철 공항선 텐진天神역 5번 출구에서 도보 5분
- 10:00~20:00, 비정기 휴무, 1월1일 휴무

• Best Shopping Spot •

필요한 육아용품은 모두 이곳에 있다

아 카 짱 혼 포

アカチャンホンポ福岡マリナタウン店

육아용품의 성지로 불리는 아카짱혼포. 순한 아기용 입욕제 스키나베브스키나베 ブ, 귀여운 디즈니 캐릭터가 그려져 있는 피죤 젖병, 오일이 첨가되어 있는 아기 용 면봉, 해열패치, 외출 시 유용한 휴대용 빨대, 다양한 에디슨 포크와 수저 등 엄 마와 아기가 모두 행복할 수 있는 아이템들로 가득하다. 대부분의 제품이 한국에 서 인터넷으로 구입할때보다 최대 반 값까지 저렴하며, 면세도 받을 수 있으니 아 이를 키우는 집이라면 반드시 찾도록 하자.

📍 지하철 공항선 메이노하마姪浜역 북쪽 출구에서 니시테츠버스 노코토센바 행(のこ渡船場行) 승차. 아타고하마 욘초메(愛宕浜4丁目) 하차. 도보 7분
🕐 09:00~21:00, 비정기 휴무
📞 +81-92-894-2380
🏠 福岡県福岡市西区豊浜3-1-10 イオンマリナタウン店内

• Best Shopping Spot •

파란 바다를 조망하고 있는 큐슈 최대급 아웃렛

마리노아시티 아웃렛

Marinoa City Fukuoka マリノアシティ福岡

큐슈 최대급의 아웃렛 몰 마리노아시티 후쿠오카에는 최신 유행 패션부터 스포츠, 액세서리, 인테리어 등 170여 개의 숍과 레스토랑이 자리하고 있다. 바다에 면해 있는 지리적 이점을 잘 살린 개방적인 구조로 이루어졌으며 지상 60m 높이의 대관람차, 게임 센터와 같은 레저 시설도 갖추고 있다. 페리 선착장 메이노하마토센바姪浜渡船場가 택시로 5분 거리로 가깝기 때문에 노코노시마와 함께 방문하는 것을 추천한다.

- JR하카타역 앞 버스 정류장 A 정류장에서 니시테츠 버스 303번(天神方面, 텐진 방면)을 타고 마리노아시티후쿠오카マリノアシティ福岡 하차(40분, 430엔)
- 숍 및 푸드 코트 10:00~20:00, 레스토랑 11:00~21:00(매장마다 다름)
- +81-92-892-8700
- 福岡市西区小戸2-12-30

와코루 팩토리 스토어
Wacoal FACTORY STORE

일본의 유명 속옷 브랜드인 와코루의 제품을 한자리에 갖춘 아웃렛. 와코루 세컨 브랜드인 AMPHI, BROS, une nana cool의 제품들도 만날 수 있다.
📍 아웃렛アウトレット III동 1F

프랑프랑 바자르
Francfranc BAZAR

라이프스타일 숍 프랑프랑의 아웃렛 매장으로 시즌 아웃 상품 위주로 전시되어 있어 좀 더 합리적인 가격에 구매할 수 있다.
📍 아웃렛アウトレット II동 1F

갭 아웃렛
GAP OUTLET

세계적인 캐주얼 패션 브랜드 GAP의 아웃렛 매장. 남성·여성 의류와 키즈 의류까지 다양한 아이템을 취급하며 추가 세일도 자주 하는 편이다.
📍 아웃렛アウトレット III동 1F

생제임스 아웃렛
SAINT JAMES OUTLET

깔끔한 스트라이프 패턴의 보더 티셔츠로 유명한 프랑스 브랜드 생제임스의 아웃렛 매장으로 다양한 색상의 티셔츠와 패션 아이템을 판매하고 있다.
📍 아웃렛アウトレット III동 1F

Best Shopping Spot
마리노아시티 아웃렛

스포츠 데포
SPORTS DEPO

무려 20만 개가 넘는 제품이 있는 후쿠오카에서 가장 규모가 큰 스포츠 매장. 매장이 넓고 웬만한 브랜드들이 다 있기 때문에 시간 여유를 갖고 둘러보는 것이 좋다.
📍 마리나사이드マリナサイド 남동 1F

몽벨 팩토리 아웃렛
mont-bell factory outlet

아웃도어 전문 브랜드 몽벨의 직영점. 최신 제품부터 할인 폭이 큰 시즌 아웃 제품까지 다채로운 아이템들로 가득하다.
📍 아웃렛アウトレット I동 2F

코치 팩토리
COACH FACTORY

뉴욕의 패션 브랜드 코치의 아웃렛 매장으로 핸드백, 의류 등 제품이 다양하다. 추가 세일 기간에는 꼭 방문해 득템을 노려보자.
📍 아웃렛アウトレット I동 1F

띠어리
Theory

뉴욕 컨템포러리 브랜드 띠어리의 아웃렛 매장으로 심플하고 베이식한 아이템이 많고 할인도 자주 하기 때문에 실속잇는 쇼핑을 할수 있다.
📍 아웃렛アウトレット II동 1F

여행 선물 고민 끝!
후쿠오카 베스트 기념품

What
후쿠오카, 무엇을 사야 할까?

하카타에서 이 과자를 모르면 간첩

메이게츠도明月堂의
하카타 토오리몬博多通りもん
후쿠오카에서만 판매하는 후쿠오카 대표 명물 만주

히요코혼포요시노도
ひよこ本舗吉野堂의 **히요코**名菓ひよ子
큐슈의 명물에서 일본의 대표 과자가 된 병아리 모양의 달콤한 만주

일본을 대표하는 귀여운 병아리 과자

하나후쿠도花福堂의
이치고노랑그도샤苺のラングドシャ
하카타의 명물 아마오우 딸기로 만든 딸기 크림 쿠키

하카타의 명물 딸기 향이 입안 가득!

말랑말랑 쫄깃해 간식으로 딱!

죠스이안筑紫菓匠如水庵의
츠쿠시 모찌筑紫もち
한국의 인절미와 비슷한 달콤하고 고소한 맛의 특산품

모리한森半
우유를 섞어 간단하게 녹차푸딩, 녹차라테를 만들 수 있는 파우더

치도리야千鳥屋本家의
치도리 만주千鳥饅頭
카스텔라 생지에 흰 팥소가 들어 있는 부드러운 화과자

카스텔라의 맛을 느낄 수 있는 화과자

하카타노히토博多の女
촉촉한 바움쿠헨 안에 팥 양갱이 쌓여 있는 하카타의 오랜 명물 과자

일본 양갱과 서양 빵의 환상적 조화!

096

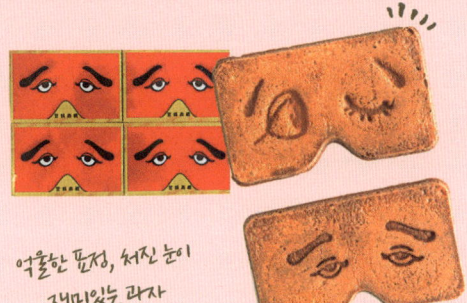

억울한 표정, 처진 눈이 재미있는 과자

토운도東雲堂**의 니와카 센베이**二○加煎餅

하카타 지역 전통극을 상징하는 가면을 모티프로 만든 소박한 맛의 센베이

자꾸 생각나는 소박하지만 맛있는 찹쌀떡

사에몬左衛門**의 하카타부라부라**博多ぶらぶら

부드러운 팥 앙금으로 감싸여 있는 차지고 쫄깃한 찹쌀떡

고급스러운 맛과 패키지의 히요코 사브레

히요코혼포요시노도ひよこ本舗吉野堂**의 두다무르**DOUX D' AMOUR

딸기, 캐러멜오렌지, 피스타치오 등 5가지 맛을 토핑한 병아리 모양 사브레

후쿠오카 돈코츠 라멘을 집에서도 즐기자

신신라멘ShinShinラーメン**의 오미야게 라멘**

하카타의 유명 돈코츠 라멘 집인 신신라멘에서 만든 레토르트 라멘

카야노야 다시 茅乃舍

다시마, 구운날치, 가츠오부시 등이 들어간 카야노야 다시

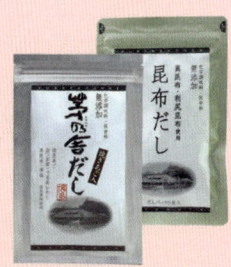

Where
어디에서 사야 할까?

JR하카타시티 데이토스 1층
JR博多シティ DEITOS

후쿠오카 명물 과자와 명란젓 전문 숍이 모여 있는 미야게몬이치바みやげもん市場가 있어 각종 과자들을 구매할 수 있으며 카야노야다시점도 이곳에 있다.
🕐 08:00~21:00

하카타 한큐 백화점 우마치카
博多阪急 うまちか

한큐 백화점 지하 1층의 우마 치카에서는 후쿠오카의 명물 과자 및 모리의 그린티 등을 구매할 수 있다.
🕐 10:00~20:00

하카타역 마잉그
マイング

고급스러운 히요코 사브레 두다무르DOUX D' AMOUR를 비롯해 후쿠오카 대표 화과자와 스위츠를 구매할 수 있는 가게들이 모여 있다.
🕐 09:00~21:00

하카타 버스 터미널 오미야게야
博多おみやげや

하카타 버스 터미널 2층에 위치한 작은 토산품 가게 오미야게야는 웬만한 하카타 기념품은 다 갖추고 있어 급하게 쇼핑을 하기에도 좋은 곳이다.
🕐 08:00~21:00

하카타역 키오스크
KiOSK

하카타역 내 여러 곳에 있는 키오스크는 히요코, 이치고노랑그도샤는 물론 명란젓 김과 명란젓 마요네즈 등 다양한 기념품을 살 수 있다.
🕐 07:00~21:00(키오스크별로 오픈 시간 다름)

Drugstore Item

후쿠오카 드러그스토어 베스트 쇼핑 아이템

의약품과 화장품은 물론 생필품과 여행 기념품까지 구매할 수 있는 반가운 쇼핑 스폿, 드러그스토어.
후쿠오카의 드러그스토어에서 구매하면 좋을 베스트 아이템을 뽑아보았다.

드러그스토어 쇼핑 TIP

1 시내에 위치한 드러그스토어는 대부분 5000엔 이상 구매 시 면세가 가능하므로 방문할 때 꼭 여권을 지참하자.
2 드러그스토어에서는 의약품이나 화장품 외에도 여행 기념 선물로 좋은 곤약젤리나 킷캣, 훈와리메이진인절미 과자 등 다양한 종류의 일본 과자를 판매하고 있다. 따로 선물을 살 시간이 없다면 드러그스토어 쇼핑으로 한 번에 해결하자.
3 드러그스토어는 같은 아이템이라도 점포마다 가격이 다르다. 단, 시간 여유가 없다면 이동하는 중 보이는 점포에서 바로 구매하는 것이 더 나을 수 있다.
4 동전 파스나 클렌징 폼 등 인기가 많은 아이템은 일부 점포에서 개수 제한을 두기도 하니 구매하기 전 미리 확인하는 것이 좋다.

화장품 및 미용 용품
化粧品

비오레 히야타오루
ビオレ冷タオル

목에 두르면 피부 온도를 3도나 떨어뜨려 주는 1회용 냉 타월

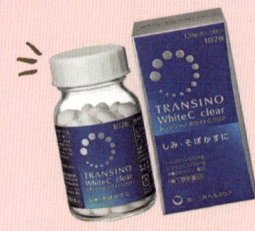 

트란시노 화이트 C Transino White C

기미, 주근깨에 효과가 있는 먹는 기미약

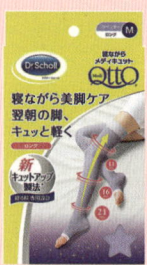

메디 큐토 Medi Qtto

밤새 적당한 압박을 주어 붓기 없는 다리를 만들어 주는 수면 압박 스타킹

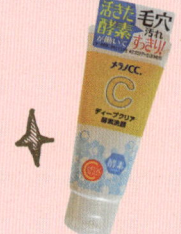

메라노CC
メラノCC

비타민 C가 들어간 튜브 타입 효소 세안제

 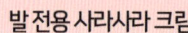

발 전용 사라사라 크림
デオナチュレ足指さらさらクリーム

발가락 사이사이 발 전체에 바르면 종일 발 냄새와 땀을 억제해 주는 발 전용 크림.

1Day 시라가미 카쿠시
1day白髪かくし

귀밑머리, 가르마 등의 새치에 바르기만 하면 끝. 1Day 새치커버 마스카라

퍼펙트휩 Shiseido Perfect Whip
풍성한 거품의 클렌징 폼

비오레 선크림 Biore UV Aqua Rich
끈적이지 않고 산뜻하게 마무리되는 선크림

허니체 헤어 팩 Honeyce Hair Mask
촉촉하고 찰랑거리는 머리로 만들어주는 천연 벌꿀 헤어 팩

로제트고마주 필링젤 ロゼットゴマージュ
오래된 각질을 말끔히 정리해주는 순한 필링 젤

비오레 사라사라 시트 Biore さらさらパウダーシート
땀을 닦아주면 뽀송뽀송해지는 한여름의 필수 아이템

시루콧토 화장 솜 シルコット
화장 솜계의 샤넬로 알려진 도톰하고 부드러운 화장 솜

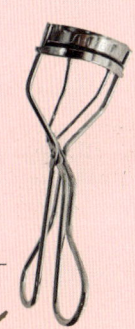
마토메쥬 헤어 스틱 왁스 まとめ髪スティック
머리카락이 기름지고 뭉치지 않게 잔머리를 깔끔히 정리해주는 스틱 왁스

두유 이소플라본 클렌징 폼 豆乳イソフラボン
두유 농축액이 들어 있어 피부에 부담 없는 클렌징 폼

시세이도 뷰러 資生堂アイラッシュカーラー
뷰러계의 제왕으로 불리는 스테디셀러

후쿠오카의 드러그스토어
Fukuoka Drugstore

드럭일레븐 ドラッグイレブン
JR큐슈에서 운영하는 드러그스토어. 하카타, 텐진 등 후쿠오카에 지점이 많아 이용하기 쉽다.

돈키호테 ドン・キホーテ
화장품부터 가전제품까지 없는 게 없는 디스카운트 쇼핑몰. 24시간 운영되기 때문에 쇼핑하기 좋다.

마츠모토키요시 マツモトキヨシ
일본 최대 드러그스토어 체인. 캐널시티하카타, 하카타역 지하상가, 텐진 지하상가 등에 있다.

코쿠민 コクミン
일본을 대표하는 드러그스토어 중 하나. 하카타역 마잉구와 아뮤이스트, 메이노하마역 등에 입점되어 있다.

마스카라 데자뷰 dejayu
판다 눈이 되지 않으면서도 쉽게 지워지는 마스카라

의약품 및 의약 외품
医薬品・医薬部外品

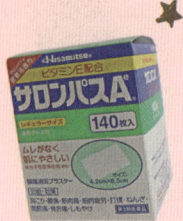

샤론 파스 サロンパス
근육통, 어깨 결림에 좋은 일본의 국민 파스

로이히츠보코 동전 파스 ROIHI-TSUBOKO
동전 사이즈의 파스로 근육 통증에 잘 듣는다.

해열 시트 熱さましシート
열이 났을 때 이마에 붙이면 열을 내려주는 시트

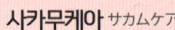

이브 진통제 EVE A(イブA錠)
효과 빠른 진통제. 알약이 작아 먹기 편하다.

캬베진 キャベジン
양배추 추출물로 만든 위장약

아이봉 アイボン
눈이 개운한 인기 안구 세정제

사카무케아 サカムケア
상처에 바르면 코팅이 되는 액체 반창고

오로나인 연고 オロナインH軟
여드름, 건선, 화상, 무좀 등에 두루 쓸 수 있는 일본 대표 만능 연고

메구리즘 온열 아이 마스크 蒸気でホットアイマスク
눈가를 따뜻하게 해주어 깊이 잘 수 있는 수면 안대

아시리라 시트 足リラシート
많이 걸어 피곤한 발에 붙이는 천연 대나무 수액 팩

노도누루 스프레이 のどぬーるスプレー膏
긴 노즐로 감기 등으로 아픈 목에 바로 뿌려주는 스프레이

로토 데지 아이 ロートデジアイ
핸드폰, 모니터 등 블루 라이트로 피로해진 눈에 탁월한 안약

무히S ムヒS
벌레 물린 곳, 가려운 곳에 바르면 직방인 연고. 액체 타입도 있다.

오타이산 太田胃散
과식, 소화불량에 바로 듣는 일본 국민 소화제

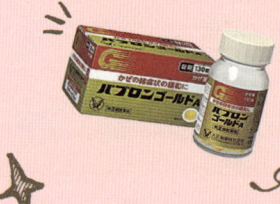

파브론 パブロン
감기약. 열, 기침, 콧물, 인후통 등 증상에 따른 다양한 종류가 있다

Supermarket Item
후쿠오카 슈퍼마켓 쇼핑 아이템

현지인들의 생활과 가장 밀접하게 연결되어 있는 슈퍼마켓. 특히 먹거리 중심의 쇼핑이라면 슈퍼마켓을 방문하는 것이 좋다.
드러그스토어, 편의점과는 또 다른 매력으로 다가오는 후쿠오카 슈퍼마켓으로 쇼핑을 떠나보자.

What
무엇을 사야 할까?

타마고니카케루쇼유 卵にかける醬
테라오카가寺岡家
살짝 단맛이 나는 짜지
않은 간장으로 달걀밥에 잘 어울린다.

프칫또나베 プチッと鍋
에바라エバラ
캡슐에 육수 원액이 담겨 있어
캡슐 하나면 한 끼 요리 끝!

안나맘마토마토 & 바지루
アンナマンマトマト & バジル
카고메 KAGOME
토마토 과육이 듬뿍!
레스토랑급의 맛을 내는
스파게티 소스

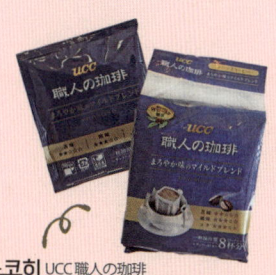

츠나앤마요, 콘앤마요
ツナ & マヨ, コーン & マヨ
큐피キユーピー
토스트뿐만 아니라 밥에도 잘 어울리는
마요네즈 스프레드. 참치와 콘 추천!

UCC 쇼큐닌노코히 UCC職人の珈琲
UCC우에시마커피 UCC上島珈琲
일본 대표 커피 브랜드 UCC Ueshima Coffee에서 만든 드립
백 커피로 간편하게 마실 수 있는 데다가 맛도 좋다.

사란라푸 サランラップ
일본의 국민 랩으로 불린다.
잘 잘리고 쉽게 들러붙지 않아서 편리하다.

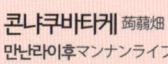

콘냐쿠바타케 蒟蒻畑
만난라이후マンナンライフ
포도, 복숭아 등 다양한 과일 맛 곤약젤리로
냉장고에 넣어 차게 먹어도 맛있다.

우메보시차즈케 梅干茶づけ
나가타니엔永谷園
밥에 뿌려서 먹는 조미료 후리카케로
물을 부으면 오차즈케가 된다.
연어시케, 우메보시 등 여러 가지 맛이 있다.

코쿠마로 카레 こくまろカレー
하우스 HOUSE

순한 맛甘口, 매운맛辛口이 있는 고형 카레.
8인분이라 양도 많다.

츠마미타네 つまみ種
카메다세이카亀田製菓

오징어 맛 과자, 마른 멸치 등 10종류
스낵이 들어 있는, 안주로 좋은 과자

돈베이 키츠네 우동 どん兵衛 きつねうどん
닛신日清

우리나라 관광객에게 인기가 많은 커다랗고
두툼한 유부가 들어 있는 컵우동

호로요이 ほろよい
산토리Suntory

도수 3도 정도의 과일 음료 맛의 탄산주.
복숭아 맛もも이 맛있다.

잇페짱 요미세노야키소바
一平ちゃん 夜店の焼そば
묘조식품明星食品

집에서 간단하게 요리할 수 있는 인스턴트 야키소바로
간이 세지 않아 야참으로도 제격이다.

훈와리메이진 키나코모치 ふんわり名人 きなこ餅
에치고세이카越後製菓

고소한 콩가루가 뿌려진
인절미 맛 과자로 입안에서 사르르 녹는다.

Where
어디에서 사야 할까?

레가넷토 큐토
Reganet Cute, レガネットキュート

슈퍼마켓 체인으로 하카타 버스 터미널 지하 1층
에 있는 매장에는 하카타 명물 과자도 판매하고 있
다. 같은 체인인 레가넷토Reganet, 레가넷토가
텐진 솔라리아 스테이지 지하 1층에도 있다

🏠 Reganet Cute 지점 하카타 버스 터미널博
多バスターミナル B1F
🕐 07:00~22:00

뉴요쿠스토아
ニューヨークストア

과자와 과일, 주류 등 다양한 상품이 있는 대형 슈
퍼마켓으로 특히 하카타 스미요시 신사 옆에 있는
지점은 24시간 운영한다.

🏠 뉴요쿠스토아ニューヨークストア 스미요시
지점住吉店
🕐 08:00~24:00

이온 쇼퍼즈
イオンショッパーズ

전국에 체인이 있는 복합 쇼핑몰 이온 몰의 텐진 지
점으로 지하 1층에는 식품 코너, 1층에는 생활 용
품, 2~4층은 여성 및 남성 의류, 7층에는 다이소 매
장까지 있어 원스톱으로 쇼핑이 가능하다.

🏠 텐진에 위치한 이온 쇼퍼즈 후쿠오카점イオ
ンショッパーズ福岡店
🕐 지하 1층과 1층 09:00~22:00, 3층과 4층
09:00~21:00

Convenience Store Item
후쿠오카 편의점 쇼핑 아이템

세븐일레븐, 로손, 훼밀리마트 등 다양한 편의점이 있는 편의점 왕국, 일본. 특히 각 편의점마다 특화된 상품이 있어
특정 제품을 사기 위해 편의점을 방문하는 관광객도 심심치 않게 찾아볼 수 있다. 도시락부터 과자, 디저트, 주류, 오뎅과 닭 튀김까지
수많은 먹거리로 가득한 편의점으로 먹방 여행을 떠나보자!

What
무엇을 사야 할까?

잭앤콕 Jack & Coke
세븐일레븐, 패밀리마트
위스키 잭다니엘에 코카콜라를 섞은 위스키 잭
앤콕을 캔으로 만든 알코올음료

하겐다즈 하나모치 Häagen-Daz 華もち
모든 편의점세븐일레븐, 패밀리마트
하겐다즈의 하나모치華もち는 부드러운 떡이
들어 있는 아이스크림으로 후식으로 굿!

프레미아무 로루케키
プレミアムロールケーキ
로손
로손의 우치 카페 디저트에서 나온 롤 케이크로
우유 크림이 듬뿍 들어 있고 빵이 촉촉하다.

미타라시 단고
みたらし団子
모든 편의점
멥쌀로 만든 동그란 떡인 당고를
꼬치에 꿰어 구운 후 간장과 설탕
을 섞은 소스를 바른 것

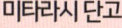

탄탄멘 担々麺
세븐일레븐
살짝 매콤한 맛의 컵라면.
느끼함을 잡아줄 따끈한 국물이 생각날 때 맛보자.

프리미엄 밀크아이스 PREMIUM MILK ICE
로손
로손 자체 제작 디저트 라인인 우치 카페Uchi Cafe에서 만든
진한 우유 맛 아이스바

코다와리타마고노산도
こだわりたまごのサンド
세븐일레븐
달걀과 마요네즈를 최상의 비율로 섞어 부드
러운 식빵 안에 넣은 에그 샌드위치는 세븐
일레븐의 대표 메뉴

모치푸요 もちぷよ
로손
쫀득쫀득한 식감의 반죽에 홋카이
도산 생크림으로 만든 우유 크림이
꽉 들어찬 슈크림

아사히 수퍼드라이 생맥주 캔
アサヒ スーパードライ生ジョッキ缶
모든 편의점
마치 생맥주처럼 넘칠 듯 풍부한 거품을 즐
길 수 있는 캔맥주

베집스 ベジップス

모든 편의점

고구마, 호박 등 각종 채소를 오븐에 구워 바삭하고 느끼하지 않은 가루비의 과자

호타테시오야키 ほたて塩焼き

세븐일레븐

화학조미료를 사용하지 않고 소금으로 간을 한 가리비 구이로 반찬이나 술안주로 좋다.

한쥬크니타마고 오무스비 半熟煮卵のおむすび

세븐일레븐

반숙 달걀이 통째로 들어 있는 주먹밥. 가벼운 식사로도 좋고 술안주로도 그만!

교자 수프 餃子スープ

세븐일레븐

8종류의 채소와 만두가 들어 있는 중화요리풍 수프. 가격 대비 맛도 괜찮고 먹으면 매우 든든하다.

유키이치고 雪苺娘

모든 편의점

딸기 쇼트케이크가 들어 있는 찹쌀떡 겨울한정판매

Where
어디에서 사야 할까?

로손 LAWSON, ローソン

일본의 대표 편의점 체인으로 우치 카페라는 자체 제작 디저트 라인을 통해 수준 높은 스위츠를 선보이고 있어 인기가 많다.

세븐일레븐 7-ELEVEN, セブンイレブン

면 요리와 같은 식사 대용 제품에 강세를 보이는 편의점 체인 세븐일레븐. 특히 세븐일레븐의 에그 샌드위치는 일본뿐 아니라 우리나라 관광객들에게도 뜨거운 호응을 얻고 있다.

훼밀리마트 Family Mart, ファミリーマート

세븐일레븐 다음으로 많은 점포 수를 자랑하는 훼밀리마트는 가볍게 한 끼를 해결하고 싶을 때 구매할 수 있는 다양한 베이커리와 도시락이 갖추어져 있다.

FUKUOKA CITY

후쿠오카 공항에서 찾아가기

후쿠오카로 가는 가장 편하고 빠른 방법은 인천, 부산, 대구 제주 등 주요 공항에서 후쿠오카 국제공항까지의 항공편을 이용하는 것이다. 대한항공, 아시아나는 물론 많은 저가항공도 취항하므로 선택이 자유롭다.

하카타항에서 찾아가기

후쿠오카로 가는 배는 부산 국제여객터미널에서 출발, 하카타 항 국제터미널에 도착하며 코비와 비틀은 3시간~3시간 30분, 뉴카멜리아는 약 5시간 30분 정도 소요된다.

버스 バス

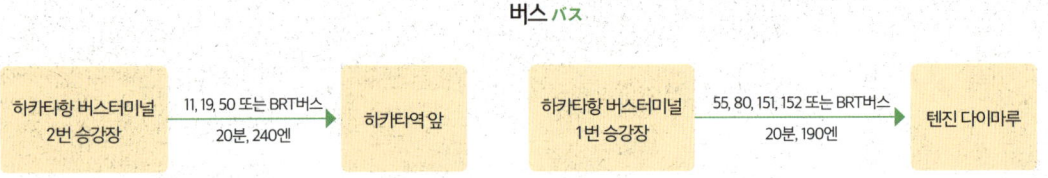

하 카 타 ——————————————————————— Area

博多

지하철과 신칸센, 버스 터미널이 모여 있어 언제나 많은 사람들로 붐비는 하카타역은 후쿠오카와 큐슈의 현관 역할을 하는 곳이다. 쇼핑과 식사를 즐길 수 있는 복합 상업 시설 JR하카타시티에서 조금만 걸어 내려오면 고즈넉한 분위기의 골목과 작은 정원, 신사도 만날 수 있다.

Area / 하카타

키테하카타
| 복합 상업 시설 | **KITTE HAKATA, KITTE博多**

일본우편주식회사에서 도쿄 마루노우치에 이어 문을 연 KITTE 빌딩 2호점으로 세련된 잡화와 패션 등의 다양한 숍, 레스토랑, 전문 매장 등이 한곳에 모인 복합 상업 시설이다. 1층부터 7층까지는 큐슈 최초로 하카타 마루이 백화점博多マルイ이 들어가 있고 지하 1층에는 레스토랑가인 '우마이토うまいと', 8층에는 유니클로 매장이 있다. '좋은 휴식을 취하자'는 콘셉트에 맞게 각 층마다 쉬어 갈 수 있는 카페가 있다는 점도 인상적이다.

- JR하카타博多역 2층 보행자 데크에서 연결
- 지하 1층 레스토랑 카페 07:00~24:00(점포마다 다름)
  마루이 백화점 및 8층 패션 숍 10:00~21:00
  9~10층 레스토랑 & 11:00~23:00
- +81-92-292-1263
- 福岡市博多区博多駅中央街9-1

딘앤델루카
| 식료품 | **Dean & Deluca Hakata, ディーン＆デルーカ**

뉴욕의 프리미엄 슈퍼마켓 딘앤델루카의 하카타시티 아뮤플라자점. 다양한 치즈와 잼, 소시지는 물론 그릇이나 테이블 러너 등의 하우스 웨어, 갓 구운 빵과 신선한 샌드위치도 판매한다. 매장 한쪽에 에스프레소 바가 있어 커피를 마시며 쉬어 갈 수 있다.

- JR하카타博多역에서 연결, JR하카타시티 아뮤플라자アミュプラザ博多 지하 1층
- 마켓 09:00~22:00, 에스프레소 바 08:00~22:00
- +81-92-433-5113
- 福岡市博多区博多駅中央街1-1 アミュプラザ博多 B1

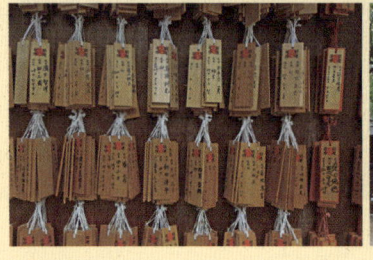

스미요시 신사
| 신사 | **住吉神社**

일본 전국에 약 2000곳이 있는 스미요시 신사의 시초가 되는 곳으로 오사카의 스미요시타이샤, 시모노세키의 스미요시 신사와 함께 일본 3대 스미요시 신사로 불린다. 악운을 제거하고 행운을 부르는 신, 항해 안전, 선박 수호의 3신이 모셔져 있는 신사의 본전은 1623년에 재건된 것으로, 불교가 들어오기 전의 일본 신전 건축양식인 스미요시즈쿠리住吉造를 보여준다. 일본의 국가 주요 문화재로도 지정되어 있다.

- JR하카타博多역 하카타 출구에서 도보 15분 / 니시테츠 버스 스미요시住吉 하차 후 도보 5분
- 09:00~17:00
- 福岡市博多区住吉3-1-51

Area / 하카타

라쿠스이엔
| 정원 | 楽水園

라쿠스이엔은 중심에 연못이 있는 지천회유식 일본 전통 정원이다. 규모는 크지 않지만 계절별로 피는 꽃들과 연못, 녹음 짙은 정원을 감상하면서 사색을 즐기기에 좋다. 정원이 보이는 다실에서는 말차와 다과를 맛보면서 쉬어 갈 수 있다. 말차 세트(말차 한 잔과 계절 다과, 300엔).

- JR하카타博多역 하카타 출구에서 도보 12분
- 09:00~17:00, 매주 화요일 정기 휴원(화요일이 공휴일인 경우는 다음 날 휴원), 연말연시(12월 29일~1월 1일) 휴원
- 성인 100엔, 중학생 이하 50엔
- 福岡市博多区住吉2-10-7

토이치 스미요시점
| 일식 | 豚ステーキ 十一 住吉店

간판도 없이 작은 돼지 그림이 전부인 작은 가게여서 그냥 지나치기 쉬운 곳이지만 맛과 가격만큼은 여느 유명 레스토랑 못지않게 만족스럽다. 메뉴는 엄선한 돼지고기로 요리한 돼지 스테이크 정식(豚ステーキ定食, 1100엔) 한 가지로, 함께 나오는 밥과 된장국은 리필도 가능하다. 스테이크에 매운 된장이나 와사비를 곁들이면 더 맛있게 먹을 수 있다.

- JR하카타博多역 하카타 출구에서 도보 15분 / 지하철 나나쿠마선 와타나베도오리渡辺通역 2번 출구에서 도보 10분
- 11:00~15:00, 17:00~21:00, 비정기 휴무
- +81-92-272-5510
- 福岡市博多区住吉3-6-4

텟페이
| 이자카야 | てっ平

술과 안주를 판매하는 이자카야이지만 참치 회를 올린 테카동鉄火丼 등 양도 많고 맛도 좋은 런치 메뉴가 더 유명해서 점심시간이면 근처 직장인들로 붐비는 곳이다. 저녁에는 모둠 사시미(刺身盛り合わせ, 2700엔~), 고등어 구이(さば焼, 600엔) 등 다양한 일품요리를 술과 함께 즐길 수 있다.

- JR하카타博多역 하카타 출구에서 도보 6분
- 월~금요일 11:15~14:00, 17:00~23:00, 토요일 17:00~23:00, 일요일 및 공휴일 휴무
- +81-92-471-9244
- 福岡市博多区博多駅前3-23-12光和ビル 1F

요도바시하카타
| 복합 상업 시설 | ヨドバシ博多

지하 1층부터 3층까지는 컴퓨터 및 주변 기기와 생활 가전, 카메라, 휴대폰 등을 판매하는 요도바시 카메라 매장이 있고 3~4층에는 패션 숍과 잡화점, 레스토랑들이 자리해 쇼핑과 식사를 동시에 즐길 수 있다. 특히 3층에 위치한 장난감과 피규어, 프라모델, 게임, 캐릭터 숍은 아이템이 다양해 관심 있는 사람이라면 방문해볼 만하다.

- JR하카타博多역 치쿠시 출구에서 도보 1분 / 지하철 공항선 하카타역 15번 출구에서 바로
- 09:30~22:00
- +81-92-471-1010
- 福岡市博多区博多駅中央街6-12

Area / 하카타

초콜릿 숍 하카타

| 디저트 |

Chocolate shop Hakata, チョコレートショップ
1942년에 문을 연 후쿠오카 대표 초콜릿 전문점으로 다양한 종류의 초콜릿과 케이크 등 눈과 입을 모두 만족시키는 디저트를 판매하고 있다. 가장 인기있는 하카타 노이시타다미(博多の石畳, 594엔)는 돌계단이라는 이름처럼 5단으로 층층이 쌓인 네모난 모양의 생초콜릿 케이크로 입안 가득 기분 좋은 달콤함을 선사한다.

- JR하카타博多역에서 연결, JR하카타시티 아뮤플라자 1층
- 10:00~20:00   +81-92-281-1826
- 福岡市博多区博多駅中央街1-1 JR博多シティアミュプラザ博多1F

무츠카도 카페

| 카페 | | パン屋むつか堂カフェ |

식빵 전문점으로 유명한 무츠카도에서 운영하는 카페로 촉촉하고 부드러운 식빵으로 만든 토스트, 샌드위치, 크로크무슈(クロックムッシュ, 858엔) 등 다양한 메뉴가 있다. 식빵처럼 생긴 무츠카도 로고 모양의 라테아트가 그려진 카페 라테는 550엔이다.

- JR하카타博多역에서 연결, JR하카타시티 아뮤플라자 5층
- 10:00~20:00
- +81-92-710-6699
- 福岡市博多区博多駅中央街1-1 アミュプラザ博多 5F

시로야

| 베이커리 | **Shiroya, シロヤ いっぴん通り店**

기타큐슈 고쿠라의 인기 빵집인 시로야의 하카타역점. 우리나라에서도 한창 인기인 부드러운 빵 사이에 달콤한 크림을 듬뿍 넣은 오믈렛(オムレット, 5개에 270엔)과 바삭한 빵 안에 연유가 들어간 사니빵サニーパン이 대표 인기 메뉴. 기차를 탈 때 간단한 아침 식사용으로 좋다.

- JR하카타博多역에서 연결, 하카타 데이토스 1층
- 08:00~21:00
- +81-92-409-2682
- 福岡市博多区博多駅中央街1-1 博多デイトス 1F

Area / 하카타

후키야
| 오코노미야키 | ふきや 博多店

다양한 토핑을 골라 넣어 먹을 수 있는 오코노미야키와 야키소바를 전문으로 하는 레스토랑. 대부분의 메뉴가 600~800엔으로 가성비가 좋고 한국어 메뉴도 준비되어 있어 어렵지 않게 주문할 수 있다. 기존의 오코노미야키와는 달리 소스를 발라 팬으로 눌러 구워내기 때문에 겉 표면이 탄 듯 보이지만 수제 소스와 마요네즈를 곁들여 먹어보면 담백하고 고소한 맛이 난다.

- JR하카타博多역 하카타 출구에서 도보 2분, 하카타 버스 터미널 8층
- 11:00~15:00, 17:00~22:00
- +81-92-473-7471
- 福岡市博多区博多駅中央街2-1 博多バスターミナル 8F

파티쉐리 몽쉐르
| 베이커리 | Patisserie Mon cher, パティスリーモンシェール 博多阪急店

도지마 롤로 잘 알려진 파티쉐리 몽쉐르의 하카타 한큐 지점. 100% 신선한 홋카이도산 우유로 만든 생크림을 듬뿍 넣은 도지마 롤 케이크(堂島ロール, Half 사이즈 797엔)가 가장 인기이며 이외에도 다양한 생크림 케이크가 있다.

- JR하카타博多역에서 연결, 하카타 한큐 백화점 지하 1층
- 10:00~20:00
- +81-92-419-5188
- 福岡市博多区博多駅中央街1-1 博多阪急 B1F

나카가와 정칠상점
| 라이프스타일숍 | 中川政七商店

300년 이상의 전통을 지닌 수공예 전문 나카가와 정칠상점이 운영하는 편집 숍으로 전국적으로 약 60여 개의 매장이 있다. 일본 공예를 바탕으로 한 패션, 생활 잡화, 기념품 등의 상품은 일본의 색을 담은 세련된 디자인과 우수한 품질로 좋은 반응을 얻고 있다.

- JR하카타博多역과 연결, 아뮤플라자 하카타 1층
- 10:00~20:00, 비정기 휴무
- +81-92-409-6807
- 福岡市博多区博多駅中央街1-1 JR博多シティ 1F

Area / 하카타

맛차 카페 하치
| 와카페 | 抹茶カフェ ハチ JR博多シティ店

세련된 분위기의 와카페로 엄선한 찻잎을 이용한 다양한 일본풍 디저트를 선보이고 있다. 대표 메뉴는 마스카포네 치즈를 듬뿍 사용한 크림의 부드러운 단맛과 말차의 쓴맛이 절묘한 조화를 이룬 말차 티라미수와 와라비모찌(抹茶ティラミスと抹茶わらび餅, 1280엔). 말차맛과 호지차 맛 중 선택할 수 있다. 이 외에도 말차 파르페, 말차 뉴욕 치즈케이크 등 일본과 서양의 테이스트가 조화롭게 어우러진 디저트를 만날 수 있다.

- JR하카타博多역과 연결, JR하카타시티 9층
- 11:00~21:00, 비정기 휴무
- +81-50-5494-4082
- 福岡市博多区博多駅中央街1-1 JR博多シティ9F

라라포트 후쿠오카
| 쇼핑몰 | ららぽーと福

하카타에서 버스로 20분 정도 가면 만날 수 있는 대형 쇼핑몰로, 다양한 숍과 레스토랑이 입점해 있다. 하지만 사람들이 이곳을 찾은 이유 중 하나는 쇼핑몰 앞에 당당하게 서 있는 24.8m의 대형 건담 때문. 카메라 앵글에 다 잡기도 힘든 건담 앞에는 사진을 찍으려고 긴 줄이 늘어설 정도다. 4층에는 건담 파크도 있다.

- 하카타역에서 JR카고시마본선 이용, 타케시타竹下역 하차(3분, 170엔), 역에서 도보 10분
  하카타 버스터미널 1층 13번 승강장에서 44, 45번 버스 이용, 라라포트 후쿠오카 앞에서 하차(20분, 220엔)
- 숍 10:00~21:00 레스토랑&푸드코트 11:00~22:00, 비정기 휴무
- +81-92-707-9820
- 福岡市博多区那珂6-23-1

루나솔
| 코스메틱 | LUNA SOL

가네보의 하이클래스 코스메틱 브랜드로 데일리 메이크업에 가장 적합한 컬러 구성으로 꾸준히 인기를 얻고 있는 아이섀도 팔레트가 유명하다. 한국에서는 인터넷이나 면세점에서 밖에 구입할 수 없으므로, 직접 테스트해 보고 구입을 원한다면 매장을 찾아보는 것도 좋다.

- JR하카타博多역과 연결, 하카타 한큐 1층
- 10:00~20:00, 비정기 휴무
- +81-92-419-5298
- 福岡市博多区博多駅中央街1-1

Area ──────────── # 나카스 & 기온
中洲 & 祇園

고풍스러운 사찰과 신사, 분위기 있는 커피숍과 세련된 상점이 공존하는 기온은 오랜 역사와 현재가 교차하는 재미있는 곳이다. 나카스 강변 옆으로 캐널시티 하카타와 하카타 리버레인과 같은 대형 쇼핑몰이 있는 나카스는 저녁이 되면 포장마차 행렬이 늘어서는 화려한 나이트 스폿으로도 유명하다.

Area / 나카스 & 기온

구시다 신사 | 신사 | 櫛田神社

후쿠오카 중심지, 가와바타 상점가 한쪽에 자리한 구시다 신사는 불로장생과 상업 번성의 신을 모시고 있으며 '오쿠시다상お櫛田さん'이라는 애칭으로 불리면서 하카타 주민들에게 많은 사랑을 받고 있다. 특히 매년 7월에 개최되는 전국적으로도 유명한 '하카타 기온야마카사博多祇園山笠' 후쿠오카 여름 축제의 중심이 되는 곳으로, 신사 내에 기온야마카사의 가마 2개가 봉납되어 연중 전시되고 있다. 또한 명성황후를 시해할 때 쓴 칼인 히젠도도 이곳에 소장되어 있다고 알려져있다.

- 지하철 공항선 나카스카와바타中洲川端역 또는 기온祇園역 2번 출구에서 도보 5분
- 04:00~22:00
- 福岡市博多区上川端町1-41

조텐지 | 사찰 | 承天寺

조텐지는 후쿠오카 최대 축제인 하카타기온야마카사博多祇園山笠의 발상지로 알려진 사찰이다. 경내에는 '우동과 소바의 발상지'라는 뜻의 우동소바핫쇼노치노히饂飩蕎麦発祥之地의 碑라는 비석이 있는데, 이는 1941년 조텐지의 승려인 쇼이치 국사가 중국에서 돌아올 때 제분, 제조법 기술을 들여와 일본에 전한 것을 기념하는 것이다. 돌과 모래로 이루어진 아름다운 가레산스이枯山水 정원도 놓치지 말자.

- 지하철 공항선 기온祇園역 4번 출구에서 도보 5분
- 09:00~17:00
- +81-92-431-3570
- 福岡市博多区博多駅前1-29-9

Area / 나카스 & 기온

도초지
| 사찰 | 東長寺

후쿠오카에서 가장 오래된 사찰로 알려진 도초지는 2011년에 완공된 빨간색 5층탑五重塔을 비롯해 일본 최대급 목조 좌상 후쿠오카 대불福岡大仏, 후쿠오카시 문화재로도 지정된 육각당六角堂 등 볼거리가 가득한 곳이다.

- 지하철 공항선 기온祇園역 1번 출구에서 도보 1분
- 09:00~17:00
- 福岡市博多区御供所町2-4

고엔 | 카페 | 5Yen

레트로한 분위기의 카페로 감성적인 실내 분위기가 인상적이다. 커피도 맛있지만 아침 8시부터 오픈하기 때문에 간단히 아침을 먹기에 그만이다. 음료가 함께 나오는 비프카레 세트(ビーフカレーセット, 850엔), 버터, 잼, 피자, 에그 등 다양한 선택이 가능한 토스트 세트(800엔~)가 있다.

- 텐진오오무타선 니시테츠 히라오西鉄平尾역에서 도보 7분
- 08:00~20:00, 일요일 휴무
- +81-92-473-9430
- 福岡県福岡市博多区博多駅前2-7-1

신슈소바 무라타 | 소바 | 信州そばむらた

구시다 신사 정문에서 가까운 곳에 있는 신슈소바 무라타는 첨가물이 들어가지 않은 깔끔한 국물과 엄선한 메밀로 매일매일 정성스럽게 만들어내는 수타 면으로 유명하다. 적당한 찰기의 메밀 면을 츠유 소스에 살짝 찍어 먹는 모리 소바(もりそば, 950엔), 마즙을 넣은 야마카케 소바(山かけ, 1250엔) 등 차가운 소바는 물론 따뜻한 소바와 덮밥, 우동 등 선택의 폭이 넓고 한국어 메뉴도 있어 어렵지 않게 주문할 수 있다.

- 지하철 공항선 나카스카와바타中洲川端역 또는 기온祇園역 2번 출구에서 도보 5분
- 11:30~21:00, 월요일 휴무
- +81-92-291-0894
- 福岡市博多区冷泉町2-9-1

명경지수 | 라멘 | 麺かふぇde明鏡志水

카페 분위기의 세련된 라멘 전문점으로 나카스 점은 강변에 있어 밤이면 특히 분위기가 좋다. 돈코츠 일색인 하카타의 일반 라멘집과는 달리 이곳에서는 시오(소금), 쇼유(간장), 미소(된장) 라멘이 메인이다. 라멘은 900~1250엔. 샐러드, 가라아게, 스테이크 등 간단한 안주 메뉴도 있다. 맥주는 물론, 과실주, 일본주, 칵테일, 위스키 등 다양한 술도 구비되어 있어, 밤이면 분위기 좋은 곳에서 라멘과 더불어 한 잔 즐기기에도 좋다.

- 지하철 공항선 텐진天神역 16번 출구에서 도보 8분
- 10:00~22:00(일요일은 18:00까지), 월요일 휴무
- +81-92-401-1372
- 福岡市中央区西中洲6-36 天神中央公園 ハレノガーデン

Area / 나카스 & 기온

가와바타 상점가
| 쇼핑 거리 | 博多川端商店街

오랜 역사를 지닌 상점 거리이자 다양한 이벤트가 열리는 곳으로 약 400m의 아케이드에 패션, 생활 잡화 숍을 비롯해 기념품 숍, 음식점 등 약 130개 점포가 자리하고 있다. 후쿠오카 최대 축제인 하카타 기온야마카사 기간에는 금~일요일 한정으로 상점가 내 이벤트 광장에서 명물 가와바타 젠자이(단팥죽)를 맛볼 수 있다.

📍 지하철 공항선 나카스카와바타中洲川端역에서 도보 5분 / JR하카타博多역 하카타 출구에서 도보 15분

하카타 요시즈카 우나기야
| 장어 | 博多名代吉塚うなぎ屋

나카스 강변을 바라보고 있는 요시즈카 우나기야는 140년이 넘는 오랜 역사를 자랑하는 장어 요리 집으로 엄선한 장어에 5대에 걸쳐 이어져 내려온 소스, 독자적인 장어구이 기술이 더해져 최고의 맛을 낸다. 2층과 3층에서 식사를 할 수 있으며 장어덮밥(うな丼, 2150엔), 밥과 장어가 따로 도시락에 담겨 나오는 우나쥬(うな重, 3570엔) 등의 메뉴가 있다. (카드 결제 불가)

📍 지하철 공항선 나카스카와바타中洲川端역 5번 출구에서 도보 3분
🕐 10:30~21:00, 수요일 휴무, 오봉, 연말연시 휴무
☎ +81-92-271-0700
🏠 福岡市博多区中洲2-8-27

하카타 아카쵸코베
| 우동 | 博多あかちょこべ

주전자에 담겨 나오는 주전자 우동(ずぼらうどん, 720엔부터)과 원조 키마카레 우동(元祖キーマカレーうどん, 780엔)으로 유명한 곳이다. 키마카레 우동은 처음에는 그냥 본연의 맛을 즐기고, 다음에는 튀김 찌꺼기를 넣어 먹고, 어느 정도 먹으면 육수를 부어 먹는 3가지 맛의 변화를 경험할 수 있다. 밤에는 이자카야로 변신한다.

📍 지하철 공항선 나카스카와바타中洲川端역 5번 출구에서 도보 5분
🕐 11:30~14:00, 18:00~23:30 (토요일, 공휴일 11:30~23:30), 비정기 휴무
☎ +81-92-271-0102
🏠 福岡市博多区冷泉町7-10

카페 브라질레이로
| 카페 | Cafe Brasileiro, ブラジレイロ

1934년에 문을 연 후쿠오카에서 가장 오래된 카페로, 직접 로스팅한 원두로 만든 커피와 수제 양식 메뉴를 선보이고 있다. 럭비공 모양의 바삭한 다진 고기 튀김을 올린 민치카츠레츠(ミンチカツレツ, 1450엔)와 오므라이스(オムレツライス, 스몰 1100엔, 레귤러 1250엔)가 인기 메뉴다. 11시 이후 런치 타임에 제공한다.

📍 지하철 하코자키선 고후쿠마치呉服町역 1번 출구에서 도보 5분
🕐 월~토요일 10:00~19:00, 일요일 및 공휴일 휴무
☎ +81-92-271-0021
🏠 福岡市博多区店屋町1-20

이로하 하카타점
| 미즈타키 | 博多味処 いろは

1953년에 창업해 4대째 후쿠오카의 명물 음식 미즈타키(후쿠오카식 백숙 요리)를 전승해온 곳으로, 많은 양의 닭고기와 이온수를 넣고 5~6시간 푹 끓인 뽀얀 닭 육수는 진하면서도 깊은 맛을 자랑한다. 사용하는 채소는 모두 큐슈산으로 이로하의 미즈타키는 시금치를 넣는 것이 특징이다. 완전 예약제로 운영된다.

📍 지하철 공항선 나카스카와바타中洲川端역 7번 출구에서 도보 3분
🕐 18:00~23:00(일요일은 ~22:00), 월요일 휴무
☎ +81-92-281-0200
🏠 福岡市博多区上川端町14-27

하카타 리버레인
| 복합 문화시설 | Hakata Riverain, 博多リバレイン

일본 전통극인 가부키가 열리는 대규모 공연장 '하카타좌'와 '후쿠오카 아시아 미술관', 다양한 상점과 레스토랑이 모여 있는 리버레인 몰이 있는 복합 문화 쇼핑센터. 특히 리버레인 몰 5~6층에는 큐슈 최초의 후쿠오카 호빵맨 어린이 뮤지엄福岡アンパンマンこどもミュージアム과 굿즈 숍, 레스토랑과 카페가 있어 호빵맨 캐릭터를 가까이에서 만나볼 수 있다.

📍 지하철 나카스카와바타中洲川端역 6번, 7번 출구와 연결 / 니시테츠 버스 가와바타마치·하카타자마에川端町·博多座前에서 하차하면 바로
🕐 10:30~19:00(점포마다 다름), 12월31일~1월1일 휴무
☎ +81-92-282-1300
🏠 福岡市博多区下川端町3-1

Area / 나카스 & 기온

간소 하카타 멘타이쥬
| 일식 | 元祖博多めんたい重

건물 전체를 나무로 만든 독특한 외관의 간소 하카타 멘타이쥬는 후쿠오카의 명물 명란젓을 전문으로 하는 요리점이다. 메뉴는 직접 만든 수제 명란젓을 사용한 덮밥과 츠케멘(명란젓이 들어간 국물에 면을 찍어 먹는 요리, めんたい煮こみつけ麵, 1848엔) 2가지. 특히 하얀 쌀밥 위에 다시마로 감싼 명란젓 한 덩어리가 통째로 올라간 덮밥 멘타이쥬(めんたい重, 1848엔)는 등장하는 순간 탄성이 나올만큼 압도적인 비주얼을 자랑한다.

- 지하철 공항선 텐진天神역 16번 출구에서 도보 8분
- 07:00~22:30
- +81-92-725-7220
- 福岡市中央区西中洲6-15

카와타로 나카스본점
| 일식 | 河太郎 中洲本店

오징어 회 전문점으로 내부의 테이블 중앙에 커다란 수조가 있어, 주문을 하면 그 자리에서 바로 오징어를 잡아 요리를 한다. 런치타임의 오징어회 정식은 3850엔이며 오징어 사이즈에 따라 요금이 달라진다. 저녁시간에 오징어회 가이세키는 6600엔부터. 예약을 하는 편이 좋으나 런치예약은 평일 12시, 주말과 공휴일은 11시45분의 정해진 시간에만 예약이 가능하다. 힐튼 시호크 호텔과 하카타역 근처 JRJP 건물 1층에 분점이 있다.

- 지하철 공항선 나카스카와바타中洲川端역 1번 출구에서 도보 7분, 그랜드 하얏트 후쿠오카 정면 현관에서 도보 1분
- 런치 11:45~14:30, 디너 17:30~22:00(일·공휴일 17:00~21:30), 오봉, 연말연시 휴무
- +81-92-271-2133
- 福岡県福岡市博多区中洲1-6-6

Area

텐진
天神

끝없이 이어진 텐진 지하상가부터 백화점과 쇼핑몰 등 다양한 쇼핑 명소가 모여 있는 쇼핑의 천국 텐진은 후쿠오카의 최신 유행이 집결되는 곳이다. 후쿠오카에서 손꼽히는 디저트 가게와 라멘 맛집 등 맛있는 먹거리도 풍성하다.

Area / 텐진

아크로스 후쿠오카
| 복합 문화시설 | ACROS Fukuoka, アクロス福岡

음악 전용 홀인 후쿠오카 심포니 홀과 국제회의장, 이벤트 홀, 갤러리 등의 시설을 갖춘 복합 문화 공간으로 건물의 한 면 전체가 계단식 정원으로 꾸며져 있다. 1층과 2층에는 일본 각 현의 관광 정보와 큐슈에서 개최되는 콘서트, 미술관 등의 관람 정보를 얻을 수 있는 문화 관광 정보 광장과 주말에 오픈하는 옥상 전망대도 있다.

- 니시테츠후쿠오카(텐진)西鉄福岡(天神)역에서 도보 10분 / 지하철 공항선 텐진天神역 16번 출구에서 도보 3분
- 08:00~22:00(시설마다 다름), 12월 29일~1월 3일 휴무(레스토랑 및 숍은 12월 31일~1월 2일 휴무, 시설마다 휴무일 다름)
- +81-92-725-9111
- 福岡市中央区天神1-1-1

스이쿄텐만구
| 신사 | 水鏡天満宮

학문의 신인 스가와라노 미치자네菅原道真를 모신 신사로 '텐진'이라는 지명의 유래가 된 곳이다. 본래는 이마이즈미 지역에 있던 것이 1612년에 지금의 자리로 옮겨왔다. 후쿠오카 최대 번화가 텐진의 빌딩 숲 사이 한적한 곳에 자리하고 있어 여행 중에 들러 잠시 쉬어가기에 좋다.

- 지하철 공항선 텐진天神역 16번 출구에서 도보 5분
- 福岡市中央区天神1-15-14

라쿠텐치
| 모츠나베 | もつ鍋 楽天地 天神本店

냄비 위에 부추를 산처럼 수북이 쌓아주는 곳으로 유명한 모츠나베 전문점으로 소장, 염통, 천엽 등 후쿠오카현 흑우黒牛의 신선한 곱창과 큐슈산 채소를 듬뿍 넣어 풍성한 향과 시원한 국물 맛을 즐길 수 있다. 인기 메뉴는 곱창전골과 짬뽕 면이 무제한 리필되는 만족 코스(満足コース, 1인 2772엔). 하카타역에도 지점이 있다.

- 니시테츠후쿠오카(텐진)西鉄福岡(天神)역에서 도보 10분 / 지하철 공항선 텐진天神역 16번 출구에서 도보 3분
- 17:00~22:00
- +81-92-741-2746
- 福岡市中央区天神1-1-1 アクロス福岡B2F

Area / 텐진

Beef Man
| 스테이크 | ビーフマン

A5랭크의 큐슈산 와규를 합리적인 가격에 맛볼 수 있는 캐주얼 다이닝 바로 고기와 잘 어울리는 와인을 비롯한 술 종류도 다양하게 구비되어 있다. 큐슈산 와규 100g과 토시살 100g이 함께 나오는 Beef Man 야키 스테이크(BeefMan炭焼きステーキ, 2380엔)는 육즙이 일품이다. 와인은 1잔 550엔.

- 지하철 공항선 텐진天神역에서 도보 5분
- 16:00~24:00, 부정기 휴무
- +81-92-738-2929
- 福岡県福岡市中央区大名2-6-5天神西通り館1F

비토
| 젤라토 | ViTO 天神西通り店

큐슈 낙농 농가의 우유와 제철 과일을 사용해 정통 이탈리아 제조 방법으로 만든 프리미엄 젤라토를 맛볼 수 있는 곳. 특히 2년에 한 번 수확된다는 세계 최고 품질의 시칠리아 섬의 피스타치오로 만든 피스타치오 젤라토는 꼭 도전해 보자. 피자 등 이탈리언 요리도 판매하고 있어 간단한 점심 식사도 가능하다.

- 지하철 공항선 텐진天神 2번 출구에서 도보 3분
- 월~금요일 15:00~23:00, 토~일요일, 공휴일 14:00~23:00
- +81-92-725-9400
- 福岡市中央区大名2-6-60 西鉄グランドホテル1F 西通り側

만다라케
| 취미, 캐릭터 | まんだらけ

일본 최대의 애니메이션 중고 쇼핑몰 만다라케의 후쿠오카 지점으로 만화 단행본과 만화 잡지, 소설, CD, DVD, 프라모델, 피규어, 캐릭터 상품, 코스프레 용품, 팬시 용품 등 만화와 캐릭터에 관련된 모든 제품이 있는 곳이다. 중고이지만 미개봉 상품도 많고 저렴한 가격에 원하는 물건을 구할 수 있어 좋다.

- 지하철 공항선 텐진天神역 1번 출구에서 도보 2분 / 지하철 공항선 아카사카赤坂역 3번 출구에서 도보 1분
- 12:00~20:00
- +81-92-716-7774
- 福岡市中央区大名2-9-5グランドビル

Area / 텐진

니쿠젠
| 숯불 구이 | ニクゼン

언제나 사람들이 길게 줄을 서고 있는 니쿠젠은 야키니쿠(숯불 구이) 전문점으로 좋은 고기를 저렴한 가격으로 제공하기 위해 A등급의 큐슈산 흑우 한 마리를 통째로 구입해 사용한다. 먹음직스럽게 구운 두꺼운 스테이크를 올린 스테이크덮밥(ステーキ丼, 850엔, 곱빼기 1200엔)이 인기로 평일 점심 한정 메뉴이다. 특히 곱빼기는 평일 40그릇 한정으로 바로 품절될 수 있으니 일찍 찾아가 줄을 서야 한다.

- 지하철 아카사카赤坂역 3번 출구에서 도보 2분
- 11:30~14:00, 17:00~24:00, 비정기 휴무
- +81-92-732-0022
- 福岡市中央区大名2-12-17 大名クレッシェンド 2F

규마루
| 스테이크 | ぎゅう丸

주문을 받으면 반죽부터 시작해서 만들어 주기 때문에 음식이 나오기까지 시간이 조금 걸린다. 햄버그 스테이크 본연의 맛을 가장 잘 느낄 수 있는 규마루 테시고토 함바그(ぎゅう丸手仕事ハンバーグ)가 가장 인기이며 사이즈별로 가격이 다르다. 150g은 880엔, 200g은 1080엔. 따끈한 파이 속에 스프가 가득 있는 파이 츠츠미 스프(あつあつのパイ包みスープ 400엔)도 인기.

- 지하철 공항선 아카사카赤坂역 5번출구에서 도보 2분
- 11:00~22:00, 비정기 휴무
- +81-92-406-9366
- 福岡県福岡市中央区大名2-1-31AIビル1F

솔라리아 플라자
| 쇼핑몰 | SOLARIA PLAZA, ソラリアプラザ

니시테츠후쿠오카역과 바로 연결되어 있는 쇼핑몰로 젊은 여성들에게 인기이다. 지하 1층에서 5층까지는 의류, 액세서리 등의 패션 관련 매장이 자리하며 카페와 레스토랑, 영화관, 호텔까지 다양한 시설을 갖추고 있다. 지하 2층에는 프리미엄 식료품 매장 딘앤델루카도 있다.

- 니시테츠후쿠오카(텐진)西鉄福岡(天神)역 중앙 출구에서 연결
- B1F~5F 패션 11:00~20:00(토·일·공휴일 10:00~20:00), 6F~7F 레스토랑 11:00~22:00 (점포마다 다름)
- +81-92-733-7777
- 福岡市中央区天神2-2-43

다이마루 후쿠오카 텐진
| 백화점 | DAIMARU FUKUOKA, 大丸福岡天神

CHANEL, FERRAGAMO, GUCCI 등 명품 브랜드부터 코스메틱, 리빙 등 여러 분야의 제품을 판매하며 지하 2층의 식품관에는 인기 디저트 매장들이 모여 있다. 본관 1층 종합 안내소에서는 한국어 안내도 하고 있으며 면세는 동관 5층에서 받을 수 있다. 본관과 동관 사이에 위치한 유럽풍의 파사주 광장은 휴식 공간 및 약속 장소로 애용되고 있다.

- 니시테츠후쿠오카(텐진)西鉄福岡(天神)역 중앙 출구에서 도보 2분
- 10:00~20:00, 11:00~22:00(레스토랑가), 비정기 휴무
- +81-92-712-8181
- 福岡市中央区天神1-4-1

이와타야
| 백화점 | IWATAYA, 岩田屋

일본 현지의 패션, 코스메틱 등의 로컬 브랜드를 다양하게 선보이는 이와타야는 오랜 전통을 지닌 후쿠오카 대표 백화점이다. 백화점 지하에는 명란 등 후쿠오카의 대표 특산품과 큐슈산 식재료, 과자를 판매하고 있어 기념품을 사기에도 좋다. 일본 전체에 4개 지점만 있는 인테리어 편집숍 더 코란 숍도 입점해있다. 신관 1층에 면세 카운터가 있다.

- 지하철 공항선 텐진天神역 5번 출구에서 도보 5분
- 10:00~20:00, 1월 1일 휴무, 비정기 휴무
- +81-92-721-1111
- 福岡市中央区天神2-5-35

Area / 텐진

쇼라쿠
| 모츠나베 | もつ鍋笑楽 本店

그날 들여온 큐슈 최고급의 소 곱창으로 만든 모츠나베(후쿠오카 곱창전골)를 맛볼 수 있는 곳으로, 독서실 같은 칸막이가 있는 1인 전용 카운터 석이 마련되어 있고 1인분도 판매하기 때문에 혼자여도 부담 없이 방문할 수 있다. 모츠나베 1인분1520엔, 모츠나베와 명란젓 닭튀김, 짬뽕이 함께 나오는 코스도 있다(3500엔부터).
- 지하철 나나쿠마선 텐진미나미天神南 5번 출구에서 도보 3분
- 17:00~24:00, 토~일요일 12:00~15:00, 17:00~24:00, 비정기 휴무
- +81-92-761-5706
- 福岡県福岡市中央区西中洲11-4 笑樂ビル1F

후쿠오카 미츠코시
| 백화점 | MITSUKOSHI, 福岡三越

니시테츠후쿠오카역과 바로 연결되어 교통이 편리한 미츠코시 백화점은 일본의 톱 브랜드부터 세계적인 다양한 브랜드를 모두 갖추고 있다. 지하 2층의 식품 매장에는 유명 베이커리와 인기 디저트 숍이 있다.
- 니시테츠후쿠오카(텐진)西鉄福岡(天神)역에서 연결 / 텐진버스센터天神バスセンター에서 연결
- 10:00~20:00, 1월 1일 휴무, 비정기 휴무
- +81-92-724-311
- 福岡市中央区天神2-1-1

케고 신사
| 신사 | 警固神社

텐진의 번화가 한가운데 자리한 케고 신사 부지 내에는 웃는 여우 석상(笑いきつね, 와라이 키츠네)과 그 뒤로 줄지어 있는 빨간색 도리이로 잘 알려진 이마마스이나리 신사今益稲荷神社가 있다. 신사 내에 족욕탕이 있어서 지친 다리를 쉬어 가기에 좋다.
- 니시테츠후쿠오카(텐진)西鉄福岡(天神)역 남쪽 출구에서 도보 1분
- 08:00~18:00
- +81-92-771-8551
- 福岡市中央区天神2-2-20

빅카메라 텐진 2호관
| 전자 제품, 취미 | ビックカメラ天神2号館

가전제품부터 화장품, 생활용품에 이르기까지 다양한 제품을 판매하는 일본 최대 가전제품 전문 매장인 빅카메라는 텐진에 1호관과 2호관의 2개 지점이 있으며 판매하는 용품도 다르다. 2호관의 6~7층에는 각종 장난감과 게임, 피규어, 프라모델 등 취미 용품이 갖추어져 있어 가족 단위로도 많이 방문한다.
- 니시테츠후쿠오카(텐진)西鉄福岡(天神)역 중앙 출구에서 도보 4분
- 10:00~21:00
- +81-92-732-1111
- 福岡市中央区天神2-4-5

돈키호테
| 전자 제품, 취미 | ドンキホーテ

건물 전체가 돈키호테 매장으로 2017년 새로이 오픈 했다. 매장이 넓어서 물건이 많은 장점도 있지만 창고에 물건을 쌓아놓은 것 같은 디스플레이로 매장 안이 복잡하므로 가기 전 미리 쇼핑리스트를 챙겨가는 편이 좋다. 다른 곳에 비해 저렴하게 판매하는 상품이 많으며, 24시간 영업으로 이용이 편리하다. 면세 받는 것도 잊지 말자.
- 니시테츠 후쿠오카(텐진)西鉄福岡(天神)역에서 도보 6분
- 24시간, 연중무휴
- +81-570-079-711
- 福岡県福岡市中央区今泉1-20-17

Area / 텐진

후쿠타로 | 명란젓 | 福太郎
명란젓 맛의 센베이 멘베이めんべい로도 유명한 명란젓 전문 브랜드 후쿠타로에서 운영하는 직영점이다. 후쿠타로 제품의 구매는 물론 매장 한쪽에 있는 카페에는 밥과 된장국, 반찬, 6가지 맛의 명란젓이 포함된 명란젓 정식(博多掛け流しめんたい膳, 1000엔) 등 식사 메뉴도 준비되어 있다.

- 지하철 나나쿠마선 텐진미나미天神南역 6번 출구에서 바로
- 11:00~19:00, 카페 12:00~15:00, 연말연시 휴무
- +81-92-713-4441
- 福岡市中央区渡辺通5-25-18 天神テルラビル 1F

코마야 | 화과자 | 駒屋
텐진 근처 다이묘 지역에 위치한 80년 전통의 화과자 전문 가게. 대표 상품은 달콤한 팥 앙금이 가득 들어 있는 말랑말랑한 찹쌀떡 마메다이후쿠(豆大福 1개 150엔)로 계절에 따라 벚꽃이나 딸기 등이 첨가되어 판매되고 있다.

- 지하철 공항선 아카사카赤坂역에서 도보 8분
- 10:00~17:30(품절 시 영업 종료), 일요일 및 공휴일 휴무, 연말연시 휴무
- +81-92-741-6488
- 福岡市中央区大名1-11-25 駒屋ビル1階

Area / 텐진

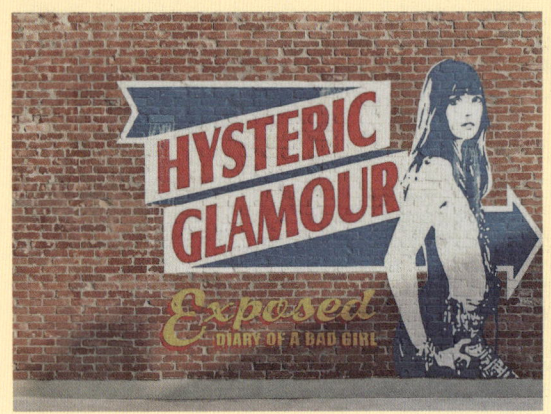

히스테릭 글래머
| 패션 | Hysteric Glamour

독특한 그래픽과 대담한 스타일의 디자인으로 유명한 패션 브랜드이다. 다양한 아티스트, 음악 그룹, 디자이너와 협업하여 유니크한 컬렉션을 선보이기도 한다. 텐진 매장은 특히 매장 앞에서 기념사진을 남기려고 방문하는 사람들도 많다.

- 니시테츠 후쿠오카(텐진)西鉄福岡(天神)역에서 도보 7분
- 11:00~20:00, 비정기 휴무　+81-92-751-0601
- 福岡市中央区大名1-15-27 福岡大名ビル1F

래그태그
| 빈티지 | RAGTAG 福岡パルコ店

패션 리사이클 및 중고 패션 아이템을 취급하는 빈티지 편집 숍이다. 럭셔리 브랜드부터 스트리트 웨어까지 다양한 스타일과 카테고리의 제품이 있으며, 특히 고급 브랜드의 명품 중고 제품을 저렴한 가격대에 구입할 수 있다.

- 지하철 공항선 텐진天神역 7번 출구에서 직결, 파르코 본관 7층
- 11:00~20:30, 비정기 휴무　+81-92-235-7265
- 福岡県福岡市中央区天神2-11-1 福岡パルコ本館7F

스투시
| 패션 | Stüssy

캘리포니아에서 시작된 스트리트 패션 브랜드의 후쿠오카 매장이다. 스케이트 보딩, 서핑, 힙합 등의 서브컬처를 모티브로 독창성을 강조한 티셔츠, 스웨트셔츠, 후디, 바지, 모자, 가방, 스니커즈 등 다양한 의류와 액세서리 등을 판매한다.

- 니시테츠후쿠오카(텐진)西鉄福岡(天神)역에서 도보 4분
- 11:00~20:00, 비정기 휴무　+81-92-715-6650
- 福岡県福岡市中央区天神2-5-13

슈프림
| 패션 | SUPREME

미국의 글로벌 패션 브랜드로, 스트리트 웨어와 스케이트보드 문화를 바탕으로 스트리트 패션을 선도하고 있다. 개성 넘치는 티셔츠와 후드티, 모자 등의 아이템과 유명 브랜드 혹은 디자이너와의 컬래버레이션 제품을 구입할 수 있다.

- 니시테츠후쿠오카(텐진)西鉄福岡(天神)역에서 도보 5분
- 11:00~20:00, 연말연시 휴무　+81-92-406-8038
- 福岡市中央区大名1-15-35

Area / 텐진

베이프 | 패션 | BAPE STORE® 福岡

1993년 도쿄 하라주쿠에서 시작된 하이엔드 스트리트 패션 브랜드이다. 정식 명칭은 A Bathing Ape로 원숭이 로고로도 유명하다. 한정판과 컬래버레이션 아이템이 많아 스트리트 패션 애호가라면 들러볼 만하다. 다른 스트리트 브랜드에 비해 가격은 높은 편이다.

- 니시테츠후쿠오카(텐진)西鉄福岡(天神)역에서 도보 8분
- 11:00~19:00, 비정기 휴무   81-92-732-7735
- 福岡県福岡市中央区大名1-11-28

수요일의 앨리스 | 캐릭터 | 水曜日のアリス

'이상한 나라 앨리스'의 세계관을 모티브로 한 귀엽고 신비로운 분위기의 캐릭터 숍으로, 체셔 고양이 모양의 쿠키, 트럼프 병사 액세서리, 티파티 토트백 등 앨리스를 모티브로 한 상품이 가득하다. 일본 내에서도 후쿠오카, 도쿄, 나고야 단 3곳에만 매장이 있다.

- 니시테츠후쿠오카(텐진)西鉄福岡(天神)역에서 도보 8분
- 11:00~20:00, 비정기 휴무   +81-92-751-0601
- 福岡県福岡市中央区大名1-3-3 NEO大名Ⅱ 1F

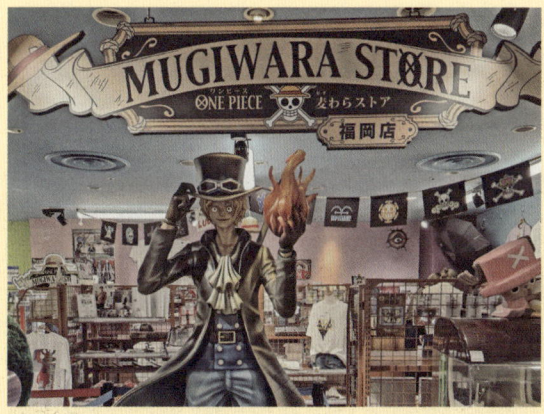

원피스 무기와라 스토어 | 캐릭터 | ONE PIECE 麦わらストア 福岡店

인기 코믹 및 애니메이션 시리즈 원피스 전문 캐릭터 숍이다. 만화책부터 각종 캐릭터 굿즈까지 원피스 관련 모든 것이 총망라되어 있다. 원피스 전용 캐릭터 숍은 후쿠오카에서 이곳 단 곳이다. .

- 지하철 공항선 텐진天神역 7번 출구에서 직결, 파르코 본관 7
- 10:00~20:30, 비정기 휴무   +81-92-235-7428
- 福岡県福岡市中央区天神2-11-1 福岡パルコ本館7F

짱구 스토어 | 캐릭터 | クレヨンしんちゃんオフィシャルショップ

우리에게는 짱구로 익숙한 크레용 신짱의 캐릭터 숍이다. 매장은 좀 작은 편이지만 다양한 굿즈가 있으며, 전반적으로 한국보다 저렴하게 구입할 수 있다. 바로 옆에 원피스 스토어도 있어 함께 둘러보기 좋다.

- 지하철 공항선 텐진天神역 7번 출구에서 직결, 파르코 본관 7층
- 10:00~20:30, 비정기 휴무   +81-92-235-7279
- 福岡県福岡市中央区天神2-11-1 福岡パルコ本館7F

Area / 텐진

다이묘 소프트크림 | 소프트아이스크림 | 大名ソフトクリーム 大名店

이탈리아의 명품 소프트아이스크림 기계인 칼피자니 Carpigiani로 만든 마시멜로 같이 쫀쫀한 식감의 소프트아이스크림(530~650엔)으로 유명한 곳이다. 깊은 우유맛의 생크림 밀크(生クリームミルク, 530엔)가 가장 인기다.

- 니시테츠후쿠오카(텐진)西鉄福岡(天神)역에서 도보로 6분
- 11:00~22:00, 비정기 휴무
- +81-92-791-1594
- 福岡市中央区大名1-11-4

후쿠오카 크래프트 | 펍 | FUKUOKA CRAFT

자사 맥주 공장에서 양조한 11종류의 오리지널 크래프트 맥주를 만날 수 있다. 다양한 맥주를 맛볼 수 있는 테이스팅 세트도 있다. 80ml 4종류 1128엔, 6종류 1880엔. 안주는 맥주와 잘 어울리는 멕시칸을 베이스로 하는 타코, 부리토 등이 있다.

- 니시테츠후쿠오카(텐진)西鉄福岡(天神)역에서 도보로 6분
- 월~목 17:00~24:00, 금 17:00~01:00, 토 14:00~01:00, 일 14:00~24:00
- +81-92-791-1919
- 福岡市中央区大名1-11-4-1F

야키소바 소후렌 | 야키소바 | 焼そばの 想夫恋 渡辺通店

1957년 창업한 야키소바 집의 지점으로 하카타식 야키소바를 만날 수 있다. 하카타식 야키소바는 철판에 구운 면을 사용해 조금 딱딱한 식감이 특징으로 아삭한 숙주와 잘 어울린다. 오사카식 야키소바처럼 맛이 진하지는 않지만 간이 적당해 식사로도 술안주로도 그만이다. 야키소바 주문 시 날달걀, 계란프라이, 밥, 국 중 선택할 수 있는데, 날달걀에 야키소바를 잘 비벼 먹는 것도 별미다. 야키소바 700~1350엔.

- 지하철 나나쿠마선 텐진미나미天神南 6번 출구에서 도보 2분
- 11:00~16:00, 17:00~23:00, 비정기 휴무
- +81-92-406-3474
- 福岡市中央区渡辺通5-1-22

Area / 텐진

교자야 니노니
| 교자 | 餃子屋弍ノ弐 今泉店

일본산 돼지고기와 엄선된 재료, 니노니 오리지널 얇은 만두피를 이용한 바삭바삭한 야키 교자로 유명한 교자 집이다. 야키 교자(パリパリ焼餃子, 275엔), 수프 교자(スープ餃子, 440엔), 물교자(水餃子, 385엔)의 교자 메뉴가 있으며, 술안주에 그만인 칠리새우, 마요 새우 등 중식 메뉴도 있다. 하카타역, 텐진 솔라리아 등 하카타 도심에 여러 개의 지점이 있으니 눈에 띄면 한번 들러보자.

- 지하철 텐진미나미天神南역 혹은 야쿠인薬院역에서 도보 9분
- 17:00~24:00(토, 일, 공휴일 16:00~24:00), 비정기 휴무
- +81-92-739-5022
- 福岡市中央区今泉2-4-33エステートモア今泉 1F

치카에
| 일식 레스토랑 | 稚加榮

1961년에 문을 연 료테이일본 전통 고급 레스토랑로 정갈하게 기모노를 갖춰 입은 직원들이 편안하게 식사를 할 수 있도록 돕고 있으며 거대한 수조를 설치해 큐슈 바다에서 잡히는 30종류 이상의 활어를 보면서 식사를 할 수 있는 곳이다. 일본 코스 요리 가이세키(6600엔~), 사시미 등 단품 요리가 있으며 주말 및 공휴일 11:30분부터 오후 2시까지 1980엔에 런치 정식을 제공한다 (전화예약 필수).

- 지하철 아카사카赤坂역 4번 출구에서 도보 5분
- 월~금요일 17:00~22:00, 토요일 11:30~15:00, 17:00~22:00, 일요일 11:30~15:00, 17:00~21:00, 비정기 휴무
- +81-92-721-4624
- 福岡市中央区大名2-2-17

Area / 텐진

쿠로마츠
| 돈가스 | とんかつ専門店 くろまつ

가고시마의 계약 농장에서 직송한 신선한 흑돼지를 사용한 맛있는 돈가스를 만날 수 있다. 흑돼지 맛을 극대화할 수 있도록 튀김온도와 빵가루에 신경 쓴 돈가스는 1500~2800엔. 1마리에서 2인분밖에 나오지 않는 샤토브리앙 정식(2800엔, 수량 한정)도 있다. 한국어 메뉴가 있어 편리하다.

- 지하철 공항선 텐진天神역에서 도보 10분
- 11:00~15:00, 17:00~20:00, 비정기 휴무
- +81-92-985-7123
- 福岡県福岡市中央区大名2-1-38 The Winds Daimyo2 1F

하카타 텐푸라 나가오카 | 튀김 | 博多天ぷら ながおか

모든 좌석이 카운터 석인 캐주얼한 분위기의 텐푸라 이자카야이다. 원하는 야채와 해산물을 선택하면 바로 눈앞에서 튀겨주는데, 명란젓, 카망베르 치즈, 반숙 계란 등 이곳 오리지널 튀김 메뉴도 있다. 튀김은 180엔부터이며, 6종류 튀김 세트는 980엔이다. 튀김과 잘 어울리는 레몬사와(レモンサワー, 580~680엔)도 유명하다.

- 니시테츠후쿠오카(텐진)西鉄福岡(天神)역에서 도보 12분, 지하철 나나쿠마선 야쿠인오도리藥院大通역에서 도보 5분
- 17:00~23:00, 화~수요일 휴무
- +81-92-752-8200
- 福岡県福岡市中央区今泉2-4-11 メゾンドール今泉1F

Area ——————— # 야쿠인&이마이즈미

薬院 & 今泉

한적한 주택가 안에 흥미로운 카페와 잡화점, 트렌디한 라이프스타일 숍이 숨어 있는 야쿠인과 이마이즈미 지역은 후쿠오카에서 새롭게 떠오르는 여행지이다. 미로와도 같은 골목을 산책하면서 보물찾기의 즐거움을 느낄수 있다.

Area / 야쿠인 & 이마이즈미

스이게츠 본점
| 미즈타키 | 水月

3대에 걸쳐 운영하는 100년 넘는 역사를 지닌 후쿠오카의 대표 미즈타키 전문점이다. 매일 정성껏 준비하는 스이게츠의 국물은 닭고기와 채소를 넣어 끓여 깔끔한 감칠맛이 특징으로 남녀노소 모두 좋아한다. 미즈타키는 닭 육회로 시작해 전골, 죽, 디저트 코스(A코스 6300엔, B코스 5300엔)로 제공되며 테이블마다 배정된 전담 직원이 요리를 해주면서 먹는 방법을 알려준다. 공휴일이나 주말의 경우 만석일 수 있으니 사전에 예약을 하는 것이 좋다.

- 니시테츠텐진오무타선 히라오平尾역에서 도보 10분 / 지하철 공항선 텐진天神역에서 택시로 10분
- 17:00~22:00, 월요일 휴무, 연말연시 및 8월 오봉 휴무
- +81-92-531-0031
- 福岡市中央区平尾3-16-14

야사고
| 소바 | あ三五

타베로그(일본 음식점 정보 사이트)의 소바 부문에서 항상 상위권에 랭크되어 있는 소바 전문점으로 소바 장인이 섬세한 손길로 메밀 면을 삶고 조리하는 과정을 눈으로 보며 요리를 맛볼 수 있다. 따뜻한 국물에 나오는 카케소바かけそば, 차가운 면을 소스에 찍어 먹는 모리소바もりそば 가 있으며 다양한 단품 메뉴도 있다. 점심 한정의 튀김과 소바, 디저트까지 코스로 제공되는 소바 가이세키(昼そば懐石, 3300엔~)가 인기이다.

- 지하철 나나쿠마선 야쿠인薬院역에서 도보 6분
- 11:30~15:00, 17:00~20:00, 토~일요일 11:30~20:00, 화요일 휴무
- +82-92-526-4582
- 福岡市中央区白金1-4-14

피체리아 다 가에타노
| 피자 | Pizzeria Da Gaetano, ピッツェリア ダ ガエターノ

이탈리아 이스키아 섬의 피자 레스토랑에서 수련한 일본인 셰프가 후쿠오카에 오픈한 피체리아 다 가에타노는 나폴리의 정취가 느껴지는 실내와 시원한 오픈 테라스에서 본고장의 맛을 살린 피자와 나폴리 향토 요리를 즐길 수 있는 곳이다. 마르게리따マリゲリータ, 프루치넷라プルチネッラ 등 다양한 피자 메뉴는 1680~2480엔.

- 지하철 나나쿠마선 야쿠인薬院역 1번 출구에서 도보 4분
- 11:30~15:00, 17:30~22:00(일, 공휴일은 21:00까지), 화요일 17:30~22:00, 월요일, 첫번째, 세번째 화요일 휴무
- +81-92-986-8822
- 福岡市中央区渡辺通2-7-14

Area / 야쿠인 & 이마이즈미

더 루츠 | 베이커리 | THE ROOTS neighborhood bakery

관광객보다는 현지인에게 더 알려진 베이커리로 천연 효모를 사용하여 겉은 바삭하지만 속은 촉촉하며, 너무 달지 않는 것이 루츠 빵의 특징이다. 많은 종류의 빵 중 베이글이 특히 유명한데, 명란 치즈, 시나몬 레이즌, 크랜베리 크림치즈, 초코 바나나 베이글 등 다양한 베이글을 만날 수 있다. 특히 화요일은 베이글 데이로 평소에는 판매하지 않는 베이글 종류와 식빵만을 판매한다. 매장이 협소해서 한 번에 3팀까지만 입장이 가능하다.
매주 화요일은 특별히 베이글과 식빵만 판매한다.

📍 지하철 나나쿠마선 야쿠인오도리薬院大通역에서 도보 5분
🕘 09:00~19:00, 월요일 휴무
📞 +81-92-526-0150
🏠 福岡市中央区薬院4-18-7スプール浄水通り1F

디그 인 | 베이커리 | DIG INN

베이글 샌드위치 전문 베이커리로 에그, 츠나, 후르츠, 앙버터 등 베이글로 만든 다양한 샌드위치가 진열장을 가득 채우고 있다(320~500엔). 혹은 원하는 조합으로 주문을 할 수도 있다. 플레인, 통밀, 시나몬 레이즌 등 5종류의 빵 중 원하는 것을 선택하고 블루베리, 럼 레이즌 등 4종류의 레귤러 크림과 기간 한정 크림 중 1개 혹은 2개를 선택해 원하는 샌드위치로 주문할 수도 있다(오리지널 베이글 샌드 600~650엔). 매장이 골목 안쪽에 있고, 골목 입구에 작은 입간판만 있기 때문에 주의 기울여 찾아야 한다.

📍 지하철 나나쿠마선 야쿠인薬院역 2번 출구에서 도보 7분
🕘 10:00~15:00, 수~목요일 휴무
📞 +81-92-791-9726
🏠 福岡市中央区白金1-7-10

하이타이드 스토어 | 문구 | HIGHTIDE STORE

디자인 사무 용품 및 소품 전문 브랜드 HIGHTIDE의 직영점으로 하이타이드 제품은 물론 해외에서 수입한 희귀 제품과 직영점에서만 구매할 수 있는 오리지널 굿즈도 판매하고 있다. 가게 내에는 직접 표지와 속지를 골라 나만의 맞춤 노트를 만들 수 있는 워크숍 스페이스와 커피와 스낵을 즐길 수 있는 KIOSK도 있어 문구 쇼핑과 체험, 휴식까지 모두 하나의 공간에서 가능하다.

📍 지하철 나나쿠마선 야쿠인薬院역 2번 출구에서 도보 7분
🕘 11:00~19:00, 비정기 휴무
📞 +81-92-533-0338
🏠 福岡市中央区白金1-8-28

Area / 야쿠인 & 이마이즈미

멘게키죠 겐에이
| 라멘 | 麺劇場 玄瑛

야쿠인의 주택가에 자리한 라멘 전문점으로 가게 이름처럼 내부의 좌석 구조가 극장처럼 된 것이 특징이다. 주방이 무대가 되어 이를 중심으로 객석이 퍼져 있어 어디에서든 라멘이 만들어지는 모습을 볼 수 있다. 진하고 깔끔한 겐에키 라멘(玄瑛流ラーメン, 1000엔)에 날달걀 간장 소스 덮밥인 타마고카케고항(卵かけごはん, 400엔)을 곁들여 먹어보자.

- 지하철 나나쿠마선 야쿠인오도리藥院大通역 1번 출구에서 도보 6분
- 11:30~14:30, 18:00~21:00(토요일은 22:00까지), 일요일 및 공휴일 11:30~16:00, 18:00~21:00, 월~화요일 휴무
- +81-92-732-6100
- 福岡市中央区薬院2-16-3

니쿠이치
| 갈비 | 肉いち

배틀트립에도 소개된 곳으로 최상급의 큐슈산 와규를 즐길 수 있는 야키니쿠 집이다. 부담스럽지 않은 가격에 최고의 고기를 즐길 수 있어 직장인 회식이나 가족 외식 장소로도 인기이다. 상 갈비(上カルビ 858엔)와 우설(タン塩 1078엔)이 인기이며 입가심으로는 쫄면 느낌의 모리오카 냉면을 꼭 맛보자. JR하카타 역 근처에도 지점이 있다.

- 지하철 나나쿠마선 야쿠인藥院역 2번 출구에서 도보 4분
- 16:00~24:00, 1월1일 휴무   +81-92-522-4129
- 福岡県福岡市中央区薬院3-16-34 ヤマトビル 1F

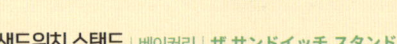

샌드위치 스탠드
| 베이커리 | ザ サンドイッチ スタンド

오로지 샌드위치만 판매하는 샌드위치 전문점이다. 오픈부터 11시까지는 오늘의 샌드위치, 샐러드, 수프, 음료가 세트인 BREAKFAST(1100엔)을 주문할 수 있다. 샌드위치 스탠드라는 가게 이름처럼 쇼케이스를 가득 메운 정말 다양한 샌드위치를 볼 수 있는데, 가격은 350~600엔 정도이다. 매장 내에 작지만 먹을 수 있는 공간이 있으며, 매장 내에서 먹을 시 1인 1음료를 같이 주문해야 한다.

- 지하철 나나쿠마선 야쿠인오도리藥院大通역에서 도보 1분
- 08:00~18:00, 월요일 휴무
- +81-92-534-6033
- 福岡市中央区薬院4-7-11

Area / 야쿠인 & 이마이즈미

다카마츠노 가마보코 | 어묵 | 高松の蒲鉾

80년 가까운 역사를 자랑하는 수제 어묵집이다. 30종류 이상의 다양한 어묵이 가게 앞에 진열되어 있는데, 특히 돈코츠 라멘 어묵, 타코야키 어묵, 방울토마토가 통째로 들어간 어묵, 새우 마요 등 지금까지 어디서도 보지 못한 오리지널 제품이 가득하다.

- 지하철 와타나베도리渡辺通역 2번 출구에서 도보 5분, 야나기바시 시장 안
- 05:30~17:00, 일요일 및 공휴일 휴무
- +81-92-761-0722
- 福岡県福岡市中央区春吉1-3-6 柳橋連合市場内

쇼쿠도 미츠 | 해산물 | 食堂 光

야나기바시 시장 안에 있는 식당으로 신선한 해산물 메뉴를 선보이고 있다. 5종류의 신선한 해산물이 듬뿍 올려져 있는 해산물 덮밥(海鮮丼, 1300엔부터)이 인기 메뉴. 현지인과 관광객 모두에게 인기있는 곳으로 오픈 전부터 웨이팅 리스트에 이름이 가득하다.

- 지하철 와타나베도리渡辺通역 2번 출구에서 도보 5분, 야나기바시 시장 안
- 10:00~13:30, 17:30~20:30, 일요일 및 공휴일 휴무
- +81-92-791-6230
- 福岡県福岡市中央区春吉1-6-1 柳橋連合市場

薬院 & 今泉 | 야쿠인 & 이마이즈미

오호리 공원 & 모모치 ──────── Area
大濠公園 & ももち

후쿠오카의 오아시스로도 불리는 오호리 공원과 시원한 바다를 바로 접하고 있는 모모치 해변이 있는 지역으로, 후쿠오카의 번화가와는 다른 여유로운 분위기에서 휴식을 만끽할 수 있다.

Area / 오호리 공원 & 모모치

오호리 공원

공원 | 大濠公園

후쿠오카 성 주변에 만든 해자를 이용한 인공 연못 공원으로 중국의 서호를 모델로 하여 만들어졌다. 호수 중앙에는 작은 섬이 있고, 이 섬과 호숫가를 연결하는 3개의 다리가 놓여 있으며 연못을 둘러싼 길은 산책이나 조깅을 할 수 있도록 정비되어 있다. 공원 가까이에는 일본 정원, 현립 미술관 등 볼거리가 풍성하며 매년 8월이면 화려한 불꽃놀이도 감상할 수 있다.

📍 지하철 공항선 오호리 코엔大濠公園역 3번 출구에서 도보 7분 / 지하철 공항선 도진마치唐人町역 6번 출구에서 도보 10분
📞 +81-92-741-2004
🏠 福岡市中央区大濠公園1-2

大濠公園&ももち 오호리공원 & 모모치

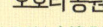

Area / 오호리 공원 & 모모치

오호리 공원 일본 정원
| 정원 | **大濠公園日本庭園**

오호리 공원 부지 내에 자리한 일본 정원은 돌과 흙을 쌓아 산을 만들고 물을 흘려서 연못 모양을 만드는 일본의 전통적인 정원 방식인 츠키야마 린센 회유식築山林泉廻遊式으로 만들어졌다. 꽃이 피는 봄이나 단풍이 물드는 가을에 추천한다.

- 🕘 09:00~17:00(입장은 16:45까지), 5~9월 09:00~18:00, 월요일 휴무(공휴일이면 다음 날 휴무), 12월29일~1월3일 휴무
- 💴 성인 1인 250엔, 어린이(15세 미만) 120엔, 65세 이상 무료
- ☎ +81-92-741-8377
- 🏠 福岡市中央区大濠公園1-7

마이즈루 공원
| 공원 | **舞鶴公園**

후쿠오카의 대표적인 벚꽃 명소로도 알려진 마이즈루 공원은 400년 넘는 역사를 지닌 후쿠오카 성터福岡城跡와 스포츠 시설인 육상경기장이 자리한 시민들의 휴식처이다. 후쿠오카 성터는 약 7년에 걸쳐 완성된 성 중 일부 망루와 대천수대가 남아 있는 것으로 그중에서도 다몬야구라 망루는 중요 문화재로 지정되어 있다. 가까이에 오호리 공원이 있으니 함께 방문해보자.

- 📍 지하철 오호리코엔大濠公園역 5번 출구에서 도보 7분
- ☎ +81-92-781-2153
- 🏠 福岡市中央区城内舞鶴公園

Area / 오호리 공원 & 모모치

시사이드 모모치 해변 공원
| 공원 | Seaside momochi beach park, シーサイドももち海浜公園

하카타 만을 바라보고 있는 긴 백사장의 인공 해변 공원으로 도심 속 휴양지로 후쿠오카 주민들에게 인기를 끌고 있다. 해변 주변으로는 후쿠오카 타워, 마리존, 후쿠오카 PayPay 돔 등이 있으며 해변 공원에서 다양한 이벤트도 개최된다.
- 지하철 공항선 도진마치唐人町역 3번 출구에서 도보 10분

마리존
| 복합 상업 시설 | Marizon, マリゾン

시사이드 모모치 해변가 바다 위에 떠있는 이국적인 분위기의 마리존은 결혼식장을 중심으로 상점과 레스토랑이 늘어서 있는 복합 상업 시설이다. 이탤리언 레스토랑과 비치 카페, 바에서 식사와 칵테일을 즐기거나 비치 스포츠 용품점에서 간단하게 쇼핑을 할 수 있다. 저녁이 되면 조명을 밝혀 로맨틱한 분위기를 자아낸다.
- 지하철 공항선 니시진西新역 1번 출구에서 도보 15분
- 점포마다 다름
- 福岡市早良区百道浜2-902-1

Area / 오호리 공원 & 모모치

후쿠오카 PayPay돔 | 경기장 | 福岡PayPayドーム

일본 최초의 개폐식 돔구장으로 일본 최대 규모의 야구 구장 그라운드와 각종 설비를 갖추고 있다. 큐슈 지역의 유일한 야구팀인 후쿠오카 소프트뱅크 호크스 Fukuoka SoftBank HAWKS 소유의 구장으로 야구 경기뿐만 아니라 콘서트, 전시회 등 다양한 이벤트도 열린다. 돔 투어 ドームツアー는 가이드가 안내하는 60분간의 투어로 관계자나 선수들만 들어갈 수 있는 곳까지 견학할 수 있으며, 호크스 팀의 정식 굿즈 판매 숍인 HAWKS STORE HOME에서는 호크스 팀의 거의 모든 굿즈를 갖추어놓고 있으니 호크스의 팬이라면 들러보자.

- 지하철 공항선 도진마치唐人町역 3번 출구에서 도보 15분
- 이벤트나 야구 경기에 따라 다름
- 돔 투어(돔 만끽 코스) 성인 1600엔, 중학생 이하 850엔, 3세 이하 무료
- +81-92-847-1006
- 福岡市中央区地行浜2-2-2

보스 이조 후쿠오카 | 엔터테이먼트 시설 | BOSS E·ZO FUKUOKA

PayPay돔 옆에 위치한 엔터테인먼트 시설이다. 3층에는 푸드코트, 4층에는 베이스볼 뮤지엄, 6~7층에는 가상 현실을 경험할 수 있는 V-World AREA, 그리고 옥상에는 보스 이조 후쿠오카에서 가장 핫한 "절경 3형제(絶景3兄弟)"라는 3가지 어트랙션을 즐길 수 있는 공간으로 되어 있다. 지상 40m 높이에서 건물의 벽면을 따라 지상까지 단번에 미끄러져 내려오는 길이 100m의 튜브형 슬라이더 SUBE-ZO(1000엔~), 일본 최초의 건물 옥상에 설치된 300m 길이의 레일 코스터 TSURI-ZO(1500엔~), 옥상에 설치된 클라이밍 NOBO-ZO(900엔), 이 3개의 어트랙션은 어느 것이든 모모치 해변 일대의 멋진 경치를 즐기며 만끽할 수 있다. 요금은 각 시설마다 다르며, 티켓은 홈페이지에서 인터넷으로 구입할 수 있으며, 당일 현장에 자동판매기에서도 구입할 수 있다.

- 지하철 공항선 도진마치唐人町역 3번 출구에서 도보 15분, 페이페이돔 4번 게이트 옆
- 11:00~23:00, 토~일요일 및 공휴일 10:00~23:00, 비정기 휴무
- 각 시설마다 다름(티켓 구입 e-zofukuoka.com/ko/)
- +81-92-400-0515　福岡市中央区地行浜2-2-6 PayPayドーム4ゲート横

후쿠오카 타워 | 전망 타워 | Fukuoka Tower, 福岡タワー

후쿠오카 시의 대표적인 랜드마크 중 하나인 후쿠오카 타워는 234m 높이로 8000장의 하프 미러로 둘러싸여 있다. 후쿠오카 시 100주년을 기념해 세워졌으며 워터프런트 지구인 시사이드 모모치 중심에 있다. 지상 123m의 후쿠오카 타워 전망대에서는 후쿠오카 시내와 하카타 만을 한눈에 감상할 수 있다.

- 지하철 공항선 니시진西新역 1번 출구에서 도보 20분
- 09:30~22:00(입장마감 21:30) 비정기 휴무
- 성인 800엔, 초·중학생 500엔, 유아(4세 이상) 200엔
- +81-92-823-0234　福岡市早良区百道浜2-3-26

롯폰마쓰

六本松

텐진과 가까운 롯폰마쓰는 큐슈 대학교 캠퍼스가 있던 부지를 재개발하여 최근 후쿠오카에서 가장 주목받는 곳으로 떠올랐다. 9900㎡ 이상의 큐슈 지역 최대 규모의 서점인 츠타야가 들어선 거대 복합 시설 롯폰마쓰421과 같은 새로운 시설이 문을 열고 거리 곳곳에 있는 오래된 맛집과 커피 전문점도 사람들의 발길을 사로잡는다.

Area

Area / 롯폰마쓰

츠타야
| 서점 | 六本松 蔦屋書店

서점과 카페, 잡화점이 한 공간에 존재하는 츠타야 서점이 롯폰마쓰에 오픈하여 새로운 핫플레이스로 자리 잡고 있다. 책은 물론, 주방 용품과 생활 잡화 등을 다양하게 갖추고 있어 구경하는 재미도 쏠쏠하다. 카페에서 자유롭게 책을 볼 수 있는 도서관 같은 분위기로 책을 좋아한다면 이곳에서 느긋한 시간을 보내는 것을 추천한다.

📍 지하철 나나쿠마선 롯폰마쓰六本松역에서 도보 2분
🕐 07:00~23:00
☎ +81-92-731-7760
🏠 福岡県福岡市中央区六本松4-2-1六本松421 2F

우동 비요리
| 우동 | うどん日和

우동 집이라기보다는 깔끔한 카페 같은 분위기이지만 우동 맛은 오랜 역사를 지닌 그 어느 우동 집에 뒤지지 않는다. 매일 직접 뽑아내는 우동 면은 탱탱한 식감이 일품이며 간판 메뉴는 탱글하고 큼직한 새우튀김과 아보카도를 올린 우동 면에 국물을 부어 먹는 아보카도또 에비텐 붓카케(アボカドと海老天ぶっかけ 890엔). 모든 우동은 따뜻한 것과 차가운 것을 선택할 수 있다.

📍 지하철 나나쿠마선 롯폰마쓰六本松역에서 도보 8분
🕐 11:00~15:00(재료 소진 시 영업 종료), 화요일 휴무
☎ +81-92-714-5776
🏠 福岡県福岡市中央区六本松4-4-12エステートモア六本松2 1F

고코쿠
| 오므라이스 | 五穀

하카타의 명물 명란젓이 들어간 멘타이코 오므라이스(明太子オムライス 990엔)가 유명한 오므라이스 전문점이다. TV에도 소개된 이 명란젓 오므라이스를 먹기 위해 오픈 전부터 긴 줄이 늘어서 있으니 가능하다면 식사 피크 타임은 피하는 것이 좋다. 오후 3시까지는 음료와 샐러드, 디저트가 포함된 런치 세트(1050엔)를 즐길 수 있다.

📍 지하철 나나쿠마선 롯폰마쓰六本松역에서 도보 2분
🕐 11:00~22:00, 월요일·첫 번째 화요일 휴무
☎ +81-92-716-5766
🏠 福岡県福岡市中央区六本松4-2-6MJR六本松 1F

Area / 롯폰마쓰

롯폰폰
| 일본식 디저트 | ろっぽんぽん

롯폰마쓰의 유명 베이커리 마츠빵 근처에 있는 자그마한 가게로 빙수(여름 한정)와 붕어빵을 판매한다. 롯폰폰의 붕어빵은 이곳만의 오리지널로 타이모치(たいもち, 200엔~) 즉 붕어빵 떡이다. 우리가 생각하는 일반적인 붕어빵과는 다르게 밀가루 대신 떡가루를 사용해서 보다 도톰하고 쫀득쫀득한 식감이다. 안에는 팥이 터질 듯 꽉 차 있다. 타이모치 외에도 가라아게, 빙수도 이곳의 인기 메뉴. 가게 앞에 테이블 없이 의자만 있어 마땅히 먹을 만한 곳이 없어 대부분 테이크아웃을 한다.

📍 지하철 나나쿠마선 롯폰마쓰六本松역에서 도보 7분
🕐 10:00~20:30, 토~일요일 09:30~19:00, 목요일 휴무
📞 +81-80-5794-9648
🏠 福岡市中央区六本松4-7-4

마츠빵
| 베이커리 | マツパン

후쿠오카의 유명 베이커리 빵스톡パンストック에서 16년 동안 실력을 닦은 후 독립해서 오픈한 곳으로 아기들의 이유식으로도 먹일 수 있도록 좋은 재료만을 사용한 빵 만들기를 고집한다. 특별한 빵보다는 항상 옆에 두고 계속 먹고 싶어지는 빵을 콘셉트로 한다. 2층에는 다다미방이 있어 이곳에서 구입한 빵을 먹을 수 있다.

📍 지하철 나나쿠마선 롯폰마쓰六本松역에서 도보 7분
🕐 08:00~18:00, 월요일, 두 번째, 네 번째 화요일 휴무
📞 +81-92-406-8800
🏠 福岡県福岡市中央区六本松4-5-23

소후 커피
| 커피 | そふ珈琲

직접 로스팅한 원두를 사용해서 씁쓸한 맛, 가벼운 맛, 쓴맛, 신맛의 4가지 블렌드와 5종류의 스트레이트, 에스프레소 등 다양한 커피를 만날 수 있는 카페이다. 커피와 곁들일 수 있는 케이크, 커피젤리 등도 인기로 인스타 카페로도 유명하다. 따뜻한 느낌의 인테리어가 인상적인 곳이다.

📍 지하철 나나쿠마선 롯폰마쓰六本松역에서 도보 10분
🕐 13:00~17:00, 수요일 휴무
📞 +81-92-407-6474
🏠 福岡県福岡市城南区別府1-3-11

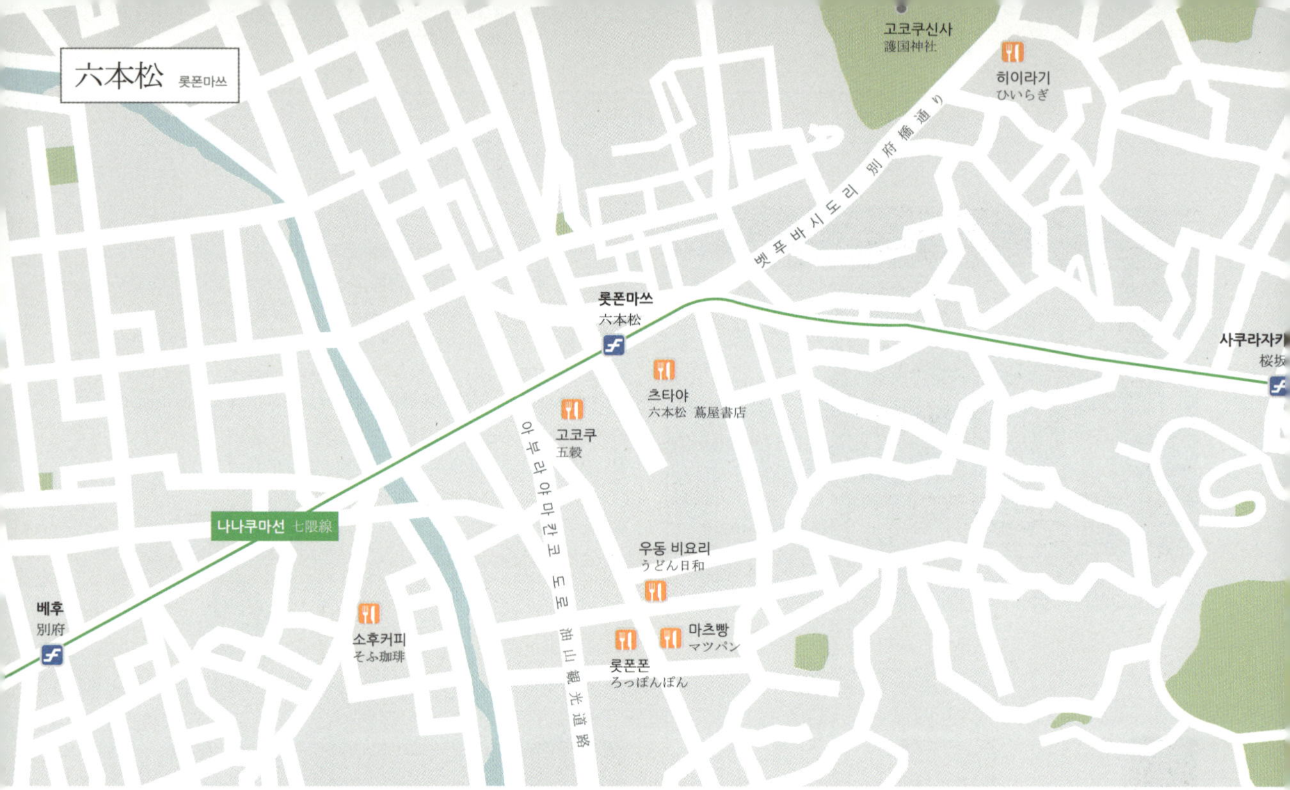
六本松 롯폰마쓰
고코쿠신사
護国神社
히이라기
ひいらぎ
벳푸바시도리 別府橋通り
롯폰마쓰
六本松
사쿠라자카
桜坂
츠타야
六本松 蔦屋書店
고코쿠
五穀
아부라야마칸코 도로 油山観光道路
나나쿠마선 七隈線
우동 비요리
うどん日和
베후
別府
소후커피
そふ珈琲
마츠빵
マツパン
롯폰폰
ろっぽんぽん

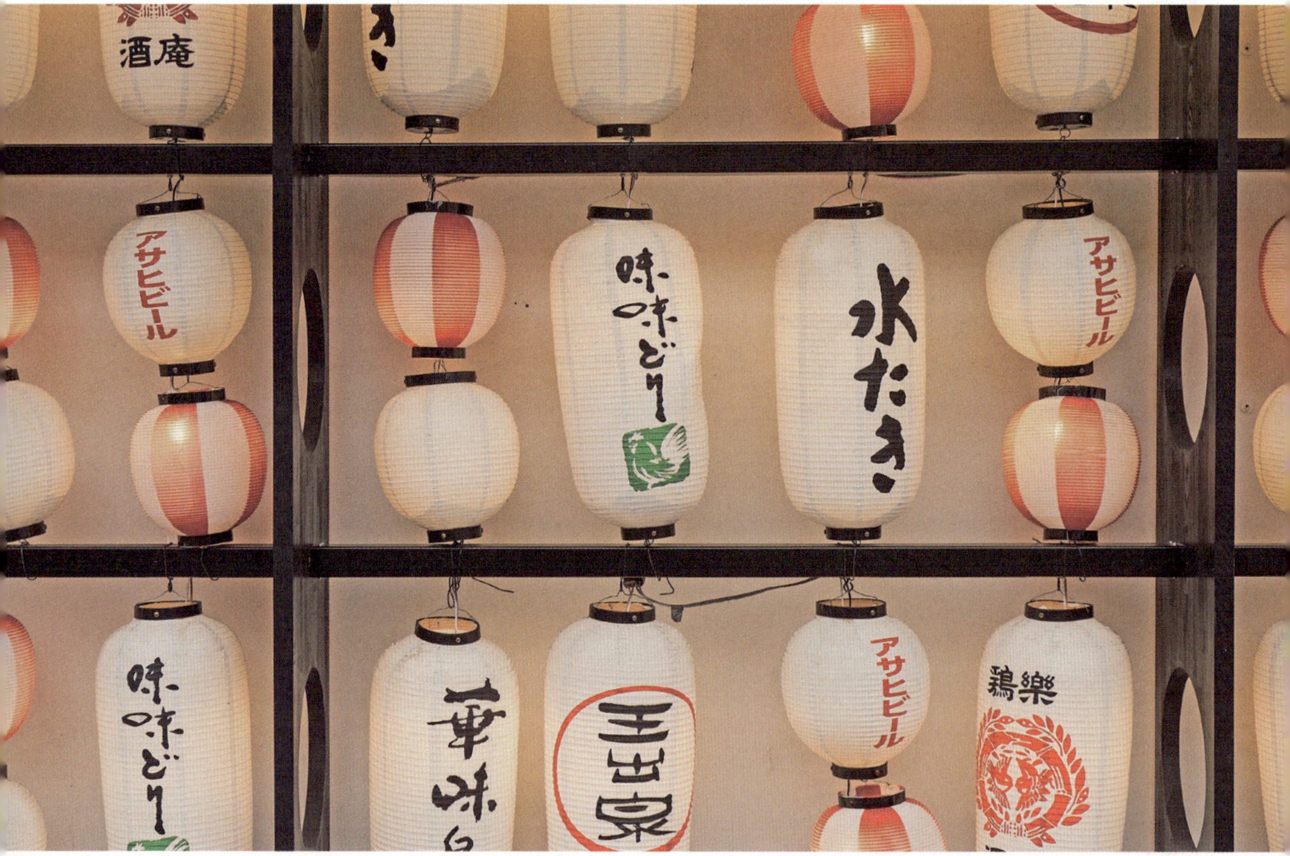
酒庵
アサヒビール
味味どり
水たき
アサヒビール
味味どり
アサヒビール
鶏樂

Area ────────────────── 베이사이드
ベイサイド

후쿠오카 국제공항과 함께 우리나라와 후쿠오카를 연결하는 하카타항 국제 터미널에는 복합 상업 시설인 베이사이드 플레이스가 자리해 다양한 볼거리와 즐길 거리를 제공하고 있다.

Area / 베이사이드

하카타항 국제 터미널
| 항구 | 博多港国際ターミナル

후쿠오카 공항과 함께 큐슈의 대표적인 관문으로 카멜리아, 비틀, 코비의 3개 선박 회사가 부산과 이곳, 후쿠오카 하카타항을 오가는 여객선을 운항하고 있다. 터미널 1층에는 종합 안내소와 환전소가 있고 2층에는 로비와 출입국 관리, 세관 검사, 면세점 등이 갖추어져 있다. 출국 심사를 위해서는 1층 로비와 2층 출발 게이트에 있는 자동 티켓 발매기에서 터미널 이용료 티켓(성인 500엔, 어린이 250엔)을 구매해야 한다.

- 하카타에서 이동 시 하카타역 앞 서일본시티은행앞西日本シティ銀行前 F 정류장에서 88번, BRT버스에 탑승해 종점인 하카타항국제터미널博多港国際ターミナル 또는 중앙부두크루즈센터中央ふ頭クルーズセンター 하차(20분 소요, 240엔)
- 텐진에서 이동 시 텐진 솔라리아스테이지天神ソラリアステージ 前 2A 정류장에서 80번, BRT 버스에 탑승해 종점인 하카타항국제터미널博多港国際ターミナル 또는 중앙부두크루즈센터中央ふ頭クルーズセンター 하차(20분 소요, 190엔)
- 07:00~23:00   ☎ +81-92-282-4871   🏠 福岡市博多区沖浜町14-1

베이사이드 플레이스 하카타
| 복합 상업 시설 | Bayside Place HAKATA, ベイサイドプレイス博多

하카타항과 접해 있는 복합 상업 시설 베이사이드 플레이스 하카타는 쇼핑과 레저를 모두 만족시키는 곳으로 신선한 해산물과 채소, 과일을 판매하는 완간 시장湾岸市場, 온천 시설, 푸드 코트, Duty Free Shop과 하카타 토산품 숍 등 다양한 시설이 들어서 있다. 토~일요일 및 공휴일에는 하카타, 텐진에서 베이사이드 플레이스 하카타까지 귀여운 열차 모양의 무료 셔틀 버스를 이용할 수 있다.

- 하카타항 국제 터미널에서 도보 3분
- 10:00~23:00(점포마다 다름)
- +81-92-281-7701
- 福岡市博多区築港本町13-6

Area / 베이사이드

하카타 포트타워
| 전망 타워 | 博多ポートタワー

하카타 부두의 심벌이기도 한 100m 높이의 붉은색 하카타 포트타워는 멋진 야경과 아름다운 항만 풍경을 감상할 수 있는 전망실과 1층에 하카타항을 소개하는 박물관이 있으며 모두 무료로 이용 가능하다.

- 베이사이드 플레이스 하카타 부지 내에 위치
- 10:00~17:00, 수요일 휴관, 12월29일~1월3일 휴관
- +81-92-291-0573
- 福岡市博多区築港本町14-1

후쿠오카 현립 미술관
| 미술관 | 福岡県立美術館

텐진 스자키 공원須崎公園 내에 있는 후쿠오카 현립 미술관은 '미美와 함께 즐기는 미술관'을 테마로 하여 후쿠오카와 관련 있는 작가들의 많은 작품을 상설 전시하고 있다. 70인치 대형 스크린으로 세계의 명화와 소장 작품을 감상할 수 있는 하이비전 갤러리와 미술 도서관, 공원을 바라보며 차를 마실 수 있는 카페도 있다. (상설 전시 무료, 기획전 유료)

- 지하철 텐진天神역과 연결된 텐진지하가동1b 출구에서 도보 13분
- 10:00~18:00(미술 도서관은 09:00~17:30), 월요일 휴무(공휴일인 경우 다음 날 휴무), 연말연시 휴무
- +81-92-715-3551
- 福岡市中央区天神5-2-1
- @ fukuoka-kenbi.jp

나미하노유
| 온천 | 波葉の湯

베이사이드 플레이스 하카타에 있는 나미하노유는 노천 온천탕을 비롯해 암반욕장, 사우나, 전세 온천탕, 휴게실, 레스토랑을 갖추고 있는 온천 시설이다. 지하 800m에서 솟아나는 천연 온천에서 일본의 목욕 문화를 체험하고 여행에 지친 심신을 쉬어 갈 수 있다. 인원이 많은 단체 방문객은 입장이 제한되기 때문에 조용하고 프라이빗하게 쉬고 싶은 개별 여행객에게 추천하는 곳이다.

- 베이사이드 플레이스 하카타 부지 내에 위치
- 10:00~23:00(암반욕은 22:30까지) 비정기 휴무
- 입욕료 성인(중학생 이상) 950엔(토, 일요일 및 공휴일 1050엔), 어린이(3세 이상) 500엔
  암반욕(입욕료 포함) 성인(중학생 이상) 1600엔(토, 일요일 및 공휴일 1700엔), 어린이(3세 이상) 1000엔
- +81-92-271-4126

Area / 베이사이드

마린 월드 우미노 나카미치
| 수족관 | マリンワールド海の中道

다양한 해양생물을 볼 수 있는 수족관으로 후쿠오카 최대 규모를 자랑한다. 탁 트인 바다를 배경으로 펼쳐지는 돌고래 & 물개쇼, 해달의 식사 시간, 펭귄 타음 등 쇼 등이 종일 다채로운 쇼를 관람할 수 있다. 수족관 입구에 있는 오늘의 공연 스케줄을 확인 후 관람 노선을 정하는 것이 좋다. 공연 스케줄은 홈페이지에서도 미리 확인할 수 있다.

- JR하카타역에서 JR카고시마 본선JR鹿児島本線 이용, 카기이香椎역까지 이동, JR카시이선JR香椎線으로 환승, 우미노 나카미치海ノ中道역 하차(52분, 480엔), 도보 5분
  텐진 중앙우체국 앞天神中央郵便局前에서 니시테츠 버스 21A 이용, 마린 월드 우미노나카미치マリンワールド海の中道 하차(약 35분, 600엔), 도보 3분
- 3~11월 09:30~17:30, 12~2월 10:00~17:00, 2월 첫번째 월~화요일 휴관
- ☎ +81-92-741-2746
- ¥ 성인 2500엔, 초중생생 1200엔, 유아(3세이상) 700엔
- @ marine-world.jp/ko/
- ☎ +81-92-603-0400
- 🏠 福岡市東区大字西戸崎18-28

우미노 나카미치 해변공원
| 해변공원 | 海の中道海浜公園

하카타에서 1시간 내로 갈 수 있는 해변공원으로 공원 내에 다양한 시설을 갖추고 있어 여가를 즐기려는 일본인들의 발길이 끊이지 않는 곳이다. 여름에는 해수욕을 즐길 수 있고, 일년 내내 항상 다양한 꽃을 볼 수 있다. 수족관, 직접 동물을 만져볼 수 있는 동물원, 놀이공원, 수영장, 캠핑장, 바비큐장, 산책로 등이 잘 조성되어 있다. 공원 내에 The Luigans Spa & Resort, INN THE PARK Fukuoka 등의 몇몇 호텔이 있으며, 호텔 숙박객은 공원이 문을 닫은 후에도 공원 입장이 허가된다.
주차장, 자전거 렌탈, 자동판매기는 신용카드 및 현금 결제가 안되며, IC CARD(일본 교통카드)로만 결제 가능하다.

- JR하카타역에서 JR카고시마 본선JR鹿児島本線 이용, 카기이香椎역까지 이동, JR카시이선JR香椎線으로 환승, 우미노 나카미치海ノ中道역 하차(52분, 480엔), 도보 1분 텐진 중앙우체국 앞天神中央郵便局前에서 니시테츠 버스 21A 이용, 마린월드 우미노나카미치マリンワールド海の中道 하차(약 35분, 600엔), 도보 3분
- 3~10월 09:30~17:30, 11~2월 09:30~17:00, 12월 31일~1월 1일, 2월 첫번째 월~화요일 휴원
  날씨에 따른 임시 휴원일 있음
- ¥ 성인(15세 이상) 450엔, 14세 이하 무료
- @ uminaka-park.jp/
- ☎ +81-92-603-1111
- 🏠 福岡市東区大字西戸崎18-2

Area / 베이사이드

나가하마 수산시장
| 수산시장 | 長浜鮮魚市場

우리나라 노량진 수산시장 같은 곳으로, 연간 300여 종의 어종을 취급한다. 1층에는 수산시장에서 바로 공수해온 신선한 재료만을 사용하는 스시집 등이 있다. 이곳에서는 도매만 취급하기 때문에 해산물을 소매로 직접 구입할 수는 없다. 단, 한 달에 한 번 일반인들에게도 오픈하는 시민 감사 데이가 있는데, 이날에는 참치 해체쇼와 물고기 잡기 체험 교실 같은 이벤트도 열린다. 시민 감사 데이는 홈페이지 이벤트 정보에서 확인할 수 있다(nagahamafish.jp/).
어떤 곳인지 내용만 설명하면 되는데
해산물과 수산물 판매하는 어시장으로, 참치 절단 쇼를 볼 수 있는 곳

- 지하철 공항선 아카사카赤坂역에서 도보 12분, 하카타 버스터미널 1츠 4번 승강장에서 68번 버스 이용. 나가하마 니초메長浜2丁目 버스정류장 하차, 도보 4분
- 08:00~16:30, 일요일 및 공휴일 휴무
- +81-92-711-6414
- 福岡市中央区長浜3-11-3

후쿠오카 추천 호텔

LUXURY

그랜드 하얏트 후쿠오카
Grand Hyatt Fukuoka
복합 쇼핑몰 캐널시티 하카타와 바로 연결되어 있는 호텔로, 텐진과 하카타에서 모두 가까워서 관광과 쇼핑이 편리하다. 스파와 피트니스 센터, 실내 수영장 등이 있다.
- ☎ +81-92-282-1234
- ¥ 3만 5090엔부터(그랜드 퀸, 조식 포함)
- @ www.hyatt.com/ko-KR/hotel/japan/grand-hyatt-fukuoka/fukgh

위드 더 스타일 후쿠오카
With The Style Fukuoka
후쿠오카 도심에 위치한 감각적인 디자인의 리조트 호텔. 16개의 객실은 각기 다른 콘셉트의 인테리어로 꾸며져 있다. 시원한 풀과 바, 옥상의 온천 자쿠지 등 부대시설도 잘 갖추어져 있다.
- ☎ +81-92-433-3900
- ¥ 4만 9500엔부터(더블 퀸, 조식 포함)
- @ www.withthestyle.com/

아고라 후쿠오카 야마노우에 호텔 & 스파
Agora Fukuoka Hilltop Hotel & Spa
하카타 근교에 자리한 료칸형 호텔. 품격 있는 서비스와 고급스러운 식사 및 레스토랑이 인상적이다. 전망이 일품인 피트니스 센터, 천연 온천수 대욕장 등이 있다.
- ☎ +81-92-771-2131
- ¥ 3만 1400엔부터(더블, 조식 포함)
- @ agorafukuoka-hilltop.com/korea

DELUXE

더 베이직스 후쿠오카
THE BASICS FUKUOKA
JR하카타역에서 도보 7분 거리에 위치한 호텔로, Library에서 모티브를 얻어 'Chapter', 'Episode', 'Story'로 크게 구분한 총 238개의 객실이 있다. 레스토랑, 피트니스 룸 등의 편의시설도 있다.
- ☎ +81-92-412-1234
- ¥ 2만 400엔부터(스탠더드룸, 조식 포함)
- @ www.thebasics.jp/fukuoka/

호텔 닛코 후쿠오카
Hotel Nikko Fukuoka
닛코 호텔의 명성에 어울리는 세심한 서비스를 제공하며, 모던한 객실과 다양한 부대시설을 갖추고 있다. 하카타역 건너편에 위치한다.
- ☎ +81-92-482-1111
- ¥ 3만 8200엔부터(트윈, 조식 포함)
- @ www.hotelnikko-fukuoka.com/ko

미야코 호텔 하카타
MIYAKO HOTEL HAKATA
JR하카타역 치쿠시 출구에서 도보 1분으로 편리한 위치 조건을 자랑한다. 스탠더드 객실인 디럭스 룸도 객실 크기가 30m² 이상, 베드 크기가 200cm일 정도로 여유로운 공간에서 숙박할 수 있다. 뿐만 아니라, 건물 최상층에는 온천 스파시설이 있어 온천 수영장, 월풀욕조, 족욕탕 그리고 실내탕도 구비되어 있다(유료).
- ☎ +81-92-441-3111
- ¥ 3만 7440엔부터(디럭스 더블, 조식포함)
- @ www.miyakohotels.ne.jp/hakata/

더 블라썸 하카타 프리미어
THE BLOSSOM HAKATA Premier
하카타에서 평이 좋기로 유명한 블라썸 계열의 프리미어급 호텔로 하카타역에서는 도보7분 그리고 후쿠오카 최대 쇼핑몰인 캐널시티까지는 도보 3분 거리에 있다. 숙박객은 무료로 이용할 수 있는 대욕장과 피트니스가 있으며, 1층에 인기 베이커리 카페 빵토 에스프레스토 하카타토가 있다.
- ☎ +81-92-431-8702
- ¥ 2만 9300엔부터(스탠더드룸, 조식 포함)
- @ www.jrk-hotels.co.jp/Hakata_premier/

STANDARD

JR 큐슈 호텔 블라섬 하카타 추오
JR Kyushu Hotel Blossom Hakata Chuo
하카타역에서 도보 2분 거리로 역에서 가까우며 오픈한 지 얼마 되지 않아 심플한 디자인의 객실과 깔끔한 시설로 인기를 누리는 호텔이다.
☎ +81-92-477-8739
¥ 2만 3620엔부터(스탠더드 더블, 조식 포함)
@ www.jrk-hotels.co.jp/Hakatachuo/ko/

로얄 파크 더 후쿠오카
Royal Park The Fukuoka
유러피언 스타일의 외관이 인상적인 호텔로 하카타역과 캐널시티 중간에 있다. 동급 호텔에 비해 여유로운 공간의 깔끔한 객실로 호평을 받고 있다.
☎ +81-92-414-1111
¥ 2만 5920엔부터(스탠더드 트윈, 조식 포함)
@ ww.royalparkhotels.co.jp/the/fukuoka/

미츠이 가든 호텔 후쿠오카 기온
Mitsui Garden Hotel Fukuoka Gion
2019년 6월에 오픈한 호텔로, JR하카타역에서는 도보 7분 그리고 지하철 기온역에선는 도보5분 거리에 위치하고 있다. 최상층인 13층에는 넓은 대욕장이 있으며(숙박객 무료), 전객실 금연룸으로 쾌적하게 숙박할 수 있다.
☎ +81+92-414-3131
¥ 2만 4130엔부터(스탠더드 더블, 조식포함)
@ www.gardenhotels.co.jp/fukuoka-gion/

BUDGET

서튼 호텔 하카타 시티
Sutton Hotel Hakata City
뉴욕 맨해튼의 고급 주택가인 Sutton Place를 그대로 재현한 호텔로 원목 마루와 목재 가구를 사용해 안정감과 함께 따슨한 분위기를 느낄 수 있다.
☎ +81-92-433-2305
¥ 1만 1600엔부터(스탠더드 더블, 조식 포함)
@ www.suttonhotel.co.jp/

도미인 프리미엄 하카타 캐널시티 마에
Dormmy Inn Premium Hakata Canal City Mae
캐널시티 바로 옆에 위치해서 쇼핑과 관광을 하기 편리하다. 도미인 프리미엄 체인으로 천연 온천 대욕장이 있으며, 매일 저녁에는 야식으로 쇼유 라멘이 제공된다.
☎ +81-92-272-5489
¥ 2만 4900엔부터(스탠더드 더블, 조식 포함)
@ www.hotespa.net/hotels/hakatacanal

캐널시티 후쿠오카 워싱턴 호텔
Canal City Fukuoka Washington Hotel
캐널시티 내에 위치한 스탠더드 호텔로 합리적인 가격에 최고 위치에 숙박할 수 있어 인기이다.
☎ +81-92-282-8800
¥ 1만 5860엔부터(세미 더블, 조식 포함)
@ fukuoka.washington-hotels.jp/kr

호텔 몬트레이 라스루 후쿠오카
Hotel Monterey Lasoeur Fukuoka
텐진에 위치한 호텔로 우아한 외관과 유럽풍의 아늑한 객실로 여성들에게 특히 인기이다. 호텔 주변에 야타이포장마차가 길게 늘어서 있어 가볍게 한잔 즐기기에도 좋다.
☎ +81-92-726-7111
¥ 2만 3438엔부터(세미 더블, 조식 포함)
@ www.hotelmonterey.co.jp/kr/lasoeur_fukuoka

AROUND FUKUOKA

노코노시마

能古島

Around Fukuoka

후쿠 하카타 만 바다 위에 떠 있는 아담한 크기의 섬 노코노시마는 후쿠오카 메이노하마 선착장에서 페리로 40분이면 이동할 수 있다. 사계절 각기 다른 꽃들이 예쁘게 피고 곳곳에 탁 트인 바다를 감상할 수 있는 절경 포인트들이 있어, 도시의 번잡함에서 벗어나 자연 속에서 쉬어 갈 수 있는 곳이다.

노코노시마 찾아가기

- 하카타 버스 터미널博多バスターミナル 1층 5번 승강장에서 니시테츠西鉄 버스 312번 탑승, 노코토센바能古渡船場 하차 또는 JR 하카타역 하카타 출구 앞 버스 정류장의 A 승강장博多駅前A에서 니시테츠 버스 301번, 302번 버스 탑승, 노코토센바 하차 (약 40분 소요, 440엔)
- 노코토센바 버스 정류장에 하차해 바로 맞은편에 있는 메이노하마토센바(姪浜渡船場, 메이노하마 선착장)에서 페리를 이용해 노코노시마토센바(能古島 渡船場, 노코노시마 선착장)로 이동 (약 10분 소요, 성인 편도 230엔, 어린이 편도 120엔)
- 페리 티켓은 자동판매기에서 구매 가능

Travel Tip 노코노시마 여행 팁

1 | 노코노시마 아일랜드 파크에서 피크닉 즐기기
노코노시마 아일랜드 파크에서는 넓은 잔디밭이나 나무 그늘 아래에서 도시락이나 간단한 스낵을 가지고 와서 피크닉을 즐길 수 있다.

2 | 마리노시티 아웃렛 방문하기
노코노시마행 페리 탑승장인 메이노하마 선착장에서 멀지 않은 곳에 후쿠오카의 대표 아웃렛인 마리노시티가 자리하고 있다. 노코노시마 방문 후에 들러 여유 있게 쇼핑을 해보자.

TRAVEL SPOT
노코노시마

노코노시마 아일랜드 파크
| 공원 | のこのしまアイランドパーク

노코노시마 섬 북부에 있는 노코노시마 아일랜드 파크는 약 15만 ㎡의 거대한 자연공원으로 봄에는 유채꽃과 벚꽃, 여름에는 수국과 해바라기, 가을에는 코스모스 등 계절에 따라 피는 색색의 꽃들과 하카타 만의 바다가 어우러져 환상적인 풍경을 만들어낸다. 공원 내에는 식사를 할 수 있는 레스토랑과 카페, 바비큐 하우스, 캠핑장이 있으며 기념품을 판매하는 매점도 있다.

- 📍 노코노시마 선착장 앞 버스 정류장 토센바마에渡船場前에서 니시테츠 버스 아일랜드 파크행アイランドパーク行き 이용, 아일랜드 파크アイランドパーク 하차 (13분, 240엔)
- 🕐 평일 09:00~17:30(일요일 및 공휴일~ 18:30), 연중무휴
- ¥ 성인 1200엔, 초등학생 및 중학생 600엔, 3세 이상 유아 400엔

노코버거
| 햄버거 | のこバーガー

노코노시마 선착장 옆의 노코노시장 안에 있는 작은 햄버거 집이다. 아일랜드 파크에서 수확한 양파, 큐슈산 와규를 사용한 패티, 후쿠오카 노포 빵집에서 공수한 빵을 사용, 심플하지만 상당히 괜찮은 햄버거를 맛 볼 수 있다. 섬 이름을 딴 노코버거(のこバーガー 680엔), 쥬스와 세트는 900엔.

- 📍 노코노시마 노코노시장 내
- 🕐 09:30~17:00(계절에 따라 변동), 12월~2월은 날씨 좋은 토요일만 오픈
- ☎ +81-92-891-5300
- 🏠 福岡県福岡市西区能古457-1のこ市内

154

아이노시마

相島 ——————————————————————— **Around Fukuoka**

2013년 미국 CNN.com이 선정한 '세계 6대 고양이 스폿'으로 꼽힌 고양이의 낙원 아이노시마. 500명의 주민과 100여 마리의 고양이가 사이좋게 살고 있는 섬으로 최근 애묘인과 이색 여행지를 찾는 관광객이 많다. 바다에 면한 길을 따라 하이킹을 하기에도 좋으며 3~4시간 정도면 섬을 한 바퀴 둘러볼 수 있다.

아이노시마 찾아가기

- 후쿠오카 시내에서 니시테츠신구西鉄新宮역 또는 JR훗코우다이마에福工大 前역으로 이동 후 커뮤니티 버스コミュニティバス「マリンクス」를 이용해 아이노시마 선착장相島渡船場 정류장에서 하차, 신구항新宮漁港으로 이동한다. (커뮤니티 버스 편도 100엔, 니시테츠신구역에서는 12분, JR훗코우다이마에역에서는 10분 소요)
- 후쿠오카 신구항新宮漁港에서 아이노시마까지는 페리로 약 20분(성인 편도 480엔, 어린이 편도 240엔) 소요되며 페리는 1일 5편 운항되고 있다. 편수가 많지 않으니 배 시간을 미리 확인해두자.

Travel Tip 아이노시마 여행 팁

- 섬 내에는 식사를 할 곳이 거의 없으니 유의하자.
- 주민이 거주하고 있는 사유지에는 함부로 들어가지 않도록 하자.
- 편의점에서 구매할 수 있는 고양이용 사료나 간식을 준비해 가는 것도 좋다. 단, 너무 많은 고양이들이 몰려들 수 있으니 조심해야 한다.

相島 아이노시마

아이노시마
相島

아이노시마 초등학교
相島小学校

아이노시마 선착장 대합실
相島渡船待合所

선착장
渡船場

페리로 20분 소요

신구항
新宮漁港

아이노시마 선착장
相島渡船場

커뮤니티 버스로 12분

니시테츠신구역
西鉄新宮駅

커뮤니티 버스로 10분

JR훗코우다이마에역
福工大前駅

156

· Special ·
난조인

난조인

| 사원 | 南蔵院 篠栗四国霊場 第一番札所

하카타에서 열차로 25분 정도 떨어진 거리에 있는 사원으로 세계 최대 규모의 청동 와불로 유명하다. 난조인에서 지속적으로 미얀마와 네팔의 어린이들에게 의약품, 문구 등을 보낸 것에 대한 답례로 미얀마 불교회로부터 부처, 아난, 목련 삼존자의 사리를 증정 받았고, 이에 이 사리를 모시기 위해 1995년 건립된 것이 바로 석가 열반상이다. 길이 41m, 높이 11m, 무게 300t로 세계 최대 청동 열반상이다. 와불 내부도 입장이 가능하며(500엔), 번잡하지 않은 경내는 천천히 둘러보기도 좋다. 딱히 관광할 곳이 마땅치 않은 후쿠오카에서 시간이 되면 한 번쯤 들러볼 만하다.

- JR하카타역에서 JR후쿠호쿠유타카선 쾌속JR福北ゆたか線快速 이용, 키토난조인마에城戸南蔵院前역에서 하차(25분, 380엔), 역에서 도보 3분
- 09:00~17:00
- +81-92-947-7195
- 福岡県糟屋郡篠栗町大字篠栗1035

다자이후

太宰府

Around Fukuoka

후쿠오카 시내에서 30분 정도 떨어진 다자이후는 1300년 전 외국의 사절과 상인들이 오고 가던 곳으로 오랜 역사적 문화유산이 도시 곳곳에 남아 있어 마치 시간 여행을 온 듯한 느낌이 든다. 역에서 나와 텐만구산도 거리를 따라 걸으면 수많은 참배객들이 방문하는 다자이후텐만구를 만날 수 있으며 중요 문화재들이 전시된 큐슈 국립박물관도 가깝다.

太宰府 다자이후

다자이후 찾아가기

버스 이용

- 하카타 버스 터미널博多バスターミナル에서 후쿠오카 공항을 거쳐 다자이후太宰府까지 바로 가는 니시테츠 다자이후라이너 버스太宰府ライナーバス 타비토旅人가 있으며, 편도 610엔으로 하카타에서 다자이후까지는 40분 소요된다. 좌석 예약은 따로 필요 없으며, 만석일 경우 다음 시간대를 이용해야 한다. 하카타 버스 터미널 1층 11번 탑승장에서 버스를 탄다.
니시테츠 버스 홈페이지 www.nishitetsu.jp/kr

지하철 이용

- 니시테츠후쿠오카(텐진)西鉄福岡天神역에서 니시테츠텐진오무타선西鉄天神大牟田線 탑승, 후츠카이치二日市역에서 니시테츠다자이후선西鉄太宰府線으로 환승, 다자이후太宰府역에서 하차하며 편도 420엔으로 총 30분 정도 소요된다.

Travel Tip 다자이후 여행 팁 •

1 | 다자이후와 야나가와를 함께 방문해보자
다자이후와 야나가와를 함께 가는 여행자를 위해 '다자이후·야나가와 관광 티켓(太宰府·柳川観光きっぷ, 성인 3340엔, 어린이 1680엔)'을 판매하고 있다. 다자이후는 3시간 정도면 돌아볼 수 있으므로 하루 시간을 내어 두 곳 모두 방문해보자.

2 | 다자이후 관광 열차 타비토旅人에 탑승해보자
텐진 니시테츠후쿠오카역에서 출발해 다자이후역까지 운행되는 타비토는 외관부터 내부 인테리어까지 다자이후의 분위기로 꾸민 관광 열차이다. 열차 내에는 다자이후 팸플릿, 특산품 등을 전시하고 있어 다양한 여행 정보도 얻을 수 있다. (가산 요금 없이 편도 420엔, 니시테츠후쿠오카역 출발은 매일 오전 9시 48분, 1편)

3 | 다자이후 여행 시 유용한 교통 패스
다자이후 산책 티켓太宰府散策きっぷ
　　니시테츠 열차 왕복 승차권 + 우메가에 모찌梅ヶ枝餅 3개 교환권 + 그 밖의 할인 쿠폰
　　성인 1000엔, 어린이 630엔

TRAVEL SPOT
다자이후

1 혼덴 문화재로 지정되어 있는 본전

1~3 다자이후텐만구   4 다자이후텐만구산도   5 카사노야

1 다자이후텐만구
| 신사 |

Dazaifu Tenmangu, 太宰府天満宮

학문의 신인 스가와라노 미치자네 공을 모시고 있는 곳으로 일본 전국에서 입시 합격과 학업 성취를 기원하는 사람들이 몰려들어 늘 붐빈다. 또한 일본에서도 손꼽히는 매화 명소로 알려진 곳으로 경내에는 약 200종, 6000여 그루의 하얀색과 붉은색 매화나무가 있어 1월 하순부터 3월 상순에 걸쳐 아름답게 꽃을 피운다. 다자이후 본전은 124년만의 대대적인 보수공사 중이며, 2026년에 완료 예정이다.

📍 니시테츠 다자이후太宰府역에서 도보 10분
🕐 06:30~19:00(12월-3월~18:30), 시즌에따라 변동

2 다자이후텐만구산도
| 거리 |

太宰府天満宮参道

다자이후텐만구로 이어지는 거리인 다자이후텐만구산도에는 디저트를 판매하는 찻집과 명물 과자, 토산품을 판매하는 상점들이 모여 있다. 특히 매화에서 유래되어 만든 떡 '우메가에 모찌梅ヶ枝餅'는 다자이후의 명물로 꼭 맛보도록 하자.

📍 니시테츠 다자이후太宰府역에서 도보 3분

3 카사노야
| 명물 과자 |

Kasanoya dazaifu, かさの家

다자이후의 명물 우에가에 모찌梅ヶ枝餅를 판매하는 가게로 언제나 긴 줄이 늘어서 있을 만큼 인기가 높은 곳이다. 찹쌀떡 안에 팥소를 넣은 우에가에 모찌는 막 구워냈을 때 바로 먹으면 더욱 고소하고 달콤하다. 팥죽과 디저트를 판매하는 찻집과 간단한 식사를 할 수 있는 레스토랑도 겸하고 있다.

📍 니시테츠 다자이후太宰府역에서 도보 4분, 다자이후텐만구산도 거리 내에 위치
🕐 09:00~18:00

TRAVEL SPOT
다자이후

6 다자이후 스타벅스 콘셉트스토어   7 큐슈 국립박물관   8~9 고묘젠지

4 다자이후 스타벅스 콘셉트스토어
| 커피 |

**Starbucks Coffee Dazaifu Tenmangu,
スターバックス コーヒー 太宰府天満宮表参道店**

세계적인 건축가 쿠마 켄고가 설계한 곳으로 목조 구조의 조형물들이 외관부터 내부의 벽면과 천장을 덮고 있는 독특한 인테리어로 눈길을 끈다. 후쿠오카 한정 텀블러도 판매하니 다자이후에서 기념품을 찾는다면 참고하자.

- 니시테츠 다자이후太宰府역에서 도보 4분, 다자이후텐만구산도 거리 내에 위치
- 08:00~20:00, 비정기 휴무

5 큐슈 국립박물관
| 박물관 |

Kyushu National Museum, 九州国立博物館

도쿄, 교토, 나라에 이어 설립된 일본 4대 국립박물관으로 다자이후텐만구 뒤쪽에 있다. 산맥을 이미지화한 곡선형 지붕과 2중 유리 구조의 외벽으로 된 아름다운 외관이 인상적이며 구석기시대부터 에도시대 후기까지 일본 문화의 형성에 대해 전시하는 역사박물관으로 국보와 중요 문화재들이 전시되어 있다.

- 니시테츠 다자이후太宰府역에서 도보 10분 / JR 후츠카이치二日市역에서 하차하여 택시로 15분
- 09:30~17:00(입관은 16:30까지), 월요일 휴무(휴일인 경우 다음 날 휴무)
- 성인 700엔, 대학생 350엔, 고등학생 이하와 18세 미만, 만 70세 이상 무료

6 고묘젠지
| 사찰 |

Komyozenji Temple Dazaifu, 光明禅寺

다자이후 시에 있는 사찰로 고케테라苔寺, 이끼의 절이라고 알려질 만큼 이끼로 아름답게 장식된 일본 정원이 있다. 특히 뒤뜰에서는 녹색 이끼를 땅으로, 흰 모래로 바다를 표현한 일적해정一滴海庭이라는 운치 있는 정원을 만날 수 있다. 후쿠오카의 대표 단풍 명소로 가을에는 사찰 전체가 단풍으로 붉게 물든다. 하지만 아쉽게도 경내에서는 사진촬영 금지이다.

- 니시테츠 다자이후太宰府역에서 도보 5분
- 08:00-17:00, 비정기 휴무
- 입장료 200엔

TRAVEL SPOT
다자이후

1. 도리이 鳥居
도리이는 신사의 입구에 있는 문으로 다자이후 텐만구의 본전에 이르기까지 총 3개의 도리이를 지나게 된다. 상점가(오모테산도)의 끝에 있는 대형 도리이, 아치형 다리인 다이코바시를 건너기 전에 있는 대형 도리이, 마지막으로 본전 입구인 로몬을 지나기 전에 있는 도리이. 도리이를 하나씩 지날 때마다 경내에 한 발씩 더 가까워진다.

2. 신규(황소 동상) 御神牛
다자이후 경내에는 총 11개의 신규(황소동상)이 있다. 이중 신사로 들어가는 입구에는 가장 큰 크기의 청동 황소 동상이 있다. 황소의 머리를 쓰다듬으면 머리가 좋아진다고 하여, 학업의 신을 모신 신사답게 참배객들이 너나 할 것 없이 머리를 쓰다듬어 머리가 반질반질하다.

3. 다이코바시와 신지이케 太鼓橋・心字池
한자로 마음 심心자 모양의 연못을 건너려면 3개의 다리를 지나야 한다. 처음과 마지막 다리는 아치형으로 다리 정상에서는 본전으로 향하는 2층 누각의 로몬이 한 눈에 들어오지만, 가운데 다리는 평평하여 앞이 아무것도 보이지 않는다. 각각의 다리는 과거, 현재, 미래를 의미하며, 다리를 건너며 마음을 정화하라는 의미가 있다. 붉은 색 아치형 다리가 수면에 비치는 모습이 아름다워 인기 촬영 스폿이기도 하다.

4. 기린 동상 麒麟像・鷽像
1800년 대 기증된 기린 청동상이다. 길조를 상징하는 전설 속 신수답게 수많은 사람들이 쓰다듬어 부분부분 반짝반짝 광택이 난다.

5. 로몬 樓門
본전에 들어가기 전의 입구인 2층 누각으로 위풍당당한 화려한 외관이 눈길을 끈다. 처음 지어진 이래 몇 차례 소실되었다가 1914년 다시 지어진 것이 지금까지 잘 보존되고 있다.

6. 고마이누(해태) 狛犬
고마이누(해태)는 재앙으로부터 신사를 지키는 신화 속 동물로, 신사 내에 네 쌍이 있다. 오른 편에서 입을 벌리고 있는 것이 수컷이고, 왼편에서 입을 닫고 있는 것이 암컷. 본전으로 가는 길가에 줄지어 있는 해태 중에 하얀 대리석 몸과 까만 눈을 가진 해태가 본전을 지키는 해태이다.

7. 토비우메(날아온 매화) 飛梅
본전 오른쪽에 있는 매화나무는 토비우메(날아온 매화)라 불리는 다자이후 텐만구 안에서 제일 유명한 매화나무다. 이 매화나무에 관한 재미있는 전설이 있는데, 다자이후 텐만구에 모셔져 있는 스가와라노 미치자네 공이 교토에서 다자이후로 유배 오기 전, 평소 좋아하던 매화나무에게 '동풍이 불거든 향기를 보내다오, 주인이 떠나더라도 봄을 잊지마라'는 시를 바쳤다고 한다. 이에 매화나무는 스스로 뿌리를 뽑아 주인을 따라 교토에서 다자이후까지 날아왔다고 한다.

8. 본전 御本殿 (보수공사중)
스가와라노 미치자네 공의 무덤 위에 세워진 다자이후 텐만구의 중심으로 텐진 신을 모시고 있는 곳이다. 지금의 건축물은 10세기에 지어졌던 본전의 소실 후 1591년에 재건된 것으로 국가 중요문화재로 지정되어 있다. 경사가 큰 처마, 화려한 색상, 섬세한 조각이 인상적이다.

* 본전은 2023년 5월부터 보수공사 중이며, 기간은 3년 예정이다.

9. 보물전(다자이후 텐만구 박물관) 宝物殿
스가와라노 미치자네공이 승하한 지 1025년째 되는 해의 대제전 기념사업으로 1928년에 개관한 박물관이다. 1953년에는 후쿠오카현 제1호 박물관으로 등록되었고, 이듬해에 별관으로 스가코 역사관을 개관했다. 현재의 건물은 1992년에 전면 개축하여 개관한 것으로, 지하에 문화연구소, 1층에 3개의 전시실, 2층에 수장고를 갖추고 있다. 전시관에는 스가와라노 미치자네 공이 지은 시의 원본들과 그가 소장했던 검, 중국의 중요한 역사적 문서의 일부 필사 등 국보로 지정된 문화 유물들이 진열되어 있다. 별도의 입장료 500엔이 필요하다.

10. 창포 연못 菖蒲池
매년 6월 약 55종, 3만 그루의 창포꽃이 일제히 개화하는 연못이다. 흰색, 연보라색, 보라색 꽃창포가 일제히 피어나는 아름다운 풍경에 꽃이 필 무렵에는 특히 더 많은 이들이 이곳을 찾는다.

Around Fukuoka

야나가와
柳川

후쿠오카현 남부에 위치한 야나가와 시는 멋진 전경의 수로가 들어선 물의 도시로, 후쿠오카 시 텐진에서 전철로 약 50분 거리에 있다. 수로를 따라 배를 타고 경치를 즐기는 야나가와 뱃놀이를 체험할 수 있고 천연 장어의 명산지로도 널리 알려져 있어 맛있는 장어덮밥도 맛볼 수 있다.

야나가와 찾아가기

니시테츠후쿠오카(텐진)西鉄福岡天神역에서 특급 니시테츠텐진오무타선西鉄天神大牟田線을 이용해 니시테츠야나가와西鉄柳川역 하차 (51분 소요, 870엔)

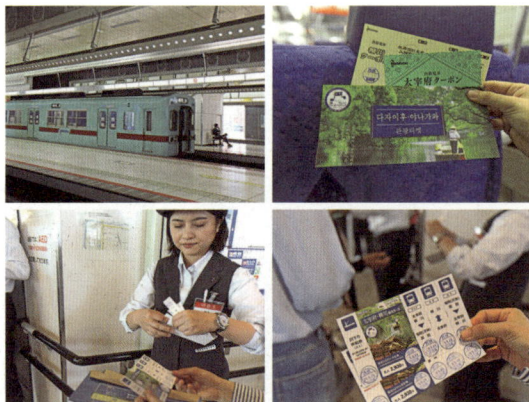

柳川 야나가와

Travel Tip 야나가와 여행 팁 •

1 │ 뱃놀이 승선권과 다자이후 왕복권이 포함된 티켓을 이용해보자
다자이후와 야나가와를 함께 가는 여행자를 위해 니시테츠 '다자이후 야나가와 관광 티켓(太宰府・柳川観光きっぷ, 성인 3340엔, 어린이 1680엔)'을 판매하고 있다. 승차 역 ⇄ 다자이후역 ⇄ 야나가와역 간의 니시테츠 왕복 승차권과 야나가와 뱃놀이 승선권, 다자이후와 야나가와의 주요 관광지 입장료 할인 쿠폰이 포함되어 있다. 야나가와와 다자이후 모두 반나절 정도면 돌아볼 수 있으므로 하루 시간을 내어 함께 방문해보자.

2 │ 야나가와 뱃놀이는 여러 회사가 운영 중
야나가와 뱃놀이(카와쿠다리)는 여러 회사가 운영 중이다. 회사마다 승선장과 가격, 포함 내역이 다르니 미리 확인 후 예약하여 이용해보자. (회사 리스트는 야나가와시관광협회 홈페이지 www.yanagawa-net.com 참고)

3 │ 5~8월의 여름 뱃놀이에서 주의할 점
야나가와 뱃놀이는 야외에서 이루어지기 때문에 무더운 여름 시즌에는 햇빛을 가릴 수 있는 얇은 긴소매 옷, 모자, 선글라스 등을 준비하는 것이 좋다.

TRAVEL SPOT
야나가와

야나가와 카와쿠다리
[체험]
Yanagawa River Cruising, 柳川 川下り

'돈코부네どんこ舟'라고 불리는 작은 배를 타고 야나가와 성 주변에 만든 인공 수로를 따라 내려가며 주변의 경치를 즐기는 뱃놀이, 야나가와 카와쿠다리柳川川下り는 야나가와에서 꼭 경험해봐야 할 투어이다. 뱃사공은 야나가와의 역사를 이야기해주기도 하고 노래를 불러주며 흥을 돋운다. 수로 주변으로 사계절 피는 예쁜 꽃과 수면 위로 늘어진 버드나무, 고즈넉하면서 운치 있는 마을을 감상하면서 여유를 만끽해보자.

* 배는 편도로만 운항하며 하선 후에는 노선버스나 택시를 이용해야 한다. 야나가와관광개발주식회사에서는 배가 내리는 곳 근처에서 니시테츠야나가와역으로 돌아오는 무료 셔틀버스를 운행한다. 11:00~16:00(휴일은 17:00까지) 20~30분 간격으로 운행. (택시 이용 시 1200엔~)

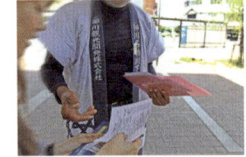
1 니시테츠야나가와역에서 나와 직원에게 티켓 제시, 승선 접수

2 역앞의 무료 셔틀버스를 타고 배 선착장으로 이동 (도보 이동 시 7분 소요)

3 버스에서 내려 빨간 다리를 건너면 선착장 도착

4 햇볕이 강한 여름에는 100엔을 내고 밀짚모자를 대여해 배에 탑승

5 뱃놀이 중간에 수상 가게에서 아이스크림 등 간식 사 먹기

6 70분간의 뱃놀이 후 오하나 등 야나가와 시내 관광하기

간소 모토요시야 본점 | 장어 | 元祖本吉屋本店

330년이 넘는 긴 역사를 지닌 야나가와의 대표 장어 요리 전문점. 밥 위에 막 구워낸 장어와 달걀부침을 고명으로 올린 뒤 나무 찜통에서 한 번 더 증기로 찐 부드러운 장어덮밥 세이로무시(せいろ蒸し, 4800엔)가 대표 메뉴이다.

- 니시테츠야나가와西鉄柳川역에서 도보 15분
- 10:30~20:00, 월요일 휴무

TRAVEL SPOT
야나가와

야나가와 영주 타치바나 저택 오하나
| 정원 / 명승지 | 柳川藩主立花邸 御花

에도시대부터 야나가와의 영주 타치바나 가문의 저택으로 사용되었던 '오하나御花'는 23만 ㎡의 부지 전체가 국가 명승지로 지정되어 있다. 부지 안에는 약 280그루의 소나무로 둘러싸인 멋진 연못 정원인 쇼토엔松濤園, 타치바나가의 역사를 말해주는 자료들이 전시된 타치바나가 사료관, 야나가와 명물 장어찜 요리와 가이세키를 맛볼 수 있는 레스토랑도 있다.

- 야나가와 카와쿠다리(柳川 川下리, 뱃놀이)의 종점에서 바로 / 니시테츠야나가와西鉄柳川역에서 택시로 10분
- 10:00~16:00
- 성인 1000엔, 고등학생 500엔, 초등학생 및 중학생 400엔

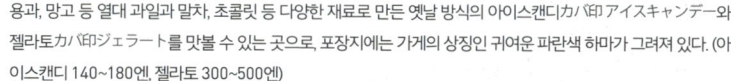

카바시마효우카 | 아이스캔디 | 椛島氷菓

용과, 망고 등 열대 과일과 말차, 초콜릿 등 다양한 재료로 만든 옛날 방식의 아이스캔디カバ印アイスキャンデー와 젤라토カバ印ジェラート를 맛볼 수 있는 곳으로, 포장지에는 가게의 상징인 귀여운 파란색 하마가 그려져 있다. (아이스캔디 140~180엔, 젤라토 300~500엔)

- 야나가와 영주 타치바나 저택 오하나에서 도보 15분, 니시테츠야나가와西鉄柳川역에서 택시로 10분
- 11:00~16:00, 수요일 휴무

야나가와 카라타치 문인 족욕장
| 족욕탕 | 柳川からたち文人の足湯

야나가와에서 용출된 천연 온천을 이용한 무료 족욕탕으로 야나가와 출신의 유명 시인인 기타하라 하쿠슈를 비롯한 7인의 문인들 사진이나 작품이 벽면에 소개되어 있다. 여행 중 잠시 앉아 족욕을 하며 지친 발을 쉬어가기에 더없이 좋다.

- 야나가와 영주 타치바나 저택 오하나에서 도보 7분 / 니시테츠야나가와西鉄柳川역에서 택시로 10분
- 11:00~15:00, 비정기 휴무

모지코
門司港

Around Fukuoka

1889년 개항 이래 국제무역항으로서 수많은 외항 여객선이 오고 갔던 모지코는 이국적인 분위기가 물씬 풍기는 곳이다. 국가 중요 문화재로 지정된 네오 르네상스 양식의 건축물인 모지코역을 시작으로 메이지, 다이쇼 시대에 지어진 건물들과 상업 시설이 모여 있는 모지코 레트로 지구門司港レトロ地區의 빈티지한 풍경은 아날로그의 향수를 자극한다.

門司港 모지코

모지코 찾아가기

- JR하카타博多역에서 JR가고시마본선鹿児島本線, 모지코門司港행 탑승 후 모지코 하차 (약 97분 소요, 1500엔)
  또는 JR하카타博多역에서 JR특급 소닉 J R 特急ソニック, 오이타大分 행 탑승 후 고쿠라역 하차 (45분 소요), JR가고시마본선 모지코門司港행으로 환승해 모지코 하차 (약 15분 소요, 2100엔)

- **기타큐슈 공항**北九州空港**에서 이동 시** 기타큐슈에어포트 버스北九州エアポートバス인 고쿠라역논스톱 버스小倉駅ノンストップバス를 이용해 JR고쿠라에키 신칸센구치JR小倉駅新幹線口에서 하차 (33분 소요, 710엔)

- 하카타에서 모지코까지 환승 없이 이동하는 쾌속 또는 보통 열차는 시간대별로 1~2대 정도 운행되고 있다.

- JR큐슈레일패스인 '북큐슈레일패스' 또는 '전큐슈레일패스'로 하카타~고쿠라 구간도 이용할 수 있다.

Travel Tip 모지코 여행 팁

1 | 모지코 바나나 동상은 대표 사진 스폿!
일본에 카레와 바나나를 처음으로 들여온 항구인 모지코! 해협플라자 앞에는 바나나를 뒤집어쓰고 있는 재미있는 표정의 남자 동상이 있어 관광객의 발길을 사로잡는다. 검은색과 노란색의 바나나 동상 사이에서 포즈를 잡고 기념사진을 남겨보자.

2 | 모지코의 명물 야키 카레 맛보기
밥 위에 카레와 치즈, 달걀을 올리고 오븐으로 구워 향과 맛이 뛰어난 야키 카레(焼きカレー, 구운 카레)는 모지코의 명물 요리로 도시 곳곳의 가게에서 다양한 야키 카레를 판매하고 있다. 모지코 여행을 간다면 야키 카레를 꼭 먹어볼 것!

TRAVEL SPOT
모지코

1 큐슈 철도 기념관
| 박물관 | 九州鉄道記念館

1891년 메이지 시대에 지어진 구 큐슈 철도 본사의 붉은 벽돌 건물을 리모델링한 큐슈 철도 기념관은 철도의 역사를 한눈에 볼 수 있는 곳으로 철도에 관심이 많다면 방문해볼 만하다. 열차의 실물 모형부터 유니폼, 헤드 마크와 티켓 등 철도의 역사를 담은 다양한 전시물이 있는 본관, 큐슈에서 실제로 사용되었던 9대의 열차가 야외에 늘어서 있는 차량 전시장, 미니 열차를 타고 직접 운전 체험을 할 수 있는 미니 철도 공원으로 구성되어 있다.
- JR모지코門司港역에서 도보 3분
- 09:00~17:00, 비정기 휴무
- 성인 300엔, 중학생 이하 150엔, 4세 미만 무료, 미니 열차 1대 1회(3명까지 승차 가능) 300엔
- @ www.k-rhm.jp/

4 블루윙 모지 | 다리 | ブルーウィングもじ

일본에서 규모가 가장 큰 보행자 전용 가동식 다리로 하루에 6회, 일정 시간에 맞춰 다리를 들어 올려 배가 지나다닐 수 있게 했다. 다리가 내려갔을 때 처음 건너가는 커플은 그 인연이 평생 이어진다고 하여 '연인들의 성지恋人の聖地'로도 불린다. 밤에는 다리를 따라 조명이 켜져 낭만적인 풍경이 펼쳐진다.
- JR모지코門司港역에서 도보 3분
- 다리가 올라가는 시간(20분 후에 내려감) 10:00, 11:00, 13:00, 14:00, 15:00, 16:00

3 구 오사카상선
| 건축물 | 旧大阪商船

팔각형으로 된 첨탑과 오렌지색 타일 건물이 아름답게 조화를 이루는 서양식 건축물인 구 오사카상선은 선박회사인 오사카상선의 모지門司 지점으로 이용되던 곳이다. 과거 대합실과 사무실로 이용되던 공간은 현재 기타큐슈 지역 출신 작가들의 작품을 전시하는 모지코디자인하우스門司港デザインハウス와 기념품 숍, 카페로 운영되고 있다.
- JR모지코門司港역에서 도보 2분
- 09:00~17:00
- 와타세세이조 갤러리わたせせいぞうギャラリー만 유료(성인 150엔, 초·중학생 70엔)

5 모지코레트로 크루즈
| 체험 | 門司港レトロクルーズ

모지코레트로 지구의 부두에서 출발하는 미니 크루즈로 바다 위에서 간몬해협의 시원한 바다 경관과 아기자기한 모지코의 거리 풍경을 동시에 감상할 수 있다. 일몰 후부터 나이트 크루즈로도 운항한다. 크루즈 탑승 시간은 20분이며 부정기 운항한다.
- JR모지코門司港역에서 도보 3분
- 데이 크루즈 11:00~ (토요일은 10:00~), 나이트 크루즈 일몰 후부터
- 성인 1000엔, 어린이 500엔

2 구 모지 미츠이 클럽
| 문화재 | 旧門司三井倶楽部

국가 지정 중요 문화재이기도 한 구 모지 미츠이 클럽은 일본 종합상사 미츠이 물산에서 1921년 건축해 숙박 시설로 이용하던 건물로, 1922년에는 상대성 이론으로 널리 알려진 아인슈타인 부부가 숙박하기도 했다. '아인슈타인 메모리얼 룸', 모지코 출신 여성 작가 '하야시 후미코 기념실'이 있는 2층은 유료로 입장이 가능하다.
- JR모지코門司港역 바로 앞
- 09:00~17:00
- 2층만 유료(성인 150엔, 초·중학생 70엔)

6 프린세스 피피
| 카레 | プリンセスピピ門司港

모지코의 명물 야키 카레구운 카레를 먹을 수 있는 레스토랑이다. 야키 카레는 그라탱 스타일의 카레로 밥 위에 카레와 치즈를 얹고 오븐에 구운 것을 말한다. 카레 위의 토핑에 따라 다양한 종류가 있는데, 구운 야채, 명란젓, 와규, 치킨, 오징어 구이, 4종류의 치즈 등이 있다. 모지코는 일본 3대 개항지 중 하나로 바나나를 일본에 처음 들여온 곳으로 알려져 있다. 이에 프린세스 피피에서는 바나나 맥주를 판매한다. 끝에 살짝 바나나 맛이 도는 맥주로 카레와 곁들이기 좋다.
- JR모지코門司港역에서 도보 3분
- 월 11:00~15:00, 수~금 11:00~15:00, 17:00~21:00, 토·일 11:00~20:00, 화요일 휴무
- +81-93-321-0303
- 福岡県北九州市門司区西海岸1-4-7

TRAVEL SPOT
모지코

7 모지코레트로 전망대
| 전망 타워 | 門司港レトロ展望室

일본 유명 건축가 구로카와 기쇼가 설계한 고층 맨션 레트로하이마트レトロハイマート 31층에 자리한 모지코레트로 전망대로 103m 높이에서 모지코의 아름다운 거리 풍경과 간몬해협, 바다 건너 시모노세키까지 파노라마 전망으로 감상할 수 있다. 내부에는 음료와 디저트를 판매하는 카페도 있다.

- JR모지코門司港역에서 도보 8분
- 10:00~22:00
- 성인 300엔, 초·중학생 150엔

8 구 모지세관
| 건축물 | 旧門司税関

모지의 세관 청사로 사용되었던 빨간색 벽돌 건물로 네오 르네상스 양식과 현대적인 디자인이 절묘하게 조화를 이루고 있다. 1층에는 커다란 홀과 휴게실이 있으며 2층에는 갤러리, 간몬해협과 항구가 내려다보이는 전망대가 있다. 관내에 있는 Mooon de retro는 제철 과일로 만든 파르페가 유명한 카페로, 바다 전망의 테라스석이 준비되어 있다.

- JR모지코門司港역에서 도보 7분
- 09:00~17:00, 카페 Mooon de retro 11:00~17:00(비정기 휴무)

9 기타큐슈시 다롄우호기념관
| 건축물 | 北九州市大連友好記念館

국제항로의 연결로 교류가 활발했던 중국 다롄大連 시와의 우호 도시 체결 15주년을 기념하기 위해 다롄 시에 있는 철도 기선 회사의 건물을 그대로 복제 건축하여 국제 우호 기념 도서관이 설립되었다. 독특한 건축양식으로 만들어진 이국적인 외관이 인상적이며 1층은 중화요리 레스토랑, 2층은 누구나 자유롭게 이용할 수 있는 공간으로, 다롄시 소개 코너가 있다.

- JR모지코門司港역에서 도보 8분
- 09:00~17:00, 매주 월요일 휴무 (공휴일이면 다음 날 휴무)

Around Fukuoka

유후인

湯布院

작은 시골 마을이지만 유노츠보 거리를 따라 개성 있는 카페와 잡화점, 달콤한 스위츠 숍들이 눈길을 사로잡는 유명한 온천 지역이다. 산책하듯 천천히 여유롭게 거닐면서 군것질도 하고 마음에 드는 카페에서 잠시 쉬어갈 수 있는 편안한 여행을 즐겨보자. 가정집에서도 온천수를 쓸 수 있을 만큼 온천 용출량이 많은 것으로 유명한 온천 마을이니만큼 시간 여유가 있다면 온천 료칸에서의 하룻밤 숙박을 추천한다. 워낙 료칸이 많아서 가격이나 취향에 따라 선택의 폭이 넓다.

유후인 찾아가기

JR 이용 시

- JR하카타博多역에서 특급 유후特急ゆふ 또는 특급 유후인노모리特急ゆふいんの森 이용. (편도 자유석 4660엔, 지정석 5190엔, 약 2시간 10분 소요)
- **유후인노모리** | 일반 열차에 비해 높은 좌석과 큰 창으로 밖의 풍경을 즐기기에 좋은 관광 열차. 전 좌석 지정석으로 운행되므로 반드시 예약을 해야 한다. JR미도리노마도구치JRみどりの窓口에서 티켓을 구입할 수 있으며 JR큐슈레일패스 소지자라면 패스 교환 당일, 탑승을 원하는 날짜로 예약을 해두자.

• Tip
1 하카타에서 유후인까지의 직행열차는 하루에 총 5번 운행되며, 이 중 유후인노모리는 09:17, 10:11, 14:38에 하카타역에서 출발한다. (시즌에 따라 변동)
2 열차 예약 및 구매는 이용예정일 한 달전부터 가능하다. 주말, 성수기 시즌에는 미리 예약해 두는 것이 좋다. (예약 www.jrkyushu.co.jp/korean/)

고속버스 이용 시

- 하카타 버스 터미널, 텐진 버스 터미널, 후쿠오카 공항 국제선 터미널에서 고속버스 이용. (편도 3250엔, 공항에서 1시간 35분, 후쿠오카 시내에서 약 2시간 소요)
- 유후인까지의 고속버스는 전 좌석 지정석으로 미리 예약하는 것이 좋다.
- 하카타 버스 터미널 기준 첫차 08:48, 막차 16:48이며 매 시간 1~2의 버스가 운행된다.
- 버스 티켓은 이용예정일 한 달전부터 예약 및 구입 가능하다. 한국 발 후쿠오카 도착 비행기가 몰리는 오전 시간대의 버스는 미리 예약해두어야 한다. (예약 www.atbus-de.com/)

아루렛샤 ARU RESSHA 或る列車

시각과 미각을 모두 충족시킬 수 있는 품격 있는 열차로 드림 트레인으로 불린다. 후쿠오카~유후인 구간을 운행하는 동안, 멋진 인테리어의 열차 객실, 맛있는 코스 요리, 그리고 멋진 풍경을 함께 즐길 수 있다. 2량짜리 열차로 금, 토, 일요일만 운행하며 예약은 필수다. 편도 3만 2000엔~4만 4000엔. 열차는 10세 이상부터 이용할 수 있다. (예약 www.jrkyushu-aruressha.jp/reserve-info)

유후인 역
| 역 | 由布院駅

온천마을 유후인의 관문인 역으로, 오이타현 출신 건축가 이소자키 아라타磯崎新가 설계했다. 높이 12m의 시크한 외관은 유후인의 상징 유후다케를 표현한 것이라고 한다. 높은 천정과 여유로운 공간으로 쾌적한 느낌을 주는 역사 안에는 대합실이면서 아트 갤러리인 유후인역 아트홀이 있다. 이 공간에는 사진 전시회, 공예품 전시회 등 다양한 기획전이 열린다. 아트홀 안쪽으로 코인 로커도 있다. 또한 1층 플랫폼 안쪽으로 족욕탕이 있다. 역내 티켓창구みどりの窓口에서는 예약한 티켓 교환 혹은 당일 열차 티켓을 구입할 수 있다.

- 티켓창구みどりの窓口 07:00~19:00, 아트홀 09:00~18:00(무료)

유후인역 아시유
| 족욕탕 | 由布院駅足湯

유후인역 1번 플랫폼 안쪽에는 발 전용 온천인 족욕탕이 있다. 개찰구 밖 매표소에서 이용권을 구입하고 이용하면 된다(성인 200엔, 어린이 100엔). 공간이 넓지 않아서 이용객에 제한은 있으나, 유후인역 족욕탕의 매력은 바로 코앞에서 역으로 들어오는 열차를 볼 수 있다는 점. 참고로 유후인역 맞은편 기념품 상점 안쪽에는 무료 족욕탕이 있다. 근사한 풍경은 없지만 역 안의 족욕탕보다 여유로운 공간이며, 무료이다. 단, 수건은 본인이 준비해야 한다.

- 09:00~19:00
- 성인 200엔, 어린이 100엔(작은 타올 포함)

유후인 인포
| 인포메이션 | YUFUiNFO ゆふいんふぉ

유후인역 앞에 있는 관광정보 센터이다. 정식명칭은 유후 인포메이션 센터이지만 애칭인 유후인 인포로 많이 불린다. 외벽 전체가 통창으로 되어 있어 건물 내 어디서든 유후다케가 잘 보이도록 설계되었다. 1층에는 관광안내 카운터와 유후인 칫키ゆふいんチッキ가 있다. 유후인 칫키는 체크인 전 료칸까지 짐만 먼저 보낼 수 있는 서비스로 짐 크기에 따라 300~800엔에 이용할 수 있다. 이밖에도 코인 로커도 있다. 전망 데크가 있는 2층에는 유후인 관련 가이드북과 책이 있으며 자유롭게 이용할 수 있다. 일종의 도서관 같은 공간으로 음식이나 음료를 먹을 수 없다. 대부분의 유후인 료칸의 송영차량은 유후인 인포 앞에서 이용한다.

- JR유후인역 앞
- 09:00~17:30

유후인 여행 Tip •

유후인역 캐리 서비스 유후인칫키ゆふいんチッキ

유후인 료칸 숙박객을 위해 체크인 시간 전에 도착한 경우 가방을 료칸에 미리 보내놓는 서비스이다. 체크아웃 시 료칸에서 서비스를 신청하면 유후인역 앞의 유후인 칫키에서 가방을 받는 것도 가능하다. (숙박 료칸이 배송이 가능한지 여부는 미리 확인하도록 하자.)

- 유후인역 앞 유후인 인포 1층
- 09:00~17:00 (오후 3시 접수 마감)
- 캐리어 소 600엔, 중 700엔, 대 800엔

코인 로커

유후인역과 유후인 관광정보 센터, 그리고 버스 센터에 코인 로커가 있다. 관리하는 시설에 따라 이용시간과 요금이 조금씩 다르므로 짐 보관 전 확인하는 것이 좋다.

- 유후인역 아트 갤러리 안쪽, 유후인역 개찰구 밖, 유후인역 건너편 기념품숍 히노신日乃新 건물 안, 유후인 버스터미널 안, 유후인 관광정보 센터 안 등에 코인 로커가 있다.

코인 로커 빈 곳이 없을 경우에는 유후인칫키 서비스를 이용, 체크인 전 짐만 먼저 료칸에 보내놓을 수도 있다.

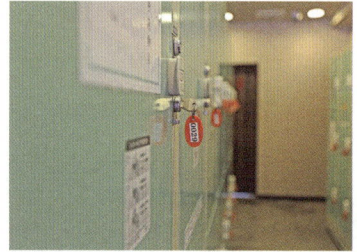

TRAVEL SPOT
유후인

1 비스피크
| 롤 케이크 | **B-SPEAK**

유후인을 대표하는 료칸 산소무라타에서 운영하는 롤 케이크 전문점으로 촉촉한 케이크와 달지 않은 생크림이 최고의 조합을 자랑한다. 플레인과 초콜릿 2가지 맛이 있으며 1롤은 1620엔이다. 방부제를 전혀 사용하지 않아 유통기한이 24시간이므로 구입한 당일 먹도록 하자.

📍 JR유후인由布院역에서 도보 6분
🕐 10:00~17:00, 비정기 휴무

2 타케오
| 일식당 | **takeo yufu, たけお**

아늑한 일본 가정집 같은 분위기의 작은 식당이다. 대표 메뉴는 따뜻한 밥 위에 소고기, 회, 달걀지단 등을 올린 타케오동(たきお丼, 1200엔)이며 방울토마토와 오이를 얇게 썰어 예술 작품처럼 올려놓은 소바샐러드(蕎麦サラダ, 750엔)도 맛있다. 식사 시간과 주말에는 대기하는 사람이 많으니 유의하자.

📍 JR유후인由布院역에서 도보 3분
🕐 11:30~14:30, 17:00~20:00, 월요일 휴무

3 니코 도넛
| 도넛 | **nico ドーナツ**

콩과 16종류의 잡곡 파우더로 만든 담백한 콩 도넛을 판매한다. 기름지지 않고 쫀득한 도넛은 아침에 먹어도 부담스럽지 않은 건강한 맛이다. 플레인을 비롯해 다양한 맛의 도넛이 있으며 한 입 크기의 베이비 도넛도 인기이다. 2층에는 카페 공간이 있어 커피와 도넛을 먹으며 쉬어 갈 수 있다.

📍 JR유후인由布院역에서 도보 3분
🕐 10:00~17:00(제품 소진 시 영업 종료), 연초 휴무

4 유노츠보 거리
| 상점가 | **湯の坪海道**

비스피크에서부터 긴린코까지 이어지는 상점 거리로 유후인의 대표적인 관광 명소이다. 유명한 디저트 집, 레스토랑 그리고 아기자기한 숍 등이 줄지어 늘어서 있다. 길거리 음식이 많으니 하나씩 맛보며 천천히 가게를 둘러보자.

📍 JR유후인由布院역에서 도보 7분
🕐 상점마다 다름

5 잼 공방 코토코토야
| 잼 전문점 | **シャム工房ことこと屋**

첨가물을 사용하지 않고 재료 본연의 맛을 살린 수제 잼을 파는 곳이다. 기본적인 딸기, 블루베리 등의 과일 잼부터 유자, 매실, 호박, 인삼 등 특이한 잼도 많다. 시식용 잼이 있어 맛을 보고 선택할 수 있어 좋다. 작은 병(125g) 650엔부터.

📍 JR유후인由布院역에서 도보 9분
🕐 10:00~18:00, 비정기 휴무

6 동구리노 모리
| 캐릭터 숍 | **どんぐりの森由布院店**

가게 입구의 커다란 토토로 인형이 눈길을 끄는 지브리 캐릭터 숍. 〈이웃집 토토로〉, 〈마녀 배달부 키키〉, 〈센과 치히로의 행방불명〉, 〈벼랑 위의 포뇨〉 그리고 최신작 〈아야와 마녀〉까지 사랑스러운 지브리 캐릭터 상품이 가득하다.

📍 JR유후인由布院역에서 도보 9분
🕐 10:00~17:00, 토~일요일 09:30~17:30, 비정기 휴무

7 유후인 플로랄 빌리지

| 관광명소 | 湯布院フローラルビレッジ

영화 해리포터 촬영지로 알려진 런던 근교 코츠월드 지방의 마을을 재현한 공간으로, 마치 동화책의 어느 한 장면이 튀어나와 있는 듯한 아기자기한 외관의 상점들이 가득 늘어서 있다. 포켓몬 숍, 무민, 앨리스, 디즈니의 프린세스, 토토로 등의 캐릭터 숍과 큐슈 최초의 알프스 소녀 하이디의 상설 매장도 있다. 유노츠보 거리에 있으므로 한 번쯤 둘러보는 것도 좋다. 귀여운 상점 곳곳을 구경하다 보면 마음에 드는 아이템이 눈에 들어올지도 모른다.

📍 JR유후인由布院역에서 도보 15분
🕐 09:30~17:30, 비정기 휴무

8 LINGON cookies & gallery

| 쿠키 & 잡화점 |

유노츠보 거리에 있는 쿠키 전문점. 좋은 버터를 듬뿍 써서 구워낸 25종류 이상의 맛있는 쿠키를 만나볼 수 있다. 1개 118엔부터 쿠키 숍 옆으로 갤러리 숍이 함께 있는데 귀여운 디자인의 노트, 에코백 같은 생활 잡화부터 작가의 감성 풍부한 아이템도 전시되어 있다.

📍 JR유후인由布院역에서 도보 15분
🕐 10:00~16:00, 수요일 휴무

9 미르히

| 스위츠 | 由布院 Milch

Milch는 '우유'라는 뜻의 독일어로, 100% 유후인산 우유로 스위츠를 만드는 곳이다. 2015년 Monde Selection 금상, World Precious Auswahl(W.P.A) 최우수품질상을 더블 수상한 케제쿠헨(치즈 케이크)이 유명하다(1개 240엔, 6개 1620엔). 푸딩도 인기(330엔).

📍 JR유후인由布院역에서 도보 9분
🕐 10:30~17:30, 비정기 휴무

TRAVEL SPOT
유후인

10 금상 고로케
| 고로케 | 金賞コロッケ

NHK에서 전국으로 방송되던 '전국 고로케 콩쿠르'에서 금상을 받은 고로케로 유후인의 대표적인 길거리 간식이다. 갓 튀겨낸 따끈따끈한 고로케를 맛보려는 사람들로 항상 붐빈다. 유노츠보 거리에만 두 곳이 있으니 한번 맛보도록 하자. 금상 고로케 200엔.
- JR유후인由布院역에서 도보 14분
- 09:00~17:30, 비정기 휴무

11 비허니
| 벌꿀 아이스크림 | Bee Honey

벌꿀 아이스크림으로 명성이 자자한 곳으로 소프트아이스크림 위에 꿀을 올려주는 꿀 소프트 아이스크림과 ろーリソフト이 인기이다. 각 430엔.
- JR유후인由布院역에서 도보 15분
- 09:00~17:30, 비정기 휴무

12 이마이즈미도
| 만주 | 今泉堂

쌀겨 기름에 바삭하게 튀겨낸 흑설탕 튀김 만주(1개 150엔)로 유명한 곳. 기름지지 않아 질리지 않고 몇 개든 거뜬히 먹을 수 있다. 흑설탕을 넣은 팥소는 단것을 싫어하는 사람도 부담 없이 먹을 수 있을 정도. 흑설탕 튀김 만주 외에 몽블랑 아이스크림도 유명하다.
- JR유후인由布院역에서 도보 17분
- 09:30~17:00, 비정기 휴무

13 긴린코
| 관광 명소 | 金鱗湖

뜨거운 온천수가 차가운 호수로 흘러 들어가면서 온도 차로 피어오르는 물안개가 유명한 호수이다. 물안개가 연출하는 몽환적인 장면은 가을과 겨울의 이른 아침에 볼 수 있다. 원래는 '타케모토노 이케(岳下の池, 산기슭의 연못)'로 불렸으나, 1884년 유학자 모리쿠소毛利空桑가 물 위로 뛰어오른 물고기의 비늘이 석양에 반사되어 금빛으로 빛나는 모습을 보고 '긴린코(金鱗湖, 금빛 비늘의 호수)'라 이름 지었다고 전해진다.
- JR유후인由布院역에서 도보 18분

14 빵토 에스프레스토 유후인토
| 카페 | パンとエスプレッソとゆふいんと

맛있는 빵과 커피로 인기를 얻고 있는 빵토 에스프레스토 도쿄의 유후인 지점이다. 오직 유후인에서만 먹을 수 있는 스팀 세트(スチームーセット, 1300엔)가 인기. 사각 식빵을 쪄서 부드러운 맛을 극대화한 것으로 2종류의 스팀 식빵과 샐러드, 팥소, 잼, 드링크 세트이다. 빵토 에스프레스토의 명성에 어긋나지 않게 프렌치토스트, 파니니, 앙버터 등 다양한 메뉴가 있다.
- JR유후인由布院역에서 도보 14분
- 10:00~17:00, 비정기 휴무

15 카페 라 뤼슈
| 카페 | Café La Ruche

긴린코 바로 옆에 위치한 카페로 '라 뤼슈'라는 이름은 샤갈이 작업하던 아틀리에의 이름을 딴 것이다. 테라스 석에서는 긴린코가 한눈에 들어와 유후인의 많은 카페, 레스토랑 중 손에 꼽을 만큼 최고의 위치를 자랑한다. 각종 음료는 물론 식사 메뉴까지 다양하게 준비되어 있다.
- JR유후인由布院역에서 도보 20분
- 09:00~16:30, 토, 일요일, 공휴일 09:00~17:00, 수요일 휴무, 비정기 휴무

16 사보 텐조사지키
| 카페 | 茶房 天井桟敷

에도시대 말기에 양조장으로 사용되었던 건물을 개조한 예스러운 운치가 감도는 카페이다. 하얀 눈에 뒤덮인 듯한 크림치즈 케이크 '몽유후'에 스테디셀러인 블렌드 커피 한 잔을 곁들이면 여행의 피로가 싹 풀리는 느낌. 저녁 7시부터는 같은 공간이 Bar로 변신, 색다른 느낌을 준다.
- JR유후인由布院역에서 도보 17분
- 09:00~17:00, 비정기 휴무

17 naYa
| 카페 겸 잡화점 |

긴린코 뒤쪽 골목에 자리한 한적한 카페. 주인 혼자 꾸려가는 자그마한 카페로 한쪽에는 유후인 출신 작가들이 만든 아기자기한 잡화도 판매한다. 홈메이드 케이크 등을 곁들여 차 한잔의 여유를 즐겨보자.
- JR유후인由布院역에서 도보 20분
- 10:00~17:00, 금요일 휴무

18 무라타 후쇼안
| 소바 | Murata 不生庵

유후인의 좋은 물과 신슈信州산 메밀가루를 사용, 주문이 들어가면 그때그때 직접 만든 소바 면을 사용한다. 흑돼지 소바(黒豚蕎麦, 1870엔), 자루 소바(ざるそば, 935엔) 등이 인기. 유후인 중심 거리에서는 벗어난 곳이지만 워낙 유명해서 현지인과 관광객들의 발길이 끊이지 않는다.
- JR유후인由布院역에서 차로 12분
- 11:00~15:00, 월~화요일 휴무

TRAVEL SPOT
유후인

유후인 인기료칸에서의 1박2일

유후인료칸
호시노 리조트 카이 유후인
星野リゾート 界 由布院

2022년 8월 유후인에 새롭게 선보이는 호시노리조트 카이 브랜드 료칸으로 계단식 논이 한눈에 들어오는 아름다운 풍경을 자랑한다. 객실은 크게 전용 온천 객실과 스탠더드가 준비되어 있으며, 일부 객실에서는 사계절 변화는 계단식 논 풍경을 즐길 수 있다. 공용으로 이용하는 여유로운 공간의 대욕장과 노천온천도 있으며, 온천 후에는 휴게실에서 음료나 아이스크림을 먹으며 멋진 뷰를 감상할 수 있다. 유후인 역에서 료칸까지 무료 송영서비스를 이용할 수 있다(예약 필수).

📍 大分県由布市湯布院町川上398
☎ +81-50-3134-8092
💴 1인 3만 4250엔부터(스탠더드 객실, 1박 2식)
@ hoshinoresorts.com/ko/hotels/kaiyufuin/

DAY 1

```
PM
12:00   15:00    16:00      17:00         19:30        22:00
        체크인   휴식 및 온천 카이 액티비티  저녁 가이세키  휴식
                            볏짚 꼬기 체험
```

DAY 2

```
07:00           08:30       11:00              24:00
아침 온천 즐기기  아침 식사   체크아웃
```

DAY 1

🕒 **15 : 00 체크인**

🕒 **16 : 00 휴식 및 온천**

17 : 00 카이 액티비티
볏짚 꼬기 체험(당일 예약)

19 : 30 저녁 식사 및 휴식

DAY 2

07 : 00 넓은 대욕장에서 아침 온천 즐기기

08 : 30 아침 식사
　　　　*일식과 양식 중 선택 가능

11 : 00 체크아웃

여유로운 일정의 편안한 료칸여행
카이 유후인
Chalet Travel & Life

@　www.chalettravel.kr/
✉　japan@chalettravel.kr

산소무라타
山荘無量塔

유후인 3대 료칸 중에서도 가장 명성이 자자한 곳이다. 오래된 가옥을 이용한 객실은 하나하나 독립된 공간의 별채 스타일이며 모든 객실에는 전용 온천이 딸려 있어, 프라이빗한 공간에서 편안한 휴식을 즐길 수 있다.

📍 大分県湯布院町川上1264-2
☎ +81-977-84-5000
¥ 1인 6만 5780엔부터 (객실 라쿠·신, 1박 2식)
@ www.sansou-murata.com

니혼노아시타바
二本の葦束

유후인 5대 료칸으로 손꼽히는 곳으로 푸른 자연으로 뒤덮인 넓은 부지 안에는 총 13개의 객실이 자리 잡고 있다. 모든 객실은 단독 별채 스타일로 완벽하게 프라이빗한 시간을 즐길 수 있으며, 일부 객실에는 노천온천, 혹은 실내 온천이 있다. 하지만 료칸 내 2개의 노천온천과 7개의 가족탕을 전세탕처럼 이용할 수 있어, 객실 내 전용 온천이 없어도 온천 이용에 불편은 전혀 없다.

📍 大分県由布市湯布院町川北918-18
☎ +81-977-84-2664
¥ 1인 4만 1530엔부터 (스탠더드 객실, 1박 2식)
@ 2hon-no-ashitaba.co.jp/

긴몬코
金門坑

유후인 중심가에서 조금 떨어진 곳에 위치, 상수리나무숲이 료칸 주위를 둘러싸고 있어, 조용하고 편안한 휴식을 취할 수 있다. 객실은 숲으로 둘러싸인 별채 7객실과 유후인 마을을 향해 있는 테라스 하우스(메조네트) 8객실로 이루어져 있으며, 별채 객실에는 유후인 지역의 천연온천을 이용할 수 있는 전용 노천온천이 딸려 있어, 누구의 방해도 받지 않고 프라이빗하게 온천을 즐길 수 있다.

📍 大分県由布市湯布院町川上460-6
☎ +81-977-28-8828
¥ 1인 3만 7000엔부터 (테라스 하우스, 1박 2식)
@ kinmonco.com/

잇코텐
一壺天

유후인 마을 중심지에서 다소 떨어진 조용한 숲길에 있는 고급 료칸으로 유후다케를 보면서 자연 속에서 느긋하게 쉴 수 있다. 오래된 골동품이 곳곳에 비치되어 있는 세련된 인테리어의 모든 객실에는 전용 노천 온천이 딸려 있다.

📍 大分県由布市湯布院町川上302-7
☎ +81-977-28-8815
¥ 1인 4만 9870엔부터 (객실 모에기, 1박 2식)
@ www.ikkoten.com

•유후인 추천료칸•

야스하
ゆふいん泰葉

온천수가 환상적인 료칸으로 온천의 나라 일본에서도 쉽게 접하기 힘든 파란빛을 띠는 '아오유靑湯'를 만날 수 있다. 이 온천에 한 번만 몸을 담그도 피부가 매끈매끈해지는 것을 바로 느낄 수 있을 정도로 피부 미용에 탁월한 효과가 있다.

- 📍 大分県由布市湯布院町川上1270-48
- ☎ +81-977-85-2226
- ¥ 1인 2만 900엔부터(본관 일반 화실, 1박 2식)
- @ www.yasuha.co.jp

야마다야
やまだ屋

다다미가 깔린 깔끔한 화실, 자그마한 일본 정원 그리고 잘 차려진 가이세키 요리 등 '일본 료칸의 모든 것을 만족시키는 전통 료칸이다. 특히 가이세키 요리가 맛있기로 유명해서 예약을 하기가 쉽지 않다.

- 📍 大分県由布市湯布院町川上2855-1
- ☎ +81-977-85-3185
- ¥ 1인 2만 2800엔부터(일반 화실, 1박 2식)
- @ www.yufuin-yamadaya.com

유후인 카제노모리
由布院風の森

유후인역에서 가까운 거리임에도, 료칸 안으로 들어선 순간 번잡함에서 벗어난 한적한 공간이 펼쳐진다. 료칸 내에서 자유롭게 이용할 수 있는 프리스페이스에서는 유후다케가 한눈에 들어온다. 모든 객실은 별채 형식으로 전 객실 일본식 다다미 룸으로 차분한 분위기이며, 전용 노천온천과 실내탕이 완비되어 있다. 료칸 내 시원한 전망을 즐길 수 있는 족욕탕도 있다.

- 📍 大分県由布市湯布院町川南371-1
- ☎ +81-977-84-2510
- ¥ 1인 2만 2550엔부터(별채 객실, 1박 2식)
- @ www.e-kazenomori.com/

카에데노쇼자
楓の小舎

객실 수 총 8개의 자그마한 료칸으로 그만큼 예약하기 힘들다. 모든 객실에는 전용 노천 온천과 실내탕이 완비되어 있으며 객실에 따라서는 실내탕에 암반욕을 즐길 수 있는 시설도 갖추어져 있다. 성인 3~4명은 거뜬히 들어갈 정도로 큰 사이즈의 객실 노천온천이 이곳의 가장 큰 매력이다.

- 📍 大分県由布市湯布院町川上1270-28
- ☎ +81-977-28-8181
- ¥ 1인 2만 9700엔부터(노천 온천 화실, 1박 2식)
- @ www.yufuin-kaede.com

Around Fukuoka

벳푸

別府

벳푸는 일본에서 온천 용출량이 제일 많은 유명한 온천지이다. 따라서 대형 호텔식 료칸이 많으며 온천만 즐길 수 있는 크고 작은 온천 시설도 곳곳에 있다. 또한 단순히 입욕을 즐기는 것뿐 아니라 지옥 순례처럼 눈으로도 다양한 온천을 체험할 수 있다. 벳푸의 또 다른 매력은 여기저기서 톡톡 튀어나오는 레트로함이다. 골목골목 숨어 있는 분위기 만점의 카페와 숍을 찾아내는 것도 벳푸 여행에 즐거움을 더해준다.

벳푸 찾아가기

하카타(공항)에서

JR 이용 시
- JR하카타博多역에서 특급 소닉特急ソニック 이용. (편도 6470엔, 약 2시간 소요)
- 지정석과 자유석이 있으며 지정석은 미리 예약하는 것이 좋다.
- 티켓은 이용예정일 한 달전부터 예약할 수 있다. (예약 www.jrkyushu.co.jp/korean/)
- 자유석이나 지정석의 남아있는 좌석은 당일 JR미도리노마도구치JRみどりの窓口에서 티켓을 구입할 수 있다.
- JR큐슈레일패스 소지자라면 패스 교환 당일, 탑승을 원하는 날짜로 예약을 해 두는 것이 좋다.

고속버스 이용 시
- 하카타 버스 터미널, 텐진 버스 터미널, 후쿠오카 공항 국제선 터미널에서 고속버스 이용. (편도 3250엔, 공항에서 2시간, 후쿠오카 시내에서 약 2시간 반 소요)
- 벳푸까지의 고속버스는 전 좌석 지정석으로 미리 예약하는 것이 좋다. (예약 www.atbus-de.com/)
- 하카타 버스 터미널 기준 첫차 07:21, 막차 21:04이며 하루에 10편 정도 운행한다.

유후인에서

JR 이용 시
- JR유후인由布院역에서 특급 유후特急ゆふ 또는 특급 유후인노모리特急ゆふいんの森이용. (편도 2660엔, 약 1시간 소요)
- 지정석과 자유석이 있으며 지정석(유후인노모리는 전 좌석 지정석)은 미리 예약하는 것이 좋다.
- 티켓은 이용예정일 한 달전부터 예약할 수 있다. (예약 www.jrkyushu.co.jp/korean/)
- JR큐슈레일패스 소지자라면 패스 교환 당일, 탑승을 원하는 날짜로 예약을 해 두는 것이 좋다.
- 유후인에서 벳푸까지 환승없이 이용할 수 있는 열차는 하루 세 편 밖에 없다. 유후인 출발 10:05(유후), 12:29(유후인노모리), 14:42(유후)

※ 열차 스케줄은 시즌에 따라 변경됨.

고속버스 이용 시
- 유후인역 앞 버스센터에서 관광쾌속버스 유후린ゆふりん 이용. (편도 940엔, 약 65분 소요)
- 유후린은 벳푸 유명 관광지인 벳푸 로프웨이, 바다지옥, 칸나와구치(지옥온천) 앞에 서기 때문에 관광 시 편리하다.
- 단, 유후린은 토~일요일과 공휴일에만 운행하기 때문에 주의해야 한다. 9시~17시 사이 1시간에 1대꼴로 운행한다.
- 평일에는 일반 노선 버스를 이용하면 된다. 유후인역 앞 버스센터에서 카메노이 버스亀の井バス 36번 이용, 벳푸역 서쪽 출구에서 내리면 된다(940엔, 약 51분).

오이타 공항에서 이동할 경우 Tip

오이타 공항에서 고속버스를 이용하여 벳푸 기타하마別府北浜에서 하차하면 된다. (편도 1500엔, 약 50분 소요). 전 좌석 지정석으로 미리 예약하는 것이 좋다.

벳푸 추천

1일 일정

10:00 지옥 온천 순례

12:00 찜 공방에서 온천 증기로 쪄낸 음식으로 점심 식사

13:00 효탄 온천에서 온천욕 즐기기

16:00 벳푸역 시장 등 주변 상점가 관광 제노바에서 맛있는 아이스크림 사먹기

18:00 마야카시야 혹은 토요츠네 본점에서 저녁 식사

칸나와 지옥 온천 순례

칸나와 온천 지역의 8개 지옥 온천을 볼 수 있는 코스로 벳푸 관광의 하이라이트라고 할 수 있다. 각각의 특색있는 온천을 돌아보며 온천 증기로 쪄낸 간식을 먹을 수 있으며 아시유에 발을 담그고 쉬어갈 수도 있다. 시간이 충분치 않다면 우미 지옥, 가마도 지옥을 보는 것을 추천한다.

- ⏰ 08:00~17:00, 연중무휴
- ¥ 각 지옥 온천 성인 450엔, 초중학생 200엔
  8개 지옥 온천 관람권 : 성인 2000엔, 고등학생 1350엔, 중학생 1000엔, 초등학생 900엔

찾아가기

- 벳푸別府역 서쪽 출구에서 카메노이 버스亀の井バス 2번, 5번, 24번, 41번을 이용해 우미지옥앞海地獄前 버스 정류장 하차, 도보 2분
- 치노이케 온천은 칸나와鉄輪에서 카메노이 버스亀の井バス 16번을 이용해 치노이케마에血の池前 하차, 혹은 JR벳푸別府역이나 카메가와亀川역에서 카메노이 버스 26번을 이용해 치노이케마에 하차, 도보 5분

※ 카메노이 벳푸 지옥 온천 순례 버스를 이용하면 7개의 지옥을 한꺼번에 편하게 볼 수 있다.

- ⏰ 벳푸역 출발 08:35, 11:40, 14:40
  기타하마 버스 센터 출발 08:40, 11:45, 14:45
- ¥ 성인 4000엔, 중학생 3000엔, 어린이 1950엔
  소요 시간 약 3시간

운행 코스 기타하마 버스 센터 → 벳푸역 → 우미 지옥, 오니이시보즈 지옥, 가마도 지옥, 오니야마 지옥, 시라이케 지옥 → 치노이케 지옥, 타츠마키 지옥 → 기타하마 버스 센터 → 벳푸역

1 스님 지옥
| 오니이시보즈 지옥 | 鬼石坊主地獄

잿빛 진흙이 끊임없이 보글보글 동그랗게 끓어오르는 모양이 스님 머리와 비슷하다 하여, 이곳의 지명인 스님(오니이시보즈)을 붙여 이름 지어진 곳이다. 입장객은 아시유(족욕)를 무료로 이용할 수 있다.

2 바다 지옥
| 우미 지옥 | 海地獄

지옥 온천 중 가장 큰 규모로 연못은 1200년 전 츠루미다케 폭발 때 생긴 분화구이다. 코발트블루색을 띤 아름다운 빛이 시원해 보이지만 실제 온도는 98℃이다.

3 산 지옥
| 야마 지옥 | 山地獄

산 곳곳을 뚫고 치솟는 온천 증기가 볼 만한 곳으로 온천열을 이용해서 플라밍고, 하마, 코끼리 등의 동물을 사육하는 미니 동물원도 있다.

4 가마솥 지옥
| 가마도 지옥 | かまど地獄

씨족신인 가마도 하치만(竈門八幡)을 모시는 신사였던 곳으로, 온천에서 나오는 증기로 밥을 지어 신사에 바치던 것에서 유래해 가마솥(가마도) 지옥이라 불리게 되었다. 이곳에는 온도에 따라 다른 빛을 띠는 6개의 연못이 있는데, 온도가 높을수록 하늘색, 낮을수록 황색에 가까운 빛을 낸다.

5 도깨비 산 지옥
| 오니야마 지옥 | 鬼山地獄

1923년 일본에서 처음으로 온천 열을 이용해 악어를 사육한 곳으로 '악어 지옥'이라고도 불린다. 현재는 앨리게이터, 크로커다일 등 약 70마리의 악어를 사육하고 있다.

6 흰 연못 지옥
| 시라이케 지옥 | 白池地獄

처음 분출할 때는 투명하지만 연못으로 떨어지면서 온도와 압력 차이 때문에 청백색으로 변한 온천수의 연못을 볼 수 있다. 이곳에서는 온천수를 이용해 열대어를 사육하고 있다.

7 소용돌이 지옥
| 타츠마키 지옥 | 竜巻地獄

벳푸 시의 천연기념물로 지정된 곳으로 30~40분마다 소용돌이처럼 뿜어져 올라가는 물줄기가 장관이다. 주변 산책로를 돌아보면서 물기둥이 뿜어져 올라오는 동안 기다려보자.

8 피의 연못 지옥
| 치노이케 지옥 | 血の池地獄

일본에서 가장 오래된 천연 온천으로 지하에서 고온, 고압으로 화학반응을 일으켜 붉은색을 띠게 된 점토의 모습 때문에 '피의 연못'이라 이름 지어졌다. 피부 질환에 효과가 있는 이곳의 점토로 만든 연고도 판매한다.

9 지옥 찜 공방 칸나와
| 체험 | 地獄蒸し工房 鉄輪

온천 증기로 재료를 쪄서 먹는 칸나와 지역의 전통 조리법을 직접 체험할 수 있는 곳이다. 자동판매기에서 채소, 해산물 등 재료를 고른 후 뜨거운 온천 증기에 직접 쪄서 먹으면 된다. 자동판매기에는 한국어와 그림이 있어 선택할 때 어렵지 않다.
- ⏰ 10:00~19:00(시즌에 따라 시간 변동 있음), 세 번째 수요일 휴무
- ¥ 15분 400엔(큰 사이즈 600엔), 추가 요금 10분당 200엔(큰 사이즈 300엔)

10 칸나와 부타망 혼포 | 돼지고기 만두
Kannawa Butaman Honpo, 鉄輪豚まん本舗

뜨거운 온천 증기로 쪄낸 돼지고기 만두 부타망(豚まん, 200엔)을 판매하는 곳이다. 칸나와의 부타망은 이 지역 관광 시 놓치면 안 되는 유명한 간식이니 꼭 맛보도록 하자.
- 📍 JR벳푸別府역 동쪽 혹은 서쪽 출구에서 카메노이 버스亀の井バス 칸나와 방면 탑승, 칸나와鉄輪 버스 정류장 하차, 도보 3분
- ⏰ 10:00~16:00, 월, 목요일 휴무

11 유케무리 전망대
| 전망대 | 湯けむり展望台

칸나와 온천 지대에서 피어오르는 온천 증기를 볼 수 있는 전망대로, 츠루미 산을 배경으로 건물 사이사이에서 온천 증기가 하얗게 피어오르는 장관을 감상할 수 있다. '21세기에 남기고 싶은 일본의 풍경'으로도 뽑혔을 만큼 장관이다.
- 📍 JR벳푸別府역 동쪽 출구에서 카메노이 버스亀の井バス 20번 탑승, 칸나와히가시코엔마에鉄輪東公園前 버스 정류장 하차, 도보 12분
- ⏰ 4~10월 08:00~22:00, 11~3월 08:00~21:00, 토, 일, 공휴일 라이트업 19:00~21:00

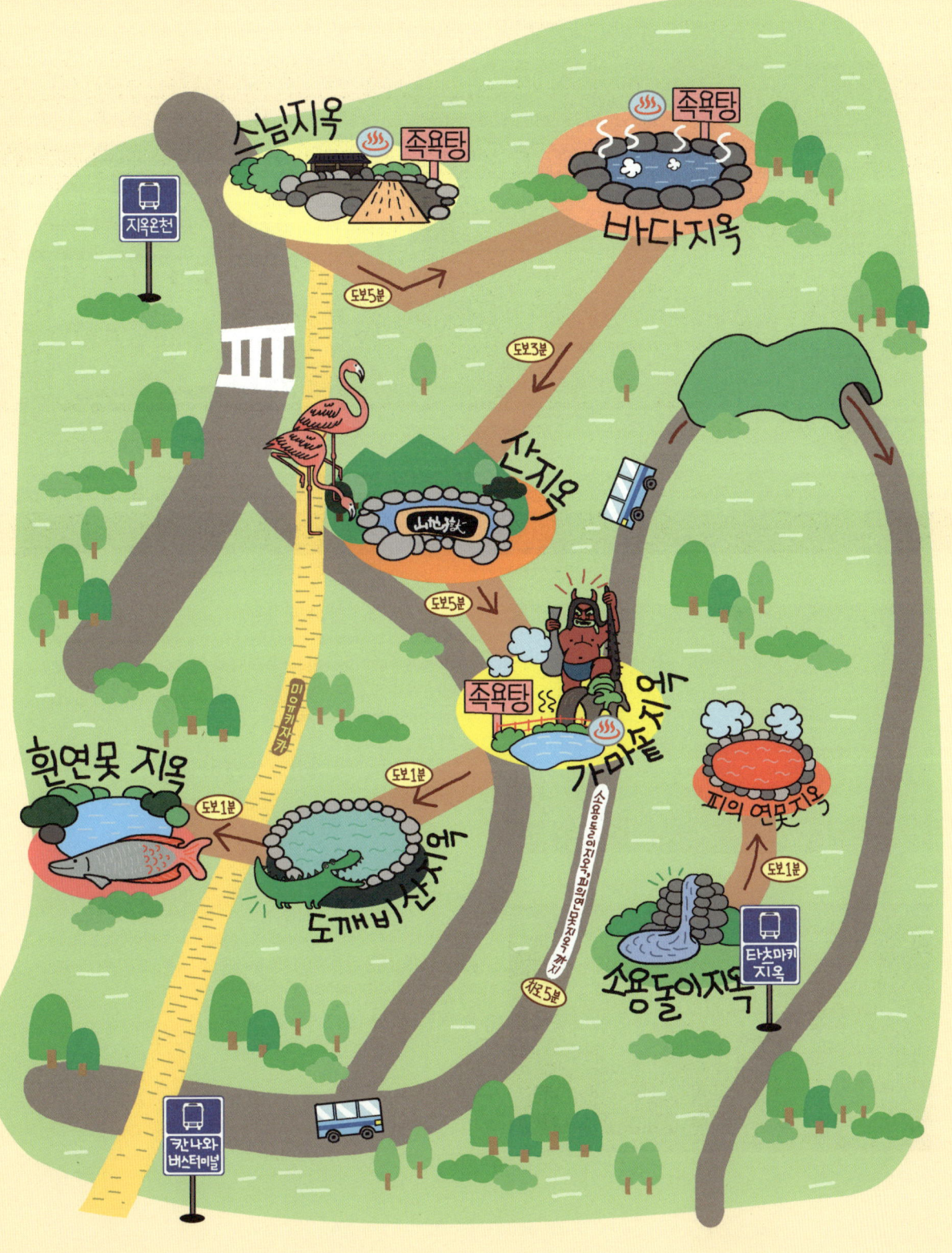

벳푸역 주변

1 벳푸 타워 | 전망 타워 | 別府タワー

1957년에 일본의 세 번째 타워로 도쿄 타워보다 1년 먼저 완공되었다. 100미터의 타워로 벳푸의 랜드마크역할을 해왔으며, 2007년 '등록 유형문화재'로 지정되었다. 전망대에서는 파노라마로 펼쳐지는 해변과 벳푸 온천 지역을 조망할 수 있다.

- JR벳푸別府역 동쪽 출구에서 도보 10분
- 09:30~21:30
- ¥ 성인 800엔, 중고등학생 600엔, 4세~초등학생 400엔
- @ bepputower.co.jp/ko

2 벳푸역 시장 | 재래시장 | べっぷ駅市場

벳푸역 고가 아래에 자리한 재래시장으로 시장 구경을 하고 싶다면 한 번쯤 들러볼 만하다. 시장 규모는 작은 편이어서 잠깐이면 돌아볼 수 있다. 오후 늦은 시간이나 일요일에는 대부분의 가게가 문을 닫으니 피하도록 하자.

- JR벳푸別府역 동쪽 출구에서 도보 5분
- 08:00~18:00, 일요일 휴무(점포마다 오픈 시간 및 휴무일 다름)

· TRAVEL SPOT ·
벳푸

3 토키와
| 백화점 | トキハ 別府店

무인양품, 드럭스토어, 전자상가 등 쇼핑을 위해 이곳저곳 다닐 필요 없이 이곳 한 곳만 돌아봐도 충분할 정도로 꼭 필요한 숍들이 알차게 입점해 있다. 지하 1층 푸드코트에는 오사카의 유명 맛집 동양정도 입점해 있다. 1층 스타벅스 바로 앞 정류장에서 공항(하카타)로 출발하는 고속버스가 출발한다.

📍 JR벳푸別府역 동쪽출구에서 도보 8분
🕐 10:00~19:00(매장에 따라 다름), 비정기 휴무

4 유메타운
| 쇼핑몰 | ゆめタウン別府

바닷가 바로 옆에 있는 3층 규모의 쇼핑몰로 다양한 매장과 카페가 있으며 최상층에서는 바다 전망을 감상할 수 있다. 유니클로, 다이소, 빌리지 뱅가드, ABC MART 등 한국인이 좋아하는 매장이 입점해 있다. 유니클로, 다이소 같은 일부 매장은 토키와에 없기 때문에 원하는 매장이 어느 쇼핑몰에 있는지 확인 후 방문하는 것이 좋다.

📍 JR벳푸別府역 동쪽출구에서 도보 11분
🕐 09:30~17:30, 비정기 휴무

5 돈키호테
| 전자 제품, 취미 | ドン・キホーテ別府店

건물 전체가 돈키호테 매장으로 넓은 공간에 많은 상품이 진열되어 있으므로 원하는 쇼핑리스트를 미리 챙겨가는 것이 좋다. 토키와, 유메타운에 비해 일본 과자 등의 상품이 월등히 많고, 일반적으로 다른 곳에 비해 저렴하게 판매하는 상품이 많다. 또한 새벽 2시 늦은 시간까지 영업하기 때문에 이용이 편리하다. 면세 받는 것도 잊지 말자.

📍 JR벳푸別府역 동쪽출구에서 도보 9분
🕐 09:00~02:00, 비정기 휴무

벳푸에서 꼭 먹어야할 음식

지옥 찜 푸딩 地獄蒸しプリン
뜨거운 온천 열기로 쪄낸 푸딩으로 묘반지옥의 매점, 유노하나, 칸나와 지옥온천 등 곳곳에서 만날 수 있는 벳푸의 명물이다. 이중 가장 인기 있는 것은 묘반지옥의 매점 오카모토야岡本屋売店에서 파는 지옥 찜 푸딩.

토리텐 とり天
오이타 현의 향토음식으로 일반적인 닭튀김(가라아게)과는 달리 계란을 듬뿍 사용한 튀김옷을 이용하며, 폰즈에 찍어 먹는다. 오이타 현을 대표하는 음식인 만큼 벳푸 대부분의 음식점에서 토리텐 메뉴를 접할 수 있다.

지옥 찜 地獄蒸し
온천 증기로 갖은 야채, 해산물, 고기를 찌는 것으로 칸나와 지역의 전통적인 조리법이다. 칸나와 지옥 온천 순례의 지옥 찜 공방 칸나와가 가장 유명하며, 일부 레스토랑에서도 이 조리법을 응용한 메뉴를 만날 수 있다.

1 마야카시야
토리텐 | **まやかしや**

벳푸의 명물 닭 튀김(토리텐, とり天)으로 유명한 이자카야로 가슴살을 사용한 담백한 맛의 토리텐昔ながらのとり天과 닭다리살에 마늘 향 특제 소스를 발라 튀겨낸 마야카시야 토리텐まやかしやとり天 2가지 맛이 있다. 커피와 아이스크림이 포함된 런치 메뉴 토리텐 정식 추천.

📍 JR벳푸別府역 동쪽 출구에서 도보 1분
🕐 11:30~14:00, 18:00~23:00

2 카이센 이즈츠
해물덮밥 | **海鮮いづつ**

'벳푸에서 맛있는 생선요리를 먹을 수 있는 집'으로 방송에 여러 차례 소개된 맛 집이다. 신선하고 푸짐한 덮밥을 합리적인 가격에 먹을 수 있어 매일 오픈 전부터 문전성시를 이룬다. 10종류 이상이 신선한 회가 빼곡히 올려져 있는 해산물덮밥 정식(海鮮丼定食, 1100엔)이 대표메뉴.

📍 JR벳푸別府역 동쪽출구에서 도보 10분
🕐 11:00~15:00, 18:00~21:30, 월요일 휴무

3 로쿠세이
| 벳푸 냉면 | 手のべ冷麺専門店 六盛

현지인들에게 최고로 손꼽히는 벳푸 냉면 전문점. 한국 냉면을 일본식으로 변형한 것으로, 우리의 냉면과는 달리 온면도 있다. 김치, 파, 차슈가 토핑되어 있는 냉면은 우리가 생각하는 냉면과는 조금 다른 맛이지만 쫄깃쫄깃한 면발은 중독성이 있다. 일본식 냉면 맛이 궁금하다면 들러보자.

📍 JR벳푸別府역 동쪽 출구에서 도보 15분
🕐 11:30~15:00, 18:00~21:00, 수요일 휴무

4 토요츠네 본점
| 텐동 | とよ常本店

료칸 호텔 유희雄飛에서 운영하는 레스토랑으로 푸짐하고 먹음직스러운 새우 튀김과 4종류의 야채 튀김을 올린 특상텐동(特上天丼, 950엔)이 대표 메뉴이다. 합리적인 가격에 든든한 식사를 할 수 있는 곳으로 호텔 1층에 있는 본점과 벳푸역 앞의 벳푸에키마에점別府駅前店이 있다.

📍 JR벳푸別府역 동쪽 출구에서 도보 10분
🕐 11:00~21:00, 비정기 휴무(벳푸에키마에점은 수요일 휴무)

5 제노바
| 젤라토 | Genova, ジェノバ

홋카이도산 우유에 계절 과일과 채소를 넣어 매일 직접 만드는 젤라토 전문점으로 25가지 맛의 젤라토가 있다. 한 가지 맛을 선택하는 싱글은 520엔부터. 더운 벳푸이기 때문인지 밤마다 술 마신 후 이곳의 아이스크림을 찾는 샐러리맨이 많은 것도 재미있다.

📍 JR벳푸別府역 동쪽 출구에서 도보 5분
🕐 12:00~21:00, 수요일 휴무

6 코게츠
| 교자 | 湖月

1947년 오픈 후 지금까지 야키교자 하나만을 판매하고 있는 곳으로 메뉴는 교자와 맥주뿐이다. 바삭한 한입크기의 교자는 맥주와 잘 어울려 먹다 보면 2~3인분도 쉽게 먹어버리게 된다. 1인분 600엔. 워낙 작은 가게여서 줄을 서야 할 때가 많다.

📍 JR벳푸別府역 동쪽 출구에서 도보 5분
🕐 14:00~20:00, 월~목요일 휴무

저렴하게 즐기는 벳푸 당일치기 온천

1 효탄 온천 ひょうたん温泉

일본 제1의 온천지 벳푸를 대표하는 대형 온천 시설로, 미슐랭의 온천 부문에서 일본에서는 유일하게 별 3개를 받았다. 실내탕과 노천 온천이 완비된 대욕장, 뜨거운 모래찜질을 즐길 수 있는 스나유砂湯, 3m 높이에서 온천수가 떨어지는 폭포탕(타키유, 滝湯) 등 다양한 온천 시설이 있다. 부지 내에는 레스토랑, 휴게실 등의 시설도 잘 되어 있어, 시간 여유가 있다면 종일 이곳에서 온천만 즐겨보는 것도 좋다.

- JR벳푸別府역 동쪽 출구에서 오이타코츠 버스大分交通バス 칸나와 온천행 탑승, 지고쿠바루 · 효탄온센地獄原 · ひょうたん温泉 하차, 도보 3분
- 09:00~01:00, 비정기 휴무
- 성인 940엔, 초등학생(7~12세) 400엔, 유아(4~6세) 280엔, 3세 이하 무료
  스나유(모래찜질) 유카타 대여 660엔, 바스 타월 대여 200엔
- www.hyotan-onsen.com/korea

2 묘반 유노사토(묘반 온천) 明礬 湯の里

묘반 온천에서 추출한 가스와 점토로 만든 미네랄 결정체인 유노하나湯の花로 유명한 곳으로, 유노하나로 만든 입욕제, 비누, 화장품 등을 구입할 수 있다. 해발 350m, 벳푸에서 가장 높은 곳에 위치한 노천 온천에서 지방과 노폐물 배출에 탁월한 효과가 있는 유황 온천수로 온천욕을 즐길 수 있다. 온천 후에는 시원한 전망의 3층 레스토랑에서 벳푸의 명물 단고지루나 토리텐으로 식사도 가능하다.

- JR벳푸別府역 동쪽 출구에서 카메노이 버스亀の井バス 15번, 24번 탑승 혹은 서쪽 출구 2번 승강장에서 카메노이 버스 41번 탑승, 지조유유마에地蔵湯前 하차, 도보 4분
- 노천 온천, 실내탕 10:00~18:00(토, 일, 공휴일 10:00~19:00), 레스토랑 10:00~16:30, 토, 일, 공휴일만 오픈
- 노천 온천, 실내탕 성인 600엔, 어린이(4세~초등학생) 300엔
- yuno-hana.jp

3 이치노이데 카이칸 いちのいで会館

벳푸 시가지가 한눈에 들어오는 멋진 전망의 노천 온천이 자랑인 곳으로 시간이 흐르면 투명한 색에서 코발트블루로 점점 색이 짙어지는 특이한 온천수를 경험할 수 있다. 타월은 미리 준비해 가야 하며 150엔을 내면 대여할 수 있다. 전망 좋은 온천을 합리적인 가격에 만끽할 수 있어 좋다.

- JR벳푸別府역 동쪽 출구에서 카메노이 버스亀の井バス 15번 탑승, 메이호고교 캠퍼스앞明豊高校キャンパス前 하차, 도보 15분. 벳푸역에서 차로 5분
- 11:00~17:00(토, 일요일, 공휴일 10:00~17:00), 비정기 휴무
- 성인 700엔, 어린이(초등학생 이하) 300엔, 유아(3세 미만) 무료
- ichinoide-kaikan.jimdofree.com/

4 유야 에비스 Yuya Ebisu, 湯屋えびす

창업 140년이 넘는 에비스야 료칸의 온천으로 뽀얀 우윳빛 중성 유황 온천과 무색 무취의 온천 2가지를 모두 경험할 수 있다. 노천 온천과 실내탕 외에도 가족탕과 암반욕도 있다. 가족탕은 당일 예약해야 하며 암반욕 요금에는 온천 시설 이용료까지 포함되어 있다.

- JR벳푸別府역 동쪽 출구에서 카메노이 버스亀の井バス 15번, 24번 탑승 혹은 서쪽 출구 2번 승강장에서 카메노이 버스 41번 이용, 묘반明礬 하차, 도보 3분
- 10:00~23:00, 비정기 휴무, 암반욕 10:00~23:00, 비정기 휴무, 가족탕 10:00~20:00, 비정기 휴무
- 성인 1200엔, 중학생 500엔, 초등학생 300엔, 타월 세트 350엔

  가족탕 1시간 평일 2000~2300엔, 토~일요일, 공휴일 2500엔

  암반욕 무제한 2400엔, 90분 1800엔

벳푸 인기료칸에서의 1박2일

벳푸 료칸
호시노 리조트 카이 벳푸
星野リゾート 界 別府

일본 최다 원천 개수와 용출량을 자랑하는 벳푸에 2021년 7월 새로이 선보인 호시노 리조트의 온천 브랜드 카이 벳푸. 전 객실 오션뷰로, 눈앞의 바다가 한 폭의 그림이 되어 액자에 담긴 듯한 '픽쳐윈도우'가 특징으로, 날씨가 좋은 날은 객실에서 일출도 볼 수 있다. 또한 시원한 바닷바람을 맞으며 탁 트인 오션뷰를 즐길 수 있는 아시유(발전용온천)도 이곳의 매력 포인트. 매일 밤 활기찬 벳푸 온천 거리를 모티브로 다양한 이벤트가 열려, 식사 후 다 함께 즐거운 시간을 보낼 수 있다.

- 大分県別府市北浜2-14-29
- +81-50-3134-8092
- 1인 3만 1050엔부터 (스탠더드 객실, 1박 2식)
- hoshinoresorts.com/ko/hotels/kaibeppu/

DAY 1

| PM 12:00 | 15:00 체크인 | 15:30 온천 및 휴식 | 16:15 카이 액티비티 | 17:30 저녁 가이세키 | 20:00 카이 벳푸에서의 신나는 밤 | 22:00 객실에서 편안한 휴식 |

DAY 2

| 07:00 아침체조 | 07:30 아침 식사 | 09:00 아침 온천 | 12:00 체크아웃 |

DAY 1

🕒 **15:00 체크인**
웰컴 샴페인이 서비스됩니다!

🕒 **15:30 온천 및 휴식**

 16 : 15 카이 액티비티
온천수로 미스트 만들기
(당일 예약)

 17 : 30 저녁 가이세키

 20 : 00 카이 벳푸에서의 신나는 밤
페스티벌 같이 신나는 분위기 만끽!

 22 : 00 객실에서 편안한 휴식

DAY 2

 07 : 00 아침 체조
일출을 보며 간단한
아침체조(체크인 시 예약)

 09 : 00 넓은 대욕장에서 마지막으로
온천 한 번 더!

07 : 30 아침 식사

오션뷰 료칸에서 즐기는 두근두근 온천여행
카이 벳푸

Chalet Travel & Life

@ www.chalettravel.kr/
✉ japan@chalettravel.kr

벳푸 추천 료칸

칸나와엔 山荘神和苑

벳푸의 유명 관광지 지옥온천 근처에 위치한 프리미엄 료칸이다. 모든 객실에는 100% 천연 온천수를 사용한 전용 온천시설이 완비되어 있는데, 별관과 하나레에는 객실 내에 노천온천과 실내탕이 모두 갖추어져 있다. 료칸 안에는 일본 전통 예술을 공연할 수 있는 무대와 작은 폭포가 떨어지는 연못이 있는 아름다운 일본 정원도 있다. 료칸에서는 좀처럼 만나기 힘든 실내풀과 피트니스 시설도 갖추고 있다.

- 📍 大分県別府市鉄輪345
- ☎ +81-977-66-2111
- ¥ 1인 3만 140엔부터(본관 화양실, 1박 2식)
- @ www.kannawaen.jp/

세이카이 Seikai, 晴海

전 객실 오션 뷰로 노천 온천이 갖춰진 모던한 료칸으로 로비에 들어서는 순간 푸르게 펼쳐지는 바다에 절로 탄성이 나온다. 바다를 향한 노천 온천에서의 전망이 일품이다. 건물 최상층의 전망 대욕장에서는 시원하게 펼쳐진 바다를 조망하며 온천을 즐길 수 있다. 여성에 한해 마음에 드는 유카타를 골라 입을 수 있다.

- 大分県別府市上人ヶ浜町6-24
- ☎ +81-977-66-3680
- ¥ 1인 2만 7500엔부터(스탠더드 트윈, 1박 2식)
- @ www.seikai.co.jp/

가마하 테라스 AMANE RESORT GAHAMA

벳푸의 인기 료칸 세이카이의 자매 료칸으로 7가지 타입의 31개의 객실이 있으며, 모든 객실에는 전용 노천온천이 완비되어 있다. 도보 2분 거리에 있는 세이카이의 탁 트인 오션뷰 대욕장도 함께 이용할 수 있다.

- 大分県別府市上人ヶ浜5-32
- ☎ +81-977-66-8833
- ¥ 1인 3만 9600엔부터(센트럴 빌라, 1박 2식)
- @ gahamaterrace.com/

스기노이 호텔 Suginoi Hotel, 杉乃井ホテル

벳푸를 대표하는 온천 리조트 호텔로 고지대에 위치, 벳푸 만과 날씨가 좋은 날에는 멀리 시코쿠까지 한눈에 들어오는 시원한 조망의 노천 온천과 온천 수영장이 인기이다. 전망 노천 온천은 멋진 경치를 최대한 즐길 수 있도록 계단식으로 만들어져 다양한 각도로 장관을 즐길 수 있다. 수영복을 입고 이용하는 전망 온천 수영장은 가족과 커플에게 인기.

- 📍 大分県別府市観海寺1
- ☎ +81-977-24-114
- ¥ 1인 2만 2950엔부터(디럭스, 1박 2식)
- @ suginoi.orixhotelsandresorts.com/

테라스 미도바루 テラス御堂

벳푸 시내가 한눈에 들어오는 전망이 일품인 료칸이다. 총 14개의 화양실 타입의 객실이 있으며, 모든 객실에는 멋진 경치를 즐길 수 있는 테라스와 반노천온천이 완비되어 있다. "전망", "요리", "온천"을 테마로 오픈한 료칸으로, 그림 같은 경치와 최상의 식사를 즐기며, 편안한 온천을 즐길 수 있다.

- 📍 大分県別府市観海寺1
- ☎ +81-977-85-8872
- ¥ 1인 3만 1050엔부터(1층 화양실, 1박 2식)
- @ beppu-midoubaru.jp/

아마넥 벳푸 유라리 アマネク別府ゆらり

벳푸역에서 도보 3분 거리에 있는 온천 호텔로, 천연목을 사용한 깔끔한 객실이 인상적이다. 벳푸만이 한눈에 들어오는 대욕장, 루프탑 야외 수영장, 자쿠지 등의 시설이 있다. 역에서 가까워 관광 및 쇼핑에 매우 편리하다.

- 📍 大分県別府市駅前本町6-35
- ☎ +81-977-76-5566
- ¥ 1인 2만 1470엔부터(스탠더드 킹, 조식 포함)
- @ amanekhotels.jp/beppu/

Around Fukuoka

쿠로카와

黒川

일본 내에서도 손에 꼽히는 유명 온천지로, 2009년 미슐랭 그린 가이드 제팬에서 온천 지역으로는 이례적으로 별 2개를 받았다. 쿠로카와는 다른 온천 지역과는 달리 여러 료칸의 온천을 경험하는 온천메구리가 유명하니 뉴토테가타入湯手形를 구입하여 온천메구리를 즐겨보자. 온천을 즐긴 후 간식을 먹으며 마을을 거니는 소소한 재미가 있는 곳이다.

쿠로카와 찾아가기

후쿠오카에서

하카타 버스 터미널, 텐진 버스 터미널, 후쿠오카 공항 국제선 터미널에서 고속버스 이용.
(편도 3470엔, 공항에서 2시간 20분, 후쿠오카 시내에서 3시간 소요)
- 쿠로카와까지의 고속버스는 전 좌석 지정석으로 미리 예약해놓는 것이 좋다.
- 후쿠오카~쿠로카와 왕복 승차권 +뉴토테가타 세트권은 6860엔으로 텐진, 하카타 버스 터미널, 공항에서 구입할 수 있다.
- 하카타 버스 터미널 기준 09:36, 13:03, 14:03 하루 3편 운행한다.

벳푸, 유후인에서

벳푸 기타하마, 유후인 버스 터미널에서 큐슈 횡단 버스 이용.
(벳푸 기타하마에서 2시간 25분 소요, 편도 3300엔. 유후인에서 1시간 35분 소요, 편도 2200엔)
- 쿠로카와까지의 고속버스는 전 좌석 지정석으로 미리 예약해놓는 것이 좋다.
- 벳푸에서 08:03 출발 1편만 운행되며, 유후인 출발은 09:00, 13:50, 14:50 3편 운행된다.

TRAVEL SPOT
쿠로카와

1 카제노야 | 관광 안내소 | 風の舎

마을 입구에 위치한 쿠로카와 온천 료칸 조합으로 관광 자료 및 지도를 받을 수 있다. 쿠로카와 관광의 묘미라고 할 수 있는 온센메구리(온천 순례)를 하기 위한 뉴토테가타(入湯手形, 온천 자유 이용권)도 이곳에서 판매한다(1개 1300엔). 쿠로카와 료칸에 숙박하는 경우, 송영차량의 미팅도 이곳에서 하게 되므로 쿠로카와에 일찍 도착했다면 카제노야의 코인 로커에 짐을 보관한 후, 쿠로카와 마을을 산책하고 송영 차량을 타고 료칸으로 이동하면 된다.

📍 큐슈 횡단 버스 쿠로카와온센 버스 정류장에서 도보 10분
⏰ 09:00~17:00, 연중무휴

Tip 뉴토테가타 入湯手形

뉴토테가타는 쿠로카와 온천 료칸 조합에 가입된 27곳의 료칸 중 3곳의 온천 시설(대욕장과 노천 온천에 한함. 가족탕 제외)을 이용할 수 있는 일종의 온천 자유 이용권이다. 보통 료칸의 온천을 한 번 이용하는 데 500~700엔 정도이니, 여러 곳의 온천을 경험해보고 싶다면 뉴토테가타를 구입하는 것이 이득이다. 뉴토테가타는 1인 1개를 소지해야 하며, 하나를 여러 명이 같이 사용할 수 없다. 구입 후 이용일에 료칸 프런트에서 스탬프를 찍어주며, 그날부터 6개월간 이용 가능하다.

💴 1300엔
⏰ 08:30~21:00(료칸에 따라 이용 시간이 다름)

2 아지도코로 나카 | 일식 | 味処なか

쿠로카와의 대표 밥집으로 밀가루로 만든 납작한 면을 미소시루에 넣고 끓인 쿠마모토의 향토 요리 다고지루だご汁와 닭고기밥 지도리메시地鶏めし가 세트인 다고지루또 지도리메시(だご汁と地鶏めし, 1400엔), 쿠로카와의 명물인 말육회 바사시(馬刺し, 1550엔)와 같은 향토 요리 이외에도 돈가스 정식이나 우동 등의 대표적인 일식 메뉴도 있다.

📍 카제노야風の舎에서 도보 2분
⏰ 10:30~21:00, 비정기 휴무

3 시라타맛고 | 스위츠 | 白玉っ子

100% 일본 찹쌀로 만든 경단을 이용한 일본풍 스위츠집. 찹쌀을 맷돌에 직접 갈아서 전통적인 방법으로 만든 경단은 쫄깃하면서도 부드러우며 콩가루, 단팥죽, 꿀 등과 곁들여 먹는다. 경단을 푸짐하게 올린 파르페와 빙수 등 다양한 메뉴가 있다.

📍 카제노야風の舎에서 도보 2분
⏰ 10:00~17:00, 비정기 휴무

4 파티쉐리 로쿠 | 스위츠 | Patisserie Roku, パティスリー麓

후모토 료칸에서 운영하는 곳으로 다양한 스위츠들이 있지만 가장 인기 있는 것은 슈크림 빵으로, 주문을 하면 즉석에서 빵 안에 달콤한 슈크림을 가득 채워준다. 슈크림으로 만든 푸딩도 많이 달지 않고 부드러운 맛이라 인기이다.

📍 카제노야風の舎에서 도보 3분
⏰ 09:00~17:00, 화요일 휴무

5 츠케모노야노 오츠케모노 | 절임 반찬 | つけものやのおつけもの

신선한 제철채소를 통째로 소금이나 식초 등에 절인 반찬을 판매한다. 아삭아삭한 채소 맛과 향이 살아 있어 인기를 누리는데, 포장이 잘 되어 있어 선물용으로도 좋다. 여름에는 오이절임을 막대에 끼워서 하나씩 판매하는데, 온천욕으로 땀을 흘린 후 먹으면 간식 겸 갈증해소에 좋다.

📍 카제노야風の舎에서 도보 6분
⏰ 09:00~17:00(여름철 ~19:00), 연중무휴

6 도라도라 | 도라야키 | どらどら

도라야키 안에 팥소와 쫀득한 떡을 함께 넣어 만든 도라도라 버거(1개 216엔), 아이스크림을 넣은 도라도라 아이스(1개 249엔) 등을 판매한다. 도라야키를 좋아한다면 꼭 맛보도록 하자. 떡 안에 들어가는 소의 맛에 따라 우유, 카페오레, 말차, 한라봉, 커스터드의 5가지 종류가 있다.

📍 카제노야風の舎에서 도보 3분
⏰ 09:00~18:00, 비정기 휴무

7 고토사케텐 | 술 전문점 | Goto Liquor Store, 後藤酒店

일본은 각 지방마다 특색 있는 지방 맥주(지비루 地ビール)를 판매하는데, 이곳 역시 쿠로카와에서만 만날 수 있는 맥주와 와인, 사케 등을 판매하고 있다. 귀여운 그림의 라벨이 붙어 있는 유가리비진湯上り美人은 일본비어컵에서 금상을 받았다. 간단한 간식과 안주 거리도 판매하고 있어 편리하다.

📍 카제노야風の舎에서 도보 4분
⏰ 08:40~22:00, 비정기 휴무

9 모치야키 센베이 | 전통 과자 | もち焼きせんべい

센베이 전문점으로 간장, 파래, 매실, 명란 마요네즈, 참깨, 고추 등 다양한 재료로 만든 센베이를 판매하고 있다. 간식용으로도 그만이며 특이한 맛의 센베이는 선물용으로도 좋다.

📍 카제노야風の舎에서 도보 6분
⏰ 09:30~17:00, 비정기 휴무

8 지조도 | 명소 | 地蔵堂

쿠로카와 온천의 유래를 담고 있는 작은 사찰로 병든 아버지를 수발하던 가난한 소금 장수 아들이 오이를 드시고 싶어하는 아버지를 위해 오이 서리를 하다가 잡혀서 목이 잘리려는 찰나, 지장보살이 아들을 대신해 목이 잘렸다고 한다. 그 후 수행승이 지장보살의 시신을 거두어 이곳 쿠로카와에 모시고 제사를 지냈더니 그 자리에서 온천수가 솟아났다고 하는 것이 쿠로카와 온천의 유래이다. 이곳에서는 목이 잘린 지장보살을 모시고 있으며 온천수가 나왔다는 자리는 현재 공용 온천인 지조유地蔵湯이다. 사찰에는 보통 에마絵馬라는 작은 나무패에 소원을 적어 걸어놓곤 하는데, 이곳에는 여행객들이 사용한 뉴토테가타에 소원을 적어 걸어 놓아 눈길을 끈다.

📍 카제노야風の舎에서 도보 3분

TRAVEL SPOT
쿠로카와

뉴토테가타

온천 순례 추천 료칸

온천 자유이용권인 뉴토테가타(1개 1300엔)를 구매하면 쿠로카와 온천 내에 있는 료칸 3곳을 골라 대욕장, 노천온천 등을 이용하는 온센메구리(온천순례)를 즐길 수 있다. 입욕 가능 시간은 대부분 오전 8시 30분부터 21시까지이며, 료칸 프론트에 뉴토테가타를 제시하면 된다.

이코이 료칸 いこい旅館

일본의 명탕 100선에 당당히 이름을 올린 료칸으로 이곳 온천수에 함유된 성분이 미백 효과가 뛰어나다고 알려지면서 미인 온천으로 유명하다. 6개의 온천이 있으며 이 중 5개의 온천 시설을 뉴토테가타로 이용할 수 있다5. 개 중 3개는 혼욕탕이므로 이용 전에 확인하자.

- 熊本県阿蘇郡南小国町黒川温泉川端通り
- ☎ +81-967-44-0552
- ¥ 1인 2만 3650엔부터(본관 화실, 1박 2식)
- 온천 이용 시간 08:30~21:00, 1인 600엔(어린이 400엔)
- @ www.ikoi-ryokan.com

야마비코 료칸 やまびこ旅館

쿠로카와 온천에서도 손꼽히는 크기를 자랑하는 노천온천 센닌노유에서 온천욕을 즐길 수 있다. 마을에서 도보 이동이 가능한 거리여서 편리하며 가까운 곳에 료칸 쿠로카와소도 있어 두 곳을 함께 이용해도 좋다.

- 熊本県阿蘇郡南小国町大字満願寺字黒川6704
- +81-967-44-0311
- 1인 2만 6400엔부터(10조 일반 화실, 1박 2식)
- 온천 이용 시간 08:00~21:00, 1인 500엔
- www.yamabiko-ryokan.com

쿠로카와소 黒川荘

마치 병풍을 두른 것과 같은 암석 절벽에 둘러싸인 노천온천은 에메랄드빛을 띠는데, 날씨가 좋은 날은 푸른빛이 더욱 짙어진다. 한적한 자연 속에서 온천과 휴식을 즐기기에 그만인 곳이다.

- 熊本県阿蘇郡南小国町黒川温泉熊本県阿蘇郡南小国町満願寺6755-1
- +81-967-44-0211
- 1인 2만 8900엔부터(본관 일반 화실, 1박 2식)
- 온천 이용 시간 10:30~21:00, 1인 600엔(어린이 300엔)
- www.kurokawaso.com

산가 山河

우거진 신록과 시냇물로 둘러싸인 한적한 자연 속의 료칸이다. 마을에서 떨어져 있는데도 온센메구리로 많이 찾는 이유는 유황 온천수인 약용 온천수와 나트륨, 탄산수가 함유된 미용 온천수의 2가지 원천을 이용한 뛰어난 효능의 온천수 때문이다.

- 熊本県阿蘇郡南小国町大字満願寺6961-1
- +81-967-44-0906
- 1인 2만 900엔부터(본관 일반 화실, 1박 2식)
- 온천 이용 시간 08:30~21:00, 1인 500엔(어린이 300엔)
- www.sanga-ryokan.com

쿠로카와 추천 료칸

카이 아소 界阿蘇

초록으로 둘러싸인 2만 6000㎡의 부지에 단 12개 객실만 있는 프라이빗한 료칸으로 한적한 휴식을 취할 수 있다. 모든 객실은 노천 온천이 갖추어진 단독 별채 스타일로 사계절 여러 가지 표정을 담고 있는 아름다운 아소의 절경을 만끽할 수 있다.

- 📍 大分県玖珠郡九重町湯坪瀬の本628-6
- ☎ +81-50-3786-1144
- ¥ 1인 4만 9000엔부터(노천 온천 화양실, 1박 2식)
- @ hoshinoresorts.com/ja/hotels/kaiaso

호잔테이 帆山亭

커다란 연못과 그 주변으로 나무들이 가득한 시골집 같은 풍경에 둘러싸인 따스한 느낌의 료칸이다. 별채 스타일의 모든 객실에는 전용 노천 온천이 있으며 시냇물 소리, 지저귀는 산새 소리 등 도심에서는 느낄 수 없는 여유로움을 만끽할 수 있다

- 熊本県阿蘇郡南小国町満願寺6346
- +81-967-44-0059
- 1인 2만 6400엔부터(노천 온천 10조화실, 1박 2식)
- www.hozantei.com

타케후에 竹ふえ

대나무 숲속에 자리하고 있는 료칸 타케후에의 모든 객실에는 프라이빗한 온천이 구비되어 있다. 대나무가 빼곡히 둘러싸고 있는 커다란 노천 온천인 치쿠린노유竹林の湯를 전세탕으로 사용할 수 있어 좋다.

- 熊本県阿蘇郡南小国町大字満願寺5725-1
- +81-967-25-8171
- 1인 6만 3000엔부터
- www.takefue.com

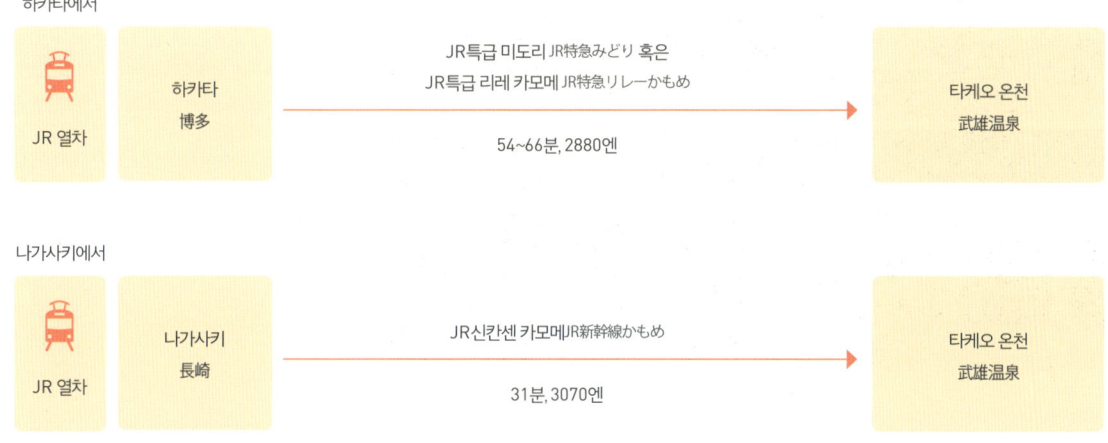

타케오
武雄

1300년의 역사를 자랑하는 온천지로 일본 내에서도 유명한 온천지다. 유후인이나 벳푸에 비교해 규모가 작은 온천지라는 인식이 강하지만, 4계절 아름다운 일본 정원 미후네야마 라쿠엔, 혁신적인 도서관으로 손꼽히는 타케오 시립 도서관, 3천 년이 넘는 신목이 있는 타케오 신사 등 의외로 곳곳에 볼거리가 많다. 옆 마을 우레시노 온천에서 버스로 30분, 열차(신칸센)로는 6분 밖에 걸리지 않아 두 곳을 함께 관광하는 것도 좋다.

타케오 찾아가기

하카타에서

JR 열차 → 하카타 博多 → JR특급 미도리 JR特急みどり 혹은 JR특급 리레 카모메 JR特急リレーかもめ / 54~66분, 2880엔 → 타케오 온천 武雄温泉

나가사키에서

JR 열차 → 나가사키 長崎 → JR신칸센 카모메 JR新幹線かもめ / 31분, 3070엔 → 타케오 온천 武雄温泉

• TRAVEL SPOT •
타케오

타케오 온센 | 대중탕 | 武雄温泉

타케오 온센은 다양한 타입의 대중탕이 모여 있는 온천시설로 입구에는 1915년 지어진 로몬楼門이 서있다. 일본 국가지정 중요문화재인 로몬을 지나면 모토유元湯, 호라이유蓬莱湯, 사기노유鷺乃湯가 나온다. 모토유는 1876년 지어졌으며 현존하는 목조건물 온천시설 중 가장 오래된 건물이다. 이 세개의 대중탕 외에도 전세탕으로 이용할 수 있는 토노사마유殿様湯 도 있다. 에도시대 중기 영주가 이용하던 탕으로, 1시간 동안 전세로 이용할 수 있다. 사전 예약을 받지 않고, 당일 순번제로 이용할 수 있다.

- JR타케오온센武雄温泉역 북쪽 출구에서 도보 12분
- 모토유, 사기노유, 호라이유 06:30~21:30, 토노사마유 10:00~23:00
- 모토유, 사기노유, 호라이유 성인 500엔, 3세~초등학생 250엔, 토노사마유 1시간 3800엔(토, 일, 공휴일 4300엔)

타케오 신사 | 신사 | 武雄神社

유서 깊은 신사로 3000년이 넘는 신목 녹나무와 연을 이어준다는 연리지로 유명한 신사다. 신사 옆의 대나무 숲길을 따라가보면 수령 3000년이 넘는 녹나무武雄の大楠를 만날 수 있는데, 높이 30m 둘레 20m에 육박하는 나무를 보는 순간 엄청난 크기에 압도당하고 만다. 나무줄기의 커다란 구멍에는 덴진사마天神様가 모셔져 있다. 신사의 입구인 도리이를 지나면 뿌리와 나무 중간 부분이 연결된 연리지를 볼 수 있는데, 그래서 부부, 연인, 직장, 새로운 만남 등 다양한 연을 연결시켜 주는 신사로도 유명하다.

- JR타케오온센武雄温泉역에서 도보 20분, 타케오 보양센터武雄保養センター 행 버스 이용, 타케오 고등학교 앞武雄高校前 정류장 하차, 도보 3분
- 09:00~17:00
- +81-954-22-2976
- 佐賀県武雄市武雄町大字武雄5335

TRAVEL SPOT
타케오

타케오시 도서관 | 도서관 | 武雄市図書館

2013년 4월 리뉴얼 당시 혁신적인 도서관으로 전국적으로 화제가 됐으며, 지금까지도 많은 이들의 발길이 끊이지 않고 있는 곳이다. 도서관 내에 스타벅스가 입점, 단순히 책을 읽거나 수험생의 공부 장소였던 도서관이 친구와 만나 대화를 나눌 수 있는 공간으로 변신하였다. 도서관에 음료를 가지고 들어갈 수 있으며, 실내에 잔잔한 음악이 흐르고, 365일, 늦은 시간까지 이용할 수 있다는 것도 기존 도서관에서는 보기 힘든 점이다. 개성적인 외관과 독특한 실내구조 등 볼거리가 많으므로 한번 방문해 보는 것도 좋다.

- 09:00~17:00
- +81-954-22-2976
- 佐賀県武雄市武雄町大字武雄5335

미후네야마 라쿠엔 | 일본정원 | 御船山楽園

타케오 28대 번주 나베시마 시게요시鍋島茂義가 별장으로 쓰기 위해 3년간의 조경을 걸쳐 1854년에 완성된 넓고 화려한 회유식 정원回遊式庭園이다. 봄에는 2천 그루의 벚꽃, 그리고 5만 그루의 철쭉이 미후네야마 절벽을 배경으로 멋진 경관을 만들며, 가을의 단풍과 겨울의 설경도 장관이다. 계절마다 자연의 아름다움으로 관람객을 압도하는 미후네야마 라쿠엔은 현재 국가 등록 기념물이다. 정원 내에는 명품 료칸 치쿠린테이와 미후네야마 호텔이 있다.

- JR타케오온센武雄温泉역 남쪽 출구에서 버스로 8분, 미후네야마 라쿠엔御船山楽園 정류장 하차
- 08:00~17:00(시즌에 따라 변동 있음)
- 성인 400엔, 학생 200엔(시즌에 따라 요금 변동 있음)
- +81-954-23-3131
- 佐賀県武雄市武雄町大字武雄4100

케이슈엔 | 일본정원 | 慧洲園

정원 미술관으로 유명한 아다치 미술관과 오호리 공원 일본 정원을 만든 나카네 킨사쿠中根金作의 작품인 케이슈엔은 순수 일본식 정원으로, 연못 둘레에 산책로를 둔 회유식 정원回遊式庭園이다. 정원을 거닐다 보면 연못에 떠있듯 자리한 요코미술관을 만날 수 있는데, 일본 도자기의 발상지인 사가 도자기의 뿌리인 중국의 당~청시대의 도자기를 테마별 특별전 형식으로 전시하고 있다. 정원 내에는 차를 즐기며 잠시 쉴 수 있는 다실, 미후네차야 みふね茶屋도 있다. 다실은 토~일요일과 공휴일에만 오픈한다.

- JR타케오온센武雄温泉역 남쪽 출구에서 버스로 7분, 카레키노토枯れ木の塔 정류장 하차
- 10:00~16:00, 수요일 휴무(일본정원은 시즌에 따라 휴무일 변경 있음)
- 일본정원 성인 600엔, 학생 500엔, 미술관 성인 600엔, 학생 500엔, 세트권 성인 1000엔, 학생 800엔
- +81-954-20-1187
- 佐賀県武雄市武雄町武雄4075-3

TRAVEL SPOT
타케오

카이로도 | 에키벤 | カイロ堂

큐슈에 있는 역에서 파는 도시락의 우열을 가리는 큐슈 에키벤 그랑프리九州駅弁グランプリ에서 3연속 1위를 차지한 에키벤으로 유명한 곳이다. 2연속 우승을 차지한 사가규 스키야키 벤토(佐賀牛すき焼き弁当, 1620엔)와 역시 우승을 한 사가규 극상 갈비구이 벤토(佐賀牛極上カルビ焼肉弁当, 1944엔)가 대표 메뉴. 구입 후 매장에서 먹는 사람도 많지만, 열차 안에서 먹기 위해 테이크아웃하는 사람들도 많다. 북쪽 출구쪽 관광안내소 안에 자리하고 있다.

- JR타케오온센武雄温泉역 1층, 북쪽 출구 관광안내소 안
- 08:00~18:00, 연말연시 휴무
- +81-954-22-2767
- 佐賀県武雄市武雄町大字富岡8249-4

TKB AWARDS
| 햄버거 | 티케이비어와즈

타케오의 인기 버거집으로 원래는 정육점 한편에서 있던 가게를 2015년 현재의 장소로 이전 새롭게 오픈했다. 모든 메뉴에 최상의 고기를 사용, 방송에도 자주 소개될 만큼 인기 있는 곳이다. 대표 메뉴는 치즈 버거(단품 620엔, 음료 세트 1000엔). 대부분의 햄버거는 단품 580~750엔 정도에 먹을 수 있다.

- JR타케오온센武雄温泉역 북쪽 출구에서 도보 8분
- 월~목 11:00~15:00, 18:00~20:00, 금~토 11:00~15:00, 18:00~22:00, 일 11:00~15:00, 월요일 휴무
- +81-80-3958-3411
- 武雄市武雄町富岡7811-5

타케오시폰 빠사빠스
| 베이커리 | たけおしふぉん Pas a' Pas

시폰 케이크 전문점으로 20여 종류의 시폰 케이크, 시폰 롤, 러스크 등을 판매한다. 엄선된 재료로 정성껏 만든 시폰 케이크는 부드러운 식감으로 현지인에게 좋은 평을 얻고 있다. 금, 토요일에만 가게를 오픈한다.

- JR타케오온센武雄温泉역 북쪽 출구에서 도보 3분
- 10:00~18:00, 일~목요일 휴무, 세 번째 토요일 휴무
- +81-954-33-0081
- 佐賀県武雄市武雄町富岡8541

치쿠린테이 御宿 竹林亭

1300년 전통을 가진 타케오 온천에 자리잡은 전통 료칸으로, 일본 천황 내외가 이곳에 머무른 것을 필두로, 일본 유명 연예인이 즐겨 찾는 명품 료칸이다. 약 50만 ㎡에 달하는 어마어마한 규모의 부지에 단 11개의 객실만이 있어 복잡함을 잊고 편안하고 조용한 휴식을 즐기기에 그만이다. 모든 객실에는 노천온천이 있으며, 봄의 벚꽃, 초여름의 철쭉, 가을의 단풍 등 계절마다 형형색색으로 물드는 아름다운 정원을 마음껏 즐길 수 있다. 숙박객은 바로 옆에 있는 정원 미후네야마 라쿠엔을 무료로 이용할 수 있다.

- 佐賀県武雄市武雄町大字武雄4100
- +81-954-23-0210
- 1인 3만 4650엔부터(노천온천화실, 1박 2식)
- www.chikurintei.jp/

미후네야마 라쿠엔 호텔 御船山楽園ホテル

다케오 온천의 명품 료칸 치쿠린테이의 자매 호텔로, 객실 타입은 크게 전용 노천온천이 딸린 객실과 스탠더드 타입이 있다. 모든 객실은 고급스러운 인테리어로 되어 있으며, 특히 노천온천이 딸린 일부 객실의 경우 웬만한 료칸 부럽지 않은 커다란 사이즈의 노천온천이 있다. 대욕장, 노천온천, 사우나 등의 부대시설이 있으며, 다케오 온천역에서 호텔까지 무료 송영 서비스를 이용할 수 있다. 미후네야마 라쿠엔 호텔 숙박객 역시 아름다운 일본 정원 미후네야마 라쿠엔을 무료로 이용할 수 있다.

- 佐賀県武雄市武雄町大字武雄4100
- +81-954-523-3131
- 1인 2만 900엔부터(본관 화실, 1박 2식)
- www.mifuneyama.co.jp/

武雄 타케오

- 타케오시폰빠사빠스 / たけおしふぉん Pasa' Pas
- 카이로도 / カイロ堂
- 타케오 온센 / 武雄温泉
- 타케오온센역 / 武雄温泉駅
- TKB AWARDS / ティーケービーアワーズ
- 타케오시 도서관 / 武雄市図書館
- 타케오 신사 / 武雄神社
- 키슈엔 / 慧洲園
- 미후네야마 라쿠엔 호텔 / 御船山楽園ホテル
- 치쿠린테이 / 御宿 竹林亭
- 미후네야마 라쿠엔 / 御船山楽園

우레시노
嬉野

약 1300년의 역사를 가진 온천지로, 온천 외에도 차와 도자기가 유명하다. 우레시노의 온천수는 탄산나트륨을 대량으로 함유하고 있어 피부미용에 탁월한 효과가 있다. 그래서 3대 미인 온천으로 손꼽힌다. 중심부는 규모는 작지만 아기자기한 볼거리가 가득하며, 대부분의 료칸과 호텔은 우레시노 강을 따라 위치해 있어서, 멋진 자연경관을 즐길 수 있다.

우레시노 찾아가기

버스 이용할 경우

버스 / バス → 후쿠오카 공항 국제선 터미널 3번 승강장 →[고속버스 큐슈호 高速バス九州号 / 84분, 2200엔]→ 우레시노 버스 센터 / 嬉野バスセンター

* 하카타 버스터미널 3층 37번 승강장, 텐진 버스 터미널 4번 승강장에서도 버스 이용 가능. 하카타 출발 시 125분, 텐진 출발 시 106분 소요

JR 이용할 경우

JR 열차 → 하카타 / 博多 →[JR특급 리레 카모메 / JR特急リレーかもめ / 59분]→ 타케오 온천 / 武雄温泉 →[JR신칸센 카모메 / JR新幹線かもめ / 6분, 3710엔]→ 우레시노 온천 / 嬉野温泉

Tip. 고속버스와 JR특급 열차는 예약을 미리 하는 것이 좋다. 예약은 이용 예정일 한 달 전부터 가능하다.
* 고속버스 예약 www.atbus-de.com/
* JR 예약 www.jrkyushu.co.jp/korean/

TRAVEL SPOT
· 우레시노 ·

토요타마 히메 신사(메기신사)
| 신사 | 豊玉姫神社

미인탕으로 알려진 우레시노 온천에 자리 잡은 아름다운 여신 토요타마 히메豊玉姫를 모시는 신사이다. 신사 내에 있는 하얀 메기는 토요타마 히메가 부리는 것으로 예로부터 피부병에 효험이 있다고 한다. 그래서 지금도 아름다운 피부를 기원하는 참배객의 발길이 이어지고 있다. 마을 중심가에 있어 찾기 쉽다.

- 우레시노 버스 센터에서 도보 3분
- 24시간
- +81-954-43-0680
- 佐賀県嬉野市嬉野町大字下宿乙2231-2

시볼트 족욕탕 | 족욕탕 | シーボルトのあし湯

마을 중심에 있는 유유 광장湯遊広場에 있는 족욕탕으로 24시간 무료로 이용할 수 있다. 따끈한 물에 발을 담그고 잠시 담소를 즐기기 그만이다. 시볼트는 일본 서양 의학에 큰 공헌을 한 독일 의사로, 우레시노 온천에 들른 것을 기념하여 시볼트라 이름 지었다. 바로 옆에 대중목욕탕 시볼트유シーボルトの湯가 있다(6시부터 10시까지 이용가능, 420엔).

- 우레시노 버스 센터에서 도보 5분
- 24시간, 연중무휴
- 佐賀県嬉野市嬉野町大字下宿乙822-1

토도로키노타키 공원 | 공원 | 轟の滝公園

평지에 있는 폭포로는 보기 드물게 높이 11m, 3단으로 된 폭포 토도로키노타키轟の滝가 있는 공원으로, 주변에 산책로가 잘 정비되어 있다. 봄이면 벚꽃, 여름에는 물놀이, 가을에는 단풍을 즐기기 위해 주말이면 많은 이들이 찾는다.

- 우레시노 버스 센터에서 도보 15분
- 24시간
- 佐賀県嬉野市嬉野町大字下宿丙163-1

TRAVEL SPOT
· 우레시노 ·

나카지마 비코엔
| 녹차 전문숍 | 中島美香園

직접 운영하는 다원에서 딴 찻잎을 엄선하여 직접 제조, 가공한 우레시노 차嬉野茶를 구입할 수 있다. 가게 안에는 자그마한 일본 정원이 보이는 찻집이 있으며, 녹차와 우레시노 차로 만든 젤라또 등의 메뉴가 있다.

- 우레시노 버스 센터에서 도보 5분
- 10:00~18:00, 두 번째, 네 번째 수요일 휴무(1, 6, 9월은 매주 수요일 휴무)
- +81-954-42-0372
- 佐賀県嬉野市嬉野町大字下宿乙2199

소안 요코초 | 온천두부 | 宗庵 よこ長

우레시노의 명물 온센유도후溫泉湯どうふ를 처음으로 선보인 레스토랑으로 1957년 오픈했다. 온센유도후는 온천수를 사용해서 요리한 온천 두부요리로, 두부를 온천수로 조리하여 부드러우면서 담백한 맛을 낸다. 소안 요코초에서는 100% 사가현에서 재배한 엄선된 콩을 사용, 두부를 직접 만든다. 유도후 정식湯どうふ定食은 980엔, 특선 유도후 정식特選湯どうふ定食은 1210엔이다.

- 우레시노 버스 센터에서 도보 3분
- 10:30~15:30, 17:00~21:00, 수요일 휴무
- +81-954-42-0563
- 佐賀県嬉野市嬉野町下宿乙2190

닌키테이 | 우동 | 人気亭

현지인들이 사랑하는 음식점으로 우동, 소바가 메인 메뉴이다. 우동, 소바는 410~980엔까지. 우동과 소바 외에도 텐푸라 정식(天ぷら定食, 1500엔), 돈가스 정식(トンカツ定食, 1500엔) 등의 메뉴도 준비되어 있다. 일본어 메뉴 밖에 없어서 주문이 좀 어려울 수도 있다.

- 우레시노 버스 센터에서 도보 2분
- 11:30~21:00, 목요일 휴무
- +81-954-43-1137
- 佐賀県嬉野市嬉野町下宿乙2307

온천 식당 | 일식 | 温泉食堂

관광객보다는 지역주민들에게 더 사랑받는 일정식 집이다. 대표 메뉴는 온천 식당 오리지널인 오므라이스 덮밥, 오므돈オム丼, 치즈가 들어간 와후 오므라이스 오므돈オム丼과 매콤한 소스가 들어간 비빕밥풍 오므돈비빔바風オム丼 2가지가 있다. 가격은 모두 850엔. 이 밖에도 오야코돈, 가스돈, 카레, 부타돈 등 친숙한 메뉴도 있다 (800~900엔).

- 우레시노 버스 센터에서 도보 4분
- 11:00~14:30, 17:30~19:30, 일요일 휴무
- +81-954-43-0511
- 佐賀県嬉野市嬉野町岩屋川内甲321

嬉野 우레시노

시바산소 椎葉山荘

산과 계곡이 어우러진 자연 한가운데 자리한 료칸으로 객실은 산 측 객실과 강 측 객실로 구분되는데, 산 측 객실에서는 여름의 싱그러운 녹음, 가을의 화려한 단풍을, 강 측 객실에서는 잔잔히 흘러가는 시원한 계곡물소리, 그리고 5~6월에는 반딧불 등 어느 객실에서도 아름다운 자연을 만끽할 수 있다. 료칸 내 노천온천과 대욕장에서도 객실에서와 같이 자연을 즐길 수 있으며, 특히 노천온천은 니시 규슈 지방에서도 손꼽히는 규모와 경치를 자랑한다.

- 佐賀県嬉野市嬉野町岩屋川内字椎葉乙1586
- +81-954-42-3600
- 1인 2만 5300엔부터 (실내탕 객실, 1박 2식)
- www.shiibasanso.com/

타이쇼야 大正屋

1925년 창업, 역사와 전통을 지닌 료칸으로, 우레시노 온천을 대표하는 료칸이다. 타이쇼야는 황궁 신궁전의 기본 설계를 담당한 요시무라 준조가 설계, 작은 공간 하나에서도 고급스러운 일본의 전통미와 따뜻함을 느낄 수 있다. 모든 객실은 일본의 정서가 담겨있는 화실을 기본으로 하고 있으며, 화양실에서도 일본의 정취를 즐길 수 있다. 온천은 4곳의 대욕장이 있으며, 같은 계열 료칸인 '시바산소'의 온천시설도 무료로 이용할 수 있다.

- 佐賀県嬉野市嬉野町下宿乙2276-1
- +81-954-42-1170
- 1인 3만 4650엔부터 (노천온천 화실, 1박 2식)
- www.taishoya.com/taishoya/

일본 공용 온천 시설 이용 방법

1

탈의실에서 옷 벗기

탈의실에서 입고 있는 옷을 벗고 비치되어 있는 바구니나 락커에 옷을 보관한다. 귀중품은 따로 프론트에 맡기거나 객실에 두는 것이 좋다. 탕에는 몸을 닦을 작은 수건만 가지고 들어가자.

2

탕 밖에서 몸을 깨끗이 씻기

탕에 들어가기 전에 탕 밖에서 비누칠을 하고 샤워기를 이용해 몸을 깨끗이 씻는다.

3

탕의 물 끼얹기

발에서부터 허리, 손끝에서부터 어깨와 같이 가슴에서 먼 순서대로 온천수를 끼얹어 몸이 탕의 온도에 익숙해지도록 한다. 마지막에 머리에 끼얹으면 현기증을 예방할 수 있다.

4

10~15분 정도 입욕

탕에는 조용히 들어가서 처음에는 명치까지 잠기는 반신욕으로 몸이 탕에 익숙해지도록 한다. 입욕 시간은 이마나 코 끝에 땀이 맺히는 정도 또는 10~15분 정도가 적당하다.

5

샤워는 하지 않고 수건으로 몸 닦기

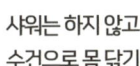

온천수의 약용 성분의 효과를 보려면 입욕 후에 샤워를 하지 않는 것이 좋다. 나갈 때에는, 수건으로 몸을 가볍게 닦은 뒤 탈의실로 이동한다.

6

천천히 쉬면서 수분 보충 하기

입욕 후에는 몸이 안정될 때까지 앉아서 충분히 쉬고 수시로 수분을 공급해 주는 것이 좋다.

온천 이용 시 주의 사항

탕 안에 들어갈 때는 수영복 착용은 불가하다

사용한 수건을 온천탕 안에 담그지 않도록 한다.

긴 머리는 묶어 올려서 탕 안에 떨어트리지 않도록 한다.

신체에 과도한 문신이 있는 경우에는 입욕이 불가할 수 있다.

온천탕에서 세탁을 하거나 때를 밀지 않도록 주의 한다.

온천탕에서 뛰거나 수영을 하지 않도록 한다.

나가사키

長崎

Around Fukuoka

큐슈 서쪽에 있는 나가사키현의 현청 소재지인 나가사키 시는 과거 포르투갈, 네덜란드, 중국 등 해외와의 교역이 활발하게 이루어졌던 항구도시로 동서양 문화에 영향을 받은 이국적인 정취가 흐르는 거리 풍경, 화려한 문화유산 등 볼거리가 풍성하다. 나가사키 구석구석을 누비는 노면전차에 탑승해 차이나타운, 데지마, 구라바엔 등을 돌아보고 나가사키에서 탄생한 음식인 짬뽕과 카스텔라, 도루코 라이스를 맛보자. 여행의 말미엔 황홀한 나가사키 야경도 빼놓지 말아야 한다.

나가사키 찾아가기

후쿠오카 공항 및 시내에서

후쿠오카 시내에서 나가사키까지 고속버스와 JR 열차, 2가지 방법으로 이동할 수 있다. 고속버스는 편도 2900엔이다. 후쿠오카-나가사키 구간의 고속버스는 산큐 패스로도 탑승할 수 있다.

나가사키 공항에서

나가사키 공항에서 시내까지는 공항버스 또는 택시를 이용해 이동할 수 있다.

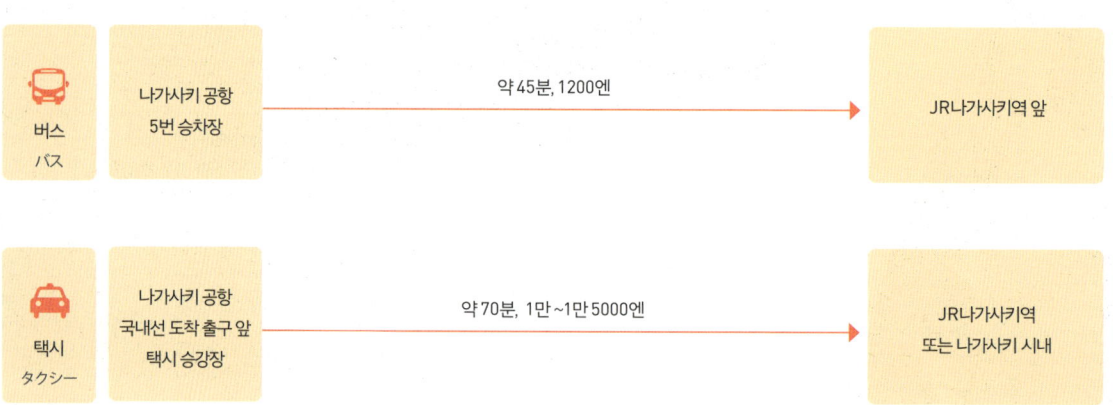

나가사키 시내 교통

노면전차 路面電車

노면전차를 이용하면 나가사키 시내의 웬만한 관광지에 모두 접근 할 수 있다. 노면전차는 1, 3, 4, 5의 총 4계통 노선이 운영되고 있다. 요금은 모든 구간 동일하게 140엔이며 버스와 마찬가지로 뒷문으로 승차 후, 앞문으로 하차할 때 요금 통에 현금으로 지불한다. 전차 앞뒤에 설치된 잔돈 교환기에서 1000엔짜리 지폐를 잔돈으로 교환할 수 있다. 충전식 교통카드(IC 카드)로도 탑승할 수 있으며 탑승, 하차 시 모두 카드를 터치한다.

* 주의! 1계통과 5계통은 츠키마치築町역에서 하차 시 운전기사에게 환승권(노리츠기켄, のりつぎ券)을 받아 무료 환승이 가능하다.

시내버스 バス

이나사야마 전망대 같은 노면전차가 가지 않는 관광지는 시내버스를 이용하면 된다. 버스 정류장에 한글 안내도 있어 탑승하는 데 불편함이 없다. 뒷문으로 승차할 때 티켓을 뽑아 내릴 때 표시된 금액만큼 지불하면 된다.

나가사키 시내 유용한 카드 및 패스

노면전차 1일권 電車一日乗車券	구매한 날짜 1일 동안 노면전차를 무제한 탑승할 수 있는 티켓. 1일권 소지자는 츠키마치역에서 환승권이 따로 필요 없다. 전차 내에서는 판매하지 않으며 나가사키역, 나가사키 관광 안내소, 나가사키 시내 호텔 등에서 구매할 수 있다.	1일간 유효 성인 600엔, 어린이 300엔
나가사키 시내 관광 1일 승차권 長崎市内観光 1 日乗車券	나가사키 시내 지정 구간에서 하루 동안 자유롭게 버스를 승차할 수 있는 티켓으로 나가사키 역내에 있는 나가사키 관광 안내소나 나가사키 버스 각 영업소에서 구매할 수 있다.	1일간 유효 성인 500엔, 어린이 250엔

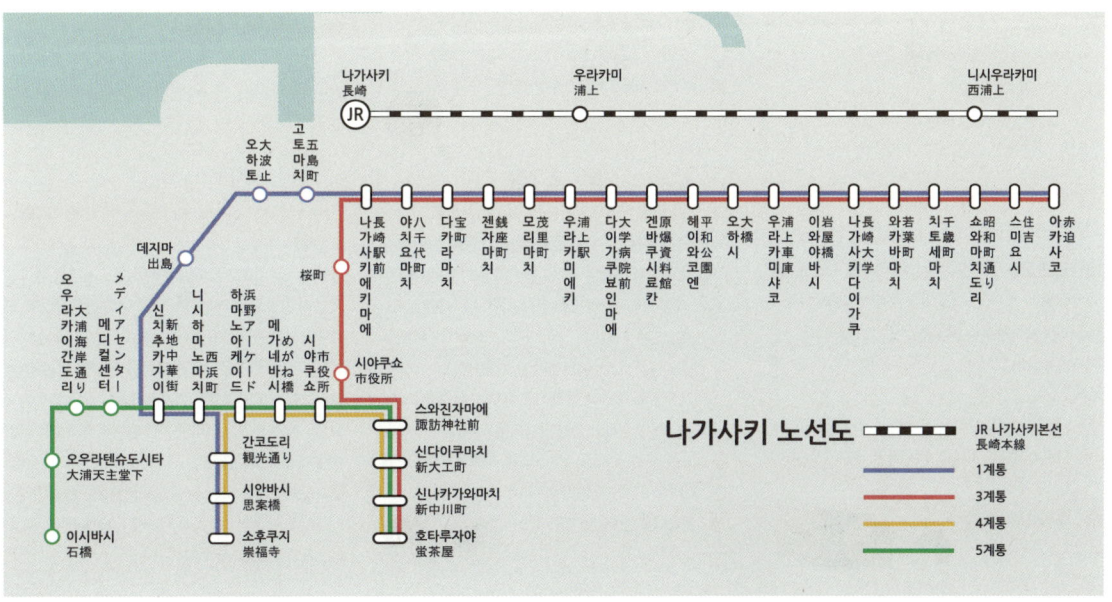

TRAVEL SPOT
나가사키

1 메가네바시
| 다리 | **Megane Bridge 眼鏡橋**

1634년 포르투갈인이 전해준 석조 다리 건축 기술을 이용하여 만든 일본 최초의 아치형 돌다리로 1960년에 일본 중요 문화재로 지정되었다. 2개의 아치로 된 다리가 강 위에 비친 모습이 안경(메가네) 같아 보인다고 해서 '메가네바시'라 불리며, 부근의 강변 제방에는 20개가량의 하트 모양 돌이 사용되어 이 '하트 스톤'을 찾아 인증 샷을 남기는 사람들을 쉽게 볼 수 있다.

- 노면전차 4, 5호선 메가네바시めがね橋역 또는 3호선 시야쿠쇼시役所역에서 도보 3분
- 長崎県長崎市魚の町

2 히후미테이
| 전통 요리 | **Hifumitei 一二三亭**

나가사키의 명물 오지야おじや를 맛볼 수 있는 가게. 오지야는 다시마와 가쓰오부시를 우린 육수에 쌀을 3번에 걸쳐 푹 익혀내어 참깨와 파를 올린 우리나라의 죽과 비슷한 음식으로 담백하고 부담 없는 맛이 별미이다. 닭튀김과 함께 나오는 오지야 세트(1100엔)로 맛보도록 하자.

- 노면전차 4, 5호선 메가네바시めがね橋역 또는 3호선 시야쿠쇼市役所역에서 도보 5분
- 12:00~14:00/ 17:00~23:00, 비정기 휴무
- 長崎県長崎市古川町3-2

3 하마노마치 아케이드 | 쇼핑센터 |
Hamanomachi Arcade 浜町アーケード

쇼핑 거리로 유명한 번화가로 하마이치 아케이드, 베르나도 칸코도리 전체를 하마노마치 아케이드라고 부른다. 수백 개의 상점과 백화점이 있으며 유명한 음식점도 많아 나가사키 여행 시 한 번은 꼭 들르게 되는 곳이며 나가사키의 밤 문화를 느낄 수 있는 곳이기도 하다.

- 노면전차 1, 4호선 간코도리観光通り역에서 도보 2분
- 長崎県長崎市浜町

4 욧소
| 레스토랑 | **Yossou 吉宗**

1866년에 문을 연 150년 이상의 역사를 지닌 차완무시(달걀찜)와 소시 전문점. 대표 메뉴인 차완무시와 무시즈시가 함께 세트로 나오는 고이치닌마에(御一人前 1540엔)는 맛뿐만 아니라 예쁜 모양까지 더해 인기를 끌고 있다.

- 노면전차 1,4호선 간코도리観光通り역에서 도보 3분
- 11:00~15:00, 17:00~21:00, 화요일, 1/1, 8/15, 12/31 휴무
- 長崎県長崎市浜町8-9

5 츠루짱
| 토루코 라이스 | **Tsuru-chan ツル茶ん**

1925년에 문을 연 역사 깊은 찻집으로 문을 열고 들어서면 그 세월과 전통이 묻어나는 레트로한 인테리어가 눈길을 끈다. 츠루짱의 오랜 역사만큼이나 유명한 메뉴는 토루코 라이스(昔なつかしトルコライス 1580엔)와 원조 나가사키풍 밀크셰이크(元祖長崎風ミルクセーキ 780엔)로 토루코 라이스로 식사를 한 후 하프 사이즈 밀크셰이크(420엔)를 맛보도록 하자.

- 노면전차 1,4호선 시안바시思案橋역에서 도보 2분
- 10:00~21:00, 연중무휴
- 長崎県長崎市油屋町2-47

6 신치 차이나타운 | 관광 스폿 |
Nagasaki Shinchi Chinatown 新地中華街

요코하마 차이나타운, 고베의 난킨마치와 함께 일본 3대 차이나타운으로 꼽히는 곳이다. 에도시대 중기에 중국 선박 창고를 짓기 위해 바다를 메워 만든 곳으로 그때부터 많은 중국인이 이주해 살았다. 약 250m 길이의 사거리에는 중국 음식점과 제과점, 잡화점 등 수십 개 점포가 들어서 있다. 매년 중추절 축제가 이곳을 중심으로 열리며 설날에는 거리 곳곳에 형형색색의 불을 밝힌 랜턴 페스티벌이 열린다.

- 노면전차 1, 5호선 신치추카가이新地中華街역에서 도보 3분
- 10:00~21:00(점포마다다름)
- 長崎県長崎市新地町10-13

TRAVEL SPOT
나가사키

7 데지마
| 관광 스폿 | **Dejima 出島**

1636년 기독교 포교 금지를 위해 만든 부채 모양의 인공 섬으로 처음에는 나가사키 시의 포르투갈인을 격리한 곳이었으나 뒷날 네덜란드인의 거주지로 변하였다. 그 이후 약 200년 동안 일본에서 유일하게 해외 무역을 하던 항구가 된 곳으로 19세기에 지어진 신학교를 리모델링하여 1998년 오픈한 '나가사키 데지마 사료관'에는 포르투갈, 네덜란드, 영국 등과의 무역 상황이나 쇄국 당시 데지마 섬의 문화나 식생활 등을 모형과 그림으로 전시하고 있다.

- 노면전차 1호선 데지마出島역에서 도보 4분
- 08:00~21:00, 비정기 휴무
- 성인 520엔, 고등학생 200엔, 초·중학생 100엔
- 長崎県長崎市出島町6-1

10 오란다자카
| 거리 | **Nagasaki Dutch Slope オランダ坂**

히가시야마테의 서양 주택들과 이국적인 풍경이 어우러진 언덕길로 나가사키를 대표하는 이미지로 자주 등장하곤 한다. 가장 옛 모습이 잘 남아 있는 곳은 갓스이여자 대학교 입구에서부터 구라바엔으로 이어지는 갓스이자카이다.

- 노면전차 5호선 이시바시石橋역에서 도보 4분
- 長崎県長崎市東山手町

8 데지마 와프
| 관광 스폿 | **Dejima Wharf**

바다를 마주한 레스토랑이 줄지어 서 있는 데지마 와프는 나가사키의 핫플레이스로 가까이에는 유메사이토 쇼핑 건물과 미즈베노모리 공원 그리고 나가사키현 미술관이 있어 하루 나들이 코스로도 좋다.

- 노면전차 1호선 데지마出島역에서 도보 2분
- 長崎市出島1-1-109

11 나가사키현 미술관 | 미술관 |
Nagasaki Prefectural Art Museum
長崎県美術館

기타무라 세이보北村西望의 조각, 노구치 야타로野口彌太郎, 야마모토 모리노스케山本森之助의 회화 등을 전시하며 동양 최대 규모를 자랑하는 스페인 미술 컬렉션도 볼 만하다. 건축가 쿠마 켄고의 작품으로 미술관 자체가 아름답기로 유명하다.

- 노면전차 5호선 메디컬센터メディアセンター역에서 도보 2분
- 10:00~20:00, 두 번째·네 번째 월요일 휴관(두 번째·네 번째 월요일이 국경일일 경우, 화요일 휴관), 12월 29일~1월 1일 휴관
- 일반 420엔, 대학생 310엔, 초·중·고등학생 210엔
- 長崎県長崎市出島町2-1

9 애틱
| 카페 | **Delicious Restaurant Attic**

'료마카푸치노라고 불리는 나가사키의 유명한 역사적인 인물 료마의 얼굴 모양 카푸치노로 유명한 카페. '료마 카푸치노'라는 메뉴가 따로 있지않으므로 주문할 때 부탁하면 만들어준다. 카푸치노 380엔, 카페 모카 400엔.

- 노면전차 1호선 데지마出島역에서 도보 2분
- 11:00~23:00 (금~토요일 11:00~23:30), 연말연시 휴무
- 長崎県長崎市出島町1-1長崎出島ワーフ 1F美術館側

12 히가시야마테 13번관
| 카페 | **Higashi-yamate No 13 Building**
山手甲十三番館

오란다자카 초입에 있는 옛 프랑스 영사관 건물로 현재는 개인 소유의 카페로 운영되고 있다. 담쟁이넝쿨로 하트 모양을 만들어두어 포토존으로도 유명하다.

- 노면전차 5호선 메디컬센터メディアセンター역에서 도보 4분
- 10:00~17:00, 월요일 휴무, 12월 29일~1월 4일 휴무
- 長崎県長崎市東山手町3-1

TRAVEL SPOT
나가사키

13 히가시야마테 12번관
| 명소 | Higashi-yamate No 12 Building 東山手甲十二番館

오란다자카에 오르면 바로 정면 오른쪽에 보이는 1868년에 건설된 구 러시아 영사관, 미국 영사관, 선교사들의 주택 등으로 쓰였던 건물. 현재는 미션 스쿨의 역사 자료관으로 쓰이고 있어 한 번쯤 둘러볼 만하다.

- 노면전차 5호선 메디컬센터メディカルセンター역에서 도보 4분
- 09:00~17:00, 12월 29일~1월 3일 휴관
- 長崎市東山手町3-7

14 히가시야마테 서양식 주택군
| 관광 스폿 | Higashi-yamate Western Houses 東山手洋風住宅群

외국인에게 임대했던 19세기 후반에 지어진 서양식 주택 7채가 들어서 있는 거리로 현재는 대부분 자료관으로 운영되고 있는 주택관을 유료 관람할 수 있다. 히가시야마테 치쿠칸은 국제 교류관으로도 사용되는 카페이다.

- 노면전차 5호선 이시바시石橋역에서 도보 3분
- 고사진자료관·마이조자료관古写真資料館·埋蔵資料館 09:00~17:00, 월요일, 12월29일~1월3일 휴무
- 고사진자료관·마이조자료관古写真資料館·埋蔵資料館 성인 100엔, 중·고등학생 50엔
- 長崎県長崎市東山手町6-25

15 공자묘, 중국 역대 박물관
| 박물관 | Nagasaki Confucius Shrine 長崎孔子廟 中国歴代博物館

1893년 청나라 정부의 지원으로 세워진 나가사키 공자묘는 중국이 아닌 곳에 있는 유일한 공자의 사당이다. 이곳은 현재도 중국 영토이며 중국 대사관이 관리한다. 사당에는 공자를 따랐던 중국 현인 72명의 동상이 서 있으며, 중국 국립박물관과 베이징 고궁 박물원에서 대여한 다양한 국보급 전시물을 볼 수 있다.

- 노면전차 5호선 이시바시石橋에서 도보 5분
- 09:30~18:00(시즌에 따라 시간 변동), 연중무휴
- 성인 660엔, 고등학생 440엔, 초·중학생 330엔
- 長崎県長崎市大浦町10-36

16 오우라 천주당
| 교회 | Oura Church 大浦天主堂

1597년 도요토미 히데요시에 의해 처형된 17명의 일본인과 9명의 유럽인, 총 26명의 기독교인 순교자를 위해 두 명의 프랑스 선교사가 교회이다. 스테인드 글라스와 흰색 대리석의 마리아상은 프랑스에서 만든 것으로 일본에서 가장 오래된 목조 성당이며 국보로 지정되었다.

- 노면전차 5호선 오우라텐슈도시타大浦天主堂下역에서 도보 5분
- 08:30~18:00, 11~2월 08:30~17:30
- 성인 1000엔, 고등학생 400엔, 초·중학생 300엔
- 長崎市南山手町5-3

17 구라바엔
| 공원 | Glover Garden グラバー園

1863년 스코틀랜드인 토머스 블레이크 글로버Thomas Blake Glover가 저택을 세운 것을 시작으로 에도시대 말기 외국인 거리였던 미나미야마테의 언덕을 나가사키의 이국적 정취가 가득한 관광지로 개발한 곳이다. 글로버 주택을 비롯하여 총 10개 건물을 관람할 수 있으며 이곳에서 바라다보이는 나가사키 항의 전망도 훌륭하다.

- 노면전차 5호선 오우라텐슈도시타大浦天主堂下역에서 도보 8분
- 08:00~20:00(관람 종료 시각은 시즌에 따라 다름)
- @ glover-garden.jp/
- 성인 620엔, 고등학생 310엔, 초·중학생 180엔
- 長崎県長崎市南山手町8-1

TRAVEL SPOT
나가사키

18 평화 공원

| 공원 | **Nagasaki Peace Park 平和公園**

나가사키 원폭 자료관 가까이에 자리한 평화 공원은 매년 8월 9일 위령제가 열리는 추모 공원이자 나가사키 시민의 휴식 공간이다. 평화 공원의 상징인 약 10m 크기의 청동 상은 ㄴ자 모양으로 팔을 뻗고 있는데, 위로 들어 올린 오른손은 원폭을, 바깥으로 쭉 뻗은 왼손은 영원한 평화를, 평화로운 얼굴과 감은 눈은 희생자들의 영혼에 위안을 기원하는 의미를 갖고 있다고 한다.

📍 노면전차 1, 2, 3호선 헤이와코엔平和公園역에서 도보 3분, 나가사키 원폭자료관長崎原爆資料館에서 도보 5분
🏠 長崎県長崎市南松山町9

19 나가사키 원폭자료관

| 박물관 | **Nagasaki Atomic Bomb Museum 長崎原爆資料館**

1945년 8월 9일 오전 11시 2분 35초, 나가사키 마츠야마초에 투하된 원폭 팻맨Fat Man의 피해 자료를 포함한 당시의 비극적 참상을 전시하고 있다. 인류의 비극을 전시하는 데 그치는 것이 아닌, 핵무기의 궁극적인 폐기와 세계 평화에 대한 인류의 희망을 보여준다는 점에서 나가사키 여행의 필수 관광지로 손꼽히고 있다.

📍 노면전차 1, 2, 3호선 겐바쿠시료칸原爆資料館역에서 도보 5분
🕗 08:30~17:30(5월~8월은 18:30까지), 12월 29일~12월 31일 휴관
💴 일반 200엔
🏠 長崎市平野町7-8

20 이나사야마 전망대

| 전망대 | **Inasayama Observation Deck 稲佐山公園展望台**

홍콩, 모나코와 함께 '세계 신 3대 야경 도시'로 손꼽히는 나가사키의 야경 감상 스폿이다. 나가사키시의 전체 풍경은 물론 수많은 배가 오가는 나가사키 항구, 운젠, 아마쿠사, 고토 섬까지 조망할 수 있어 인기이다. 일몰 시간에 맞추어 가면 나가사키 전경은 물론 아름다운 야경까지 한 번에 볼 수 있어 좋다.

📍 나가사키 3, 4번 계통 버스로 로프웨이마에ロープウェイ前역 하차, 로프웨이로 5분 혹은 나가사키 5번 계통 버스, 무료 순환 버스로 이나사야마稲佐山 버스 정류장 하차
🕗 09:00~22:00   💴 무료
🏠 長崎県長崎市稲佐町364

나가사키 짬뽕

무려 100년 이상의 역사를 지닌 나가사키의 소울 푸드인 짬뽕은 차이나타운의 중화요리 집 시카이로에서 처음 만들어진 것으로 알려져 있다. 새우나 오징어 같은 해산물이 들어간 시원한 맛의 국물과 굵고 쫄깃한 특제 면을 사용하는 것이 나가사키 짬뽕의 특징이다.

코우잔로 중화가 신관

| 짬뽕 | **Kouzanrou** 江山楼 中華街新館

신치 차이나타운과 함께 60년 전통을 지켜나가고 있는 곳으로 나가사키 시내의 많은 나가사키 짬뽕 집 중에서 인기 1위를 달리고 있다. 일반 짬뽕과 사라우동은 1320엔, 상어 지느러미와 더욱 푸짐한 재료가 들어간 특상 짬뽕, 사라우동은 2310엔.

- 노면전차 1, 5호선 신치추카가이新地中華街역에서 도보 5분
- 11:00~15:00, 17:00~20:30, 월요일 휴무, 비정기 휴무
- 長崎市新地町12-2

. Special .
나가사키 짬뽕

시카이로
| 짬뽕 | Shikairou 中華料理 四海樓

나가사키 짬뽕의 원조로 5층 건물 전체가 시카이로이며 1층은 포장 판매 상점, 2층은 짬뽕 박물관으로 운영하고 있다. 나가사키 항구가 바라보이는 훌륭한 전망을 가지고 있어 더욱 인기를 누리는데, 요리를 즐기며 탁 트인 전망도 감상할 수 있다. 나가사키 짬뽕 1210엔, 사라우동 1210엔.

- 노면전차 5호선 오우라텐슈도시타大浦天主堂下역에서 도보 5분
- 11:30~15:00 / 17:00~20:00, 비정기 휴무, 12월 30일~1월 1일 휴무
- 長崎県長崎市松が枝町4-5

만푸쿠
| 짬뽕 | Manpuku 満福

시안바시 요코초思案橋横丁에 있는 짬뽕 집으로 특히 독특한 맛의 카레 짬뽕과 카레 사라우동이 유명하다. 나가사키 짬뽕이 느끼하게 느껴진다면 이곳의 카레 짬뽕을 추천한다. 짬뽕 850엔, 카레 짬뽕 950엔, 카레 사라우동 950엔.

- 노면전차 1, 4호선 시안바시思案橋역에서 도보 2분
- 18:30~02:00, 일요일 휴무
- 長崎県長崎市本石灰町5-1

나가사키 3대 카스텔라

카스텔라는 16세기 포르투갈로부터 전수받은 빵 제조법 중 하나이지만, 포르투갈에 가면 카스텔라라는 빵은 없다. 카스텔라의 본고장, 나가사키에서 태어난 오리지널 3대 카스텔라를 맛보자.

후쿠사야
Fukusaya 福砂屋 長崎本店

390년 전통을 자랑하는 나가사키 원조 카스텔라 가게이다. 기계를 사용하지 않고 손으로 만드는 후쿠사야 카스텔라는 반죽 과정에서 남은 '자라메'라 불리는 설탕 알갱이가 씹히는 것이 특징이다. 가장 작은 사이즈 0.6호 하나에 1323엔. 선물용으로는 후쿠사야 큐브 카스텔라(297엔)도 좋다.

- 노면전차 1, 4호선 시안바시思案橋역에서 도보 3분
- 09:30~17:00, 화요일 휴무
- 長崎県長崎市船大工町3-1

분메이도 총본점
Bunmeido 文明堂 総本店

100년의 역사를 가진 나가사키의 여러 카스텔라 브랜드 중 비교적 후발 주자이지만 늘 새로운 변화를 시도해서 현재 가장 잘 알려진 카스텔라 브랜드가 되었다. 나가사키에만 12개의 직영 매장이 있으니 가까운 곳에 들러 맛을 보자. 가장 작은 사이즈 0.6호 하나에 1080엔.

- 노면전차 1호선 오하토大波止역에서 도보 3분
- 09:00~18:00, 연중무휴
- 長崎市江戸町1-1

쇼오켄
Shooken 松翁軒 本店

1681년 오픈한 곳으로 1900년 파리 대박람회에서 상을 받은 경력을 비롯해 여러 박람회에서 수상 경력이 있을 정도로 맛있다. 2층에 카페 공간이 따로 있어 차와 함께 카스텔라를 즐기기에 좋다. 카스텔라 0.3호 648엔, 0.6호 1296엔, 1호 2160엔.

- 노면전차 3, 4, 5호선 시야쿠쇼市役所역에서 도보 1분
- 09:00~18:00, 연중무휴 (연말연시 제외)
- 長崎県長崎市魚の町3-19

레트로한 나가사키 간식

우리에게 친숙한 밀크셰이크 부터 카스텔라를 변형한 디저트와 차이나타운의 명물 만주까지, 나카사키에서 탄생한 소박하지만 정겨운 대표 간식을 만나러 가보자.

모모 카스텔라

여자 아기가 태어나면 선물로 주었다는 모모 카스텔라는 카스텔라 위에 복숭아 모양의 설탕 세공을 얹은 예쁜 디저트로 현재는 나가사키의 명물이 되었다. 모모 카스텔라 2개, 1670엔.

하쿠스이도 Hakusuidou 白水堂 思案橋本店
- 노면전차 1, 4호선 시안바시思案橋역에서 도보 1분
- 09:30~18:00, 부정기 휴무
- 長崎市油屋町1-3

시스크림 케이크

케이크 사이사이에 커스터드 크림을 넣고 위에는 복숭아, 파인애플, 생크림으로 장식한 시스크림 케이크이다. 시스크림 케이크 1420엔부터.

바이게츠도 Baigetsudou 梅月堂 本店
- 노면전차 1, 4호선 간코도리観光通り역에서 도보 3분
- 10:00~19:00, 연중무휴
- 長崎県長崎市浜町7-3

가쿠니

중국식 찐빵 안에 동파육을 넣어 햄버거처럼 먹는 가쿠니 츠즈미는 신치 차이나타운에서 꼭 먹어봐야 할 먹거리이다. 가쿠니 만주 1개 450엔.

가쿠니야 코지마 Kakuniyakojima 角煮家 こじま
- 노면전차 1, 4호선 간코도리観光通り역 도보 1분
- 09:00~19:00, 1월1일~1월3일 휴무
- 長崎県長崎市銅座町6-12

Special
레트로한 나가사키 간식

미루쿠셰키

연유와 설탕, 달걀로 만드는 셔벗 아이스크림인 나가사키풍 밀크셰이크元祖長崎風ミルクセーキ는 나가사키에 가면 꼭 맛봐야할 디저트로 손꼽힌다. 밀크셰이크를 처음 만든 곳은 츠루짱이며 780엔.

츠루짱 Tsuru-chan ツル茶ん
- 📍 노면전차 1, 4호선 시안바시思案橋역에서 도보 2분
- 🕐 10:00~21:00 연중무휴
- 🏠 長崎県長崎市油屋町2-47

카스텔라 아이스

카스텔라 사이에 바닐라, 말차, 비파(과일), 딸기, 초코 총 5가지 맛의 아이스크림을 넣은 카스텔라 아이스크림(각 350엔)을 맛볼 수 있으며 아이스 모나카(130엔)도 인기이다.

뉴요쿠도 Newyorkdo ニューヨーク堂
- 📍 노면전차 4, 5호선 메가네바시めがね橋역에서 도보 4분
- 🕐 11:00~17:00, 비정기 휴무
- 🏠 長崎県長崎市浜町7-3 1F

치린치린 아이스

1960년부터 시작된 나가사키의 길거리 아이스크림. 종을 울리며 이동식 판매 차량을 끌고 다녀 종소리를 따라 '치린치린 아이스'로 유명해졌다. 1개 250엔. 장미 모양으로 아이스크림을 만들어주어 관광객에게 인기를 끌고 있다.

마에다 빙과 前田冷菓
- 📍 메가네바시, 데지마, 중화 거리 등
- 🕐 겨울 시즌 제외한 3월 말~11월 말, 비오는 날을 비롯한 비정기 휴무

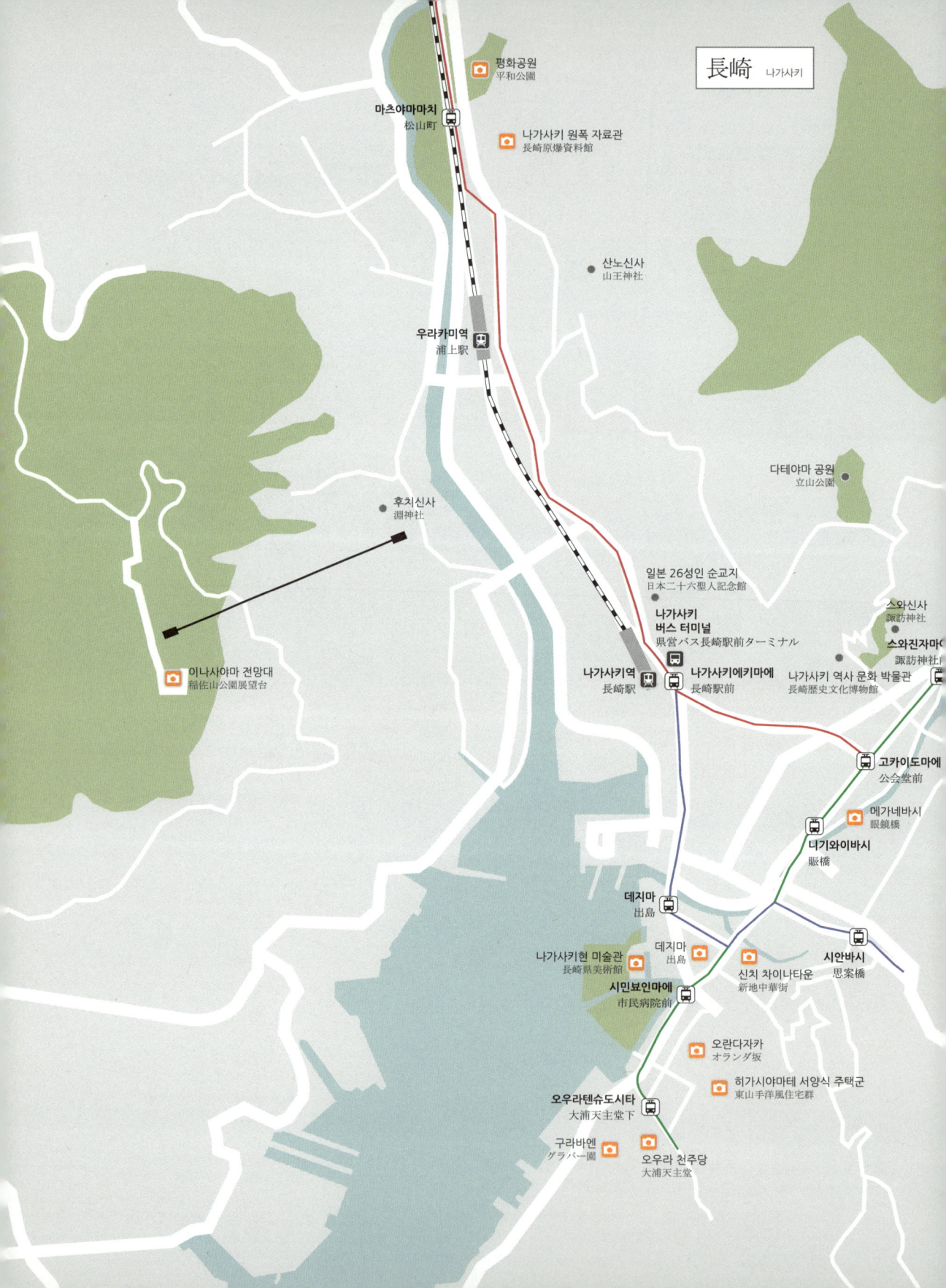

FUKUOKA TRAVEL INFOMATION

후쿠오카 여행 정보

미리 알아두면 좋은

• 한눈에 보는 후쿠오카 기본 정보 •

지리	일본 큐슈 북부에 위치
시차	한국과의 시차는 없다.
비행시간	서울 직항편 기준 1시간 20~30분
날씨	사계절이 있으며 6~7월은 장마철, 여름은 최고 31~34℃로 무덥다. 봄과 가을이 베스트 시즌이며, 겨울에도 많이 춥지 않아 여행하기에 좋다.
비자	90일 이내 단기 체류는 비자가 필요 없다.
통화	통화 단위는 엔(¥) (100엔 = 약 910원, 2023년 10월 기준)
환전	우리나라에서는 시중 은행, 공항 내 환전 은행, 인터넷 및 모바일에서 환전 가능하며, 후쿠오카에서는 환전상 authorized money changer 표시가 있는 은행 또는 점포, 후쿠오카 공항과 후쿠오카항, 하카타역과 캐널시티의 환전소에서 가능하다.
전압	100V, 50~60Hz, '돼지코'라고 불리는 어댑터를 준비해야 한다.
현금 및 신용카드	후쿠오카 여행 하루 예상 경비는 5000엔 정도. 단, 후쿠오카 시내의 소규모 가게나 근교 소도시에서는 신용카드 결제가 안 되는 곳이 많으므로 현금을 넉넉히 준비하는 것이 좋다.
인터넷	지하철역 및 공항 등 주요 지역에서 관광객을 위한 Fukuoka City Wi-Fi를 제공하며 대부분의 호텔과 레스토랑도 무료 Wi-Fi를 제공한다.

• 후쿠오카 휴일과 축제 •

날짜	공휴일 명
1월 1일	정월 초하루
1월 둘째 월요일	성인의 날
2월 11일	건국기념일
2월 23일	천황 탄생일
3월 20일(혹은 21일)	춘분
4월 29일	쇼와의 날
5월 3일	헌법기념일
5월 4일	녹색의 날
5월 5일	어린이날
7월 셋째 월요일	바다의 날
8월 11일	산의 날
9월 셋째 월요일	경로의 날
9월 23일(혹은 24일)	추분
10월 둘째 월요일	체육의 날
11월 3일	문화의 날
11월 23일	근로감사의 날

후쿠오카 휴일과 축제

5월 하카타 돈타쿠 미나토 마츠리 博多どんたく港まつり

무로마치 시대室町時代 1336~1573의 하카타마츠바야시博多松囃子에서 기원한 축제로, 시내 곳곳에 무대가 설치되어 이벤트가 열리며 다채로운 퍼레이드도 펼쳐진다.

- 후쿠오카 시내 일대
- 매년 5월 3~4일

7월 하카타기온 야마카사 博多祇園山笠

무형문화재로 지정된 후쿠오카 최대 축제로 7월 1일부터 거리 곳곳에 신을 모시는 가마 야마카사山笠가 등장하며 마지막 날 새벽 5시에 시작하는 오이야마追い山, 전통 의상을 입은 남성들이 1톤에 육박하는 화려한 야마카사를 들고 거리를 질주하는 행렬가 볼 만하다.

- 후쿠오카 시내 일대
- 매년 7월 1~15일

1월 쇼가츠 타이사이 正月大祭

사업 번창의 신으로 잘 알려진 에비스 신을 모시는 토오카에비스 신사에서 한 해의 복을 비는 축제로 매년 정월에 열린다. 축제 기간 동안에는 신사 주변으로 400개의 노점이 생기며, 게이샤와 마이코가 단체로 신사를 찾는 광경이 볼 만하다.

- 토오카에비스 신사十日恵比須神社, 지하철 하코자키선 치요켄초구치千代県庁口역에서 도보 5분
- 매년 1월 8~11일

10월 하카타 오쿤치 博多おくんち

1200년 전부터 구시다 신사櫛田神社에서 열리는 가을 추수를 감사하는 축제로, 신을 모신 가마 미코시神輿의 행렬과 전통 의상을 입은 아이들의 행렬 등 다양한 퍼레이드가 구시다 신사부터 하카타 도심 곳곳을 누빈다.

- 구시다 신사櫛田神社, 지하철 나카스카와바타中洲川端역, 기온祇園역에서 도보 5분
- 매년 10월 23~24일

• 후쿠오카 시즌 이벤트 •

봄
후쿠오카 성 벚꽃 축제

3월 말부터 4월 초 벚꽃 시즌에는 약 1000그루의 벚꽃나무가 있는 후쿠오카 성터에서 멋진 라이트업이 이루어진다. 낮과는 또 다른 로맨틱한 풍경을 감상할 수 있다.

후쿠오카 벚꽃 명소는 어디?
— 후쿠오카 성터 마이즈루 공원
— 오호리 공원
— 노코노시마 섬 아일랜드 파크

겨울
일루미네이션

빌딩 숲과 거리 곳곳을 색색의 전구로 화려하게 밝히는 빛의 축제인 일루미네이션은 11월부터 크리스마스까지 혹은 1월까지 후쿠오카의 최대 번화가인 텐진과 하카타를 중심으로 이루어진다.

일루미네이션 명소는 어디?
— 텐진 케고 공원 주변
— 후쿠오카 타워
— JR하카타시티 주변

• 알아두면 좋을 간단 TIP •

1. 환전은 인터넷 환전이 수수료 할인 폭도 크고 편리하다. 신한은행의 신한쏠(SOL), 우리은행의 위비톡과 같은 애플리케이션을 이용하면 모바일 환전도 쉽고 간단하게 할 수 있다.

2. 하카타역 1층에는 3곳의 코인 락커가 있으며 지하 1층 지하철 공항선 개찰구 앞과 아뮤플라자 3층에도 코인락커가 있다. 하카타아뮤플라자 9~10층의 레스토랑가 쿠우텐에는 쿠우텐 이용자를 위한 코인락커도 마련되어 있다. 미리 코인 락커의 위치와 이용 시간을 잘 확인해두자.

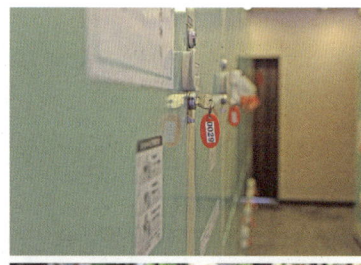

• 로밍 | SIM 카드 | e-SIM | 포켓 Wi-Fi •

	로밍	SIM 카드	e-SIM	포켓 Wi-Fi
장점	기존 한국 번호 그대로 사용 SIM 카드나 라우터 기기 불필요	로밍 대비 저렴한 가격 및 다양한 데이터 선택 가능	기존 번호 그대로 사용 가능 SIM 카드 파손 및 분실 걱정없음	여러 명(3~5인)이 저렴하게 사용 가능
단점	타 상품 대비 비교적 비싼 요금	한국 번호 사용 불가 SIM 카드 분실 및 파손 우려	지원하는 기종이 한정적이며 오류 가능성 있음	여러 명 동시 접속 시 속도 저하 및 휴대와 충전의 번거로움 성수기에 여행 시 예약 필수
유용성	국내와 지속적으로 연락을 해야 하는 상황이 많은 경우	한국 번호로 전화, 문자를 이용할 필요가 없거나 데이터 사용량이 많은 경우	한국 번호로 연락이 필요한 경우 및 가성비와 편리함을 추구하는 경우	여러 명이 대용량 데이터를 로밍 및 유심보다 저렴하게 사용할 경우

• 비짓 제팬 웹 Visit Japan Web •

비짓 제팬 웹Visit Japan Web은 입국 수속 온라인 서비스로 입국 신고서와 세관 신고서를 웹으로 미리 등록하는 전자 신고 제도로, 하네다, 나리타, 간사이, 추부, 후쿠오카, 신치토세, 그리고 나하 공항 등 7개의 공항에서 이용할 수 있다.

비짓 제팬 웹은 웹사이트(www.vjw.digital.go.jp/main/#/vjwplo001)에서 계정을 만든 후 등록하며, 등록 전 여권, 이메일주소, 항공권을 미리 준비해 두면 원활하게 진행할 수 있다.

비짓 제팬 웹의 등록순서는 다음과 같다.
1. 개정생성(회원가입) → 2. 이용자 정보 등록 → 3. 입국 일정 등록 → 4. 입국 심사 준비 → 5. 세관신고 준비.
- 이 모든 과정을 거치면 파란색의 입국신고서 QR과 노란색의 세관신고서 QR이 생성된다.
- QR은 입국 시 사이트에 접속해서 사용해도 되고, 핸드폰에 캡쳐를 받아놨다가 사용해도 된다.
- 비짓 제팬 웹은 기존 한 명씩 계정을 만들어서, 각각 등록해야 한다. 단, 아기나 신장 100cm 미만의 어린이처럼 혼자 입국 수속이 어려운 경우 동반자로 등록할 수 있다.
- 비짓 제팬 웹은 입국일 기준 2주 이내에 등록할 것을 권장하고 있으며, 일본 도착 6시간 전까지 등록을 완료해야 한다.

Tip. * 인터넷과 앱으로 모두 등록 가능하기 때문에, 부모님들의 신고서를 자녀들이 대리로 등록할 수 있다. 단, 등록 후 생성된 QR은 반드시 부모님의 핸드폰에 저장해 두자.
* 공항 내에서 인터넷이 원활하게 이용할 수 없는 경우를 대비해, QR은 핸드폰에 캡쳐해 놓는 것이 좋다.
* 비짓 제팬 웹 이용이 어려울 경우, 기존처럼 종이로 된 입국신고서, 세관신고서를 수기로 작성해도 된다.

• 유용한 앱 •

구글 지도 Google map
220개 국가와 지역을 아우르는 정확한 지도 앱. 최적의 경로 검색 및 즐겨찾기 장소 표시, 오프라인 지도 다운로드 가능

우버 Uber
전세계적으로 가장 많이 사용되는 택시 앱. 우리나라에서 쓰던 번호 그대로 이용 가능.

네이버 파파고 Papago
10개 국어 통역, 번역 애플리케이션. 이미지를 촬영해 번역도 가능

디디 DiDi
영어 지원이 되고, 일본 전화번호를 따로 입력하지 않아도 되서서, 일본내 택시 어플 중 외국인이 많이 사용.

Norikae Annai - Japan Transit
일본 국내의 철도, 비행기를 이용한 경로를 검색하는 어플리케이션

카카오 T Kakao T
가장 친숙한 택시 어플. 홈 화면에서 오른쪽 상단 여행 탭, 해외차량호출에서 이용.

후쿠오카의 교통 & 유용한 패스

• 시내 교통 •

지하철 地下鉄

공항선(空港線), 하코자키선(箱崎線), 나나쿠마선(七隈線) 3개 밖에 없어 복잡하지 않다. 승차권 구입 방법은 역 내의 자동판매기를 이용하면 되며, 목적지의 금액을 확인 후 해당 금액을 터치하고 돈을 넣으면 된다. 발매기는 한국어, 영어, 중국어도 지원하고 있으며 기본요금은 210엔이다.

버스 バス

후쿠오카 주요 관광지까지는 니시테츠 버스에서 운영하는 시내 노선버스를 가장 많이 이용하게 된다. 기본 요금 150엔부터. 버스 시간표 및 노선 정보 검색은 jik.nishitetsu.jp/menu 에서 할 수 있다.
▶ 하카타역~구라모토~텐진~야쿠인 구간 (107P 맵 참고)은 균일하게 150엔으로 버스를 이용할 수 있어 승차 시 정리권을 뽑을 필요가 없다. 동일해 다른 버스와 달리 승차 시 정리권을 뽑을 필요가 없다.

• 후쿠오카 시내 유용한 카드 및 패스 •

이름	설명	요금
IC 카드	• 지하철, 열차, 버스에서 모두 사용 할 수 있는 충전식 교통 카드. • 큐슈 내 JR역과 지하철역에서 각각 구매할 수 있는 스고카 SUGOCA와 하야카켄はやかけん 뿐만 아니라 큐슈 외 지역에서 발매한 스이카 SUICA 혹은 파스모 PASMO 도 이용 가능하다.	계속 충전해서 이용 **2,000엔** (사용가능금액 1,500엔, 보증금은 500엔)
후쿠오카 투어리스트 시티 패스 FUKUOKA TOURIST CITY PASS	• 후쿠오카 시내버스와 지하철, JR의 일부 구간을 자유롭게 이용할 수 있는 단기 체류 외국인 여행자 대상의 1일 승차권 • 미술관, 박물관, 후쿠오카 타워, 마린월드 등 관광 명소에서의 입장료 할인도 제공한다. (참고 gofukuoka.jp/ko/citypass.html) • 니시테츠 텐진고속버스터미널, 하카타 버스터미널, 후쿠오카공항 버스터미널, 니시테츠 후쿠오카(텐진)역, 하카타항 국제터미널 종합안내소, 후쿠오카시 지하철 고객서비스센터 텐진역 및 하카타역, 하카타역 종합안내소, 후쿠오카시 관광안내소(텐진) 등에서 판매하고 있다. • 이용하고자 하는 날(년/월/일)의 스크래치 부분을 긁어서 하차 시 패스를 보여주면 된다.	1일간 유효 **후쿠오카 시내** 어른 1,700엔, 어린이 850엔 **후쿠오사 시내 + 다자이후** 어른 2,000엔, 어린이 1,000엔
후쿠오카 지하철 1일 승차권	• 1일간 횟수에 제한 없이 지하철 전 노선에 승차할 수 있는 프리패스 승차권. • 후쿠오카 주요 관광시설과 쇼핑시설에서 할인 및 특전도 제공 한다. (참고 subway.city.fukuoka.lg.jp/kor/fare/one/) • 후쿠오카시 지하철 각 역 발매기, 고객서비스센터, 후쿠오카시 관광안내소(텐진), 후쿠오카시 관광안내소(하카타역), 하카타항 국제터미널 종합안내소에서 구매할 수 있다.	1일 또는 2일간 유효 성인 640엔, 어린이 320엔
후쿠오카 시내 1일 자유 승차권 福岡市内1日 フリー乗車券	• 후쿠오카 시내에서 운행하는 노선버스를 1일 동안 무제한으로 이용 가능한 프리패스 승차권. • 후쿠오카 공항 버스터미널, 하카타버스터미널, 시내 버스 차내에서 판매한다. • 이용하고자 하는 날(년/월/일)의 스크래치 부분을 긁어서 버스 하차 시 패스를 보여주면 된다.	1일간 유효 성인 1,000엔, 어린이 500엔

후쿠오카 지하철 노선도
공항선 空港線
하코자키선 箱崎線
나나쿠마선 七隈線
JR 치쿠히선 JR筑肥線
K01 메이노하마 姪浜
K02 무로미 室見
K03 후지사키 藤崎
K04 니시진 西新
K05 도진마치 唐人町
K06 오호리코엔 大濠公園
K07 아카사카 赤坂
K08 텐진 天神
K09 나카스카와바타 中洲川端
K10 기온 祇園
K11 하카타 博多
K12 히가시히에 東比恵
K13 후쿠오카공항 福岡空港
H01
H02 고후쿠마치 呉服町
H03 치요켄초구치 千代県庁口
H04 마이다시큐다이뵤인마에 馬出九大病院前
H05 하코자키미야마에 箱崎宮前
H06 하코자키큐다이마에 箱崎九大前
H07 가이즈카 貝塚
N01 하시모토 橋本
N02 지로마루 次郎丸
N03 카모 賀茂
N04 노케 野芥
N05 우메바야시 梅林
N06 후쿠다이마에 福大前
N07 나나쿠마 七隈
N08 카나야마 金山
N09 차야마 茶山
N10 베후 別府
N11 롯폰마쓰 六本松
N12 사쿠라자카 桜坂
N13 야쿠인오도리 薬院大通
N14 야쿠인 薬院
N15 와타나베도리 渡辺通
N16 텐진미나미 天神南
N17 쿠시다진자마에 櫛田神社前
N18
모지코 방면
JR큐슈신칸센 九州新幹線
니시테츠텐진오무타선 西鉄天神大牟田線
JR가고시마본선 鹿児島本線
니시테츠야나가와 방면
가고시마 방면

후쿠오카 버스 150엔 구간
구라모토 蔵本
고후쿠마치 呉服町
하카타고초 博多五町
고후쿠마치역 呉服町駅
아크로스후쿠오카・스이쿄텐만구마에 アクロス福岡・水鏡天満宮前
나카스카와바타역 中洲川端駅
오쿠노도우 奥の堂
도이마치 土居町
도초지
텐진 다이와쇼켄 마에 天神大和証券前
나카스 中洲
카와바타마치・하카타자 마에 川端町・博多座前
기온역 祇園駅
텐진기타 天神北
기온마치 祇園町
구시다 신사
히가시나카스 東中洲
쿠시다진자마에역 櫛田神社前駅
에키마에 잇초메 駅前一丁目
텐진역 天神駅
아크로스후쿠오카
캐널이스트비루 마에 キャナルイーストビル前
하카타 버스터미널 博多バスターミナル
텐진코아 마에 天神コア前
하루요시 春吉
미나미신치 南新地
하카타역 博多駅
니시테츠 후쿠오카역(텐진) 西鉄福岡駅(天神)
텐진미나미역 天神南駅
캐널시티 하카타
캐널시티 하카타 마에 キャナルシティ博多前
하카타에키마에E (하카타역 앞) 博多駅前E
하카타에키마에A (하카타역 앞) 博多駅前A
하루요시 春吉
텐진 고속버스터미널 天神高速バスターミナル前
텐진 다이마루 마에 天神大丸前
TVQ마에 TVQ前
와타나베도리역 渡辺通駅
스미요시 신사
에키마에 욘쵸메 駅前四丁目
야쿠인역 薬院駅
야쿠인에키마에 薬院駅前

후쿠오카 일일 버스 투어

다자이후나 유후인과 같은 후쿠오카 근교와 주변 지역을 여행할 때 일일 버스 투어를 이용하면 시간과 비용을 절약하고 좀 더 편안하게 이동할 수 있다. 후쿠오카에서 출발하는 일일 버스 투어는 여러 회사에서 운영하고 있는데 각각 제공하는 투어 프로그램과 비용이 다르기 때문에 자신의 일정과 상황을 잘 고려하여 선택하는 것이 좋다.

버스 투어, 이런 사람에게 좋다
보통 만 2세 미만의 영아는 무료로 버스투어를 이용할 수 있기 때문에 아이를 동반한 가족 또는 부모님과 함께 가는 자유 여행의 경우 대중교통보다는 일일 버스 투어가 유용하다. 또한 짧은 시간 내에 후쿠오카 근교를 두루 돌아보고 싶은 사람에게도 버스 투어가 효율적이다.

버스 투어 이용 방법
홈페이지에서 원하는 투어를 고른 후 원하는 날짜로 예약한다. 날짜별로 예약 가능과 출발 확정 등이 표시되어 있다. 예약 후에 확정을 받아야 결제할 수 있으며 결제까지 완료하면 바우처를 출력할 수 있다. 좌석은 선착순으로 사전에 지정 좌석 예약은 되지 않으며 보통은 가이드 팁이 요금에 포함되어 있다. 예약하기 전에 각 회사 홈페이지의 상품별 포함 내역과 예약 취소 규정을 꼼꼼히 살펴보자.

후쿠오카, 이런 관광버스도 있다

오픈톱 버스 후쿠오카 주요 관광지를 잇는 관광버스로 지붕이 없는 2층 버스이다. 시사이드 모모치 코스, 하카타 도심 코스, 후쿠오카 야경 코스 등 여러 코스가 있다.
후쿠오카 시청 내 승차권 카운터에서 당일 탑승 20분 전까지 승차권을 구매하거나 전화로 예약을 할 수 있다. 요금은 성인 1570엔, 어린이 790엔 (안전상의 이유로 만 4세 미만 어린이는 승차할 수 없음)
@ fukuokaopentopbus.jp/ko/
☎ +81-92-734-2787

유투어 버스

큐슈 후쿠오카를 시작으로 대마도, 오키나와, 오사카, 홋카이도 지역까지 상품을 확대하여 다양한 버스 투어를 운영하는 일본 현지 여행사이다.

특징 | 다른 버스 투어에 비해 관광지에서 자유 시간이 여유 있어 좋고 일정 중간에 합류할 수 있다는 것도 장점이다. 기본 49인승 대형 버스로 운영되며 인원에 따라 10인승이나 소형, 중형 버스로 편성된다. 유투어 버스에서 자체 제작한 관광지 지도도 제공한다.

예약 방법 | 홈페이지에서 예약하거나 유투어 버스 상담 전화 또는 전용 카톡 플러스친구로도 예약할 수 있다. 예약을 한 후 확정되면 무통장 입금 또는 카드로 결제할 수 있다. 현지 결제 불가.

추천 투어 상품 | 하카타 출발-다자이후 관광-유후인 관광-벳푸 관광-하카타 도착, 5만 9000원
하카타 출발-유후인 관광(중식)-쿠로카와 관광-하카타 도착, 5만 9000원

홈페이지 | www.youtourbus.com
전화 | 070-5213-2608(한국 내)

※ 유투어 버스 외에도 다양한 1일 버스 투어 회사들이 있다. 대부분의 1일 버스 투어 코스는 하카타 출발 > 유후인 > 벳푸 > 하카타 도착이다. 히타가 들어가는 코스도 있다. 가격대도 5만 9000원 선으로 대부분 동일하므로, 원하는 날짜에 이용 가능한지를 확인 후 특전과 코스를 꼼꼼히 따져보고 예약하는 것이 좋다.

• 후쿠오카 근교 여행 •

하카타에서 JR 혹은 고속버스로 2~3시간을 이동하면 나가사키 같은 유명 관광지나 유후인, 벳푸 등 다양한 온천지로 갈 수 있다. 각 지역별 교통수단 및 소요시간, 금액을 살펴보자.

JR

하카타에서 출발, 유후인, 벳푸, 나가사키, 우레시노, 타케오 등 주요 관광지까지 이동할 수 있다. 하카타~유후인 구간을 운행하는 관광열차 유후인노모리ゆふいんの森가 인기. 열차 예약은 이용 예정일 한 달 전부터 가능하다.

주요역까지 소요 시간 및 요금

행선지	소요시간	요금	열차 명
유후인由布院	123분	4660엔	JR특급 유후JR特急ゆふ 혹은 JR특급 유후인노모리JR特急ゆふいんの森
벳푸別府	121분	5940엔	JR특급 소닉JR特急ソニック
타케오 온천武雄温泉	59분	2880엔	JR특급 리레카모메JR特急リレーかもめ
우레시노 온천嬉野温泉	100분	3710엔	JR특급 리레카모메JR特急リレーかもめ → 타케오온센역에서 JR신칸센 카모메JR新幹線かもめ로 환승
나가사키長崎	124분	5520엔	JR특급 리레카모메JR特急リレーかもめ → 타케오온센역에서 JR신칸센 카모메JR新幹線かもめ로 환승

* 열차 요금은 자유석 기준임.
* 환승역 및 환승 열차 명은 시간대에 따라 변경될 수 있음.
* 열차 예약은 이용 예정일 한 달 전부터 가능하다.
* 열차 예약 www.jrkyushu.co.jp/korean/

고속버스

하카타, 텐진, 공항에서 출발, 주요 관광지까지 다이렉트로 이동할 수 있다. 특히 공항에서 바로 유후인, 벳푸, 쿠로카와까지 이동할 수 있다는 매리트가 있다. 쿠로카와는 열차로는 이동이 힘들기 때문에 고속버스를 이용해야 한다.

주요역까지 소요 시간 및 요금

출발지	행선지	소요시간	요금	교통편
후쿠오카 공항 하카타, 텐진	유후인 由布院	1시간 50분~ 2시간 10분	3250엔	니시테츠 고속버스 유후인호ゆふいん号
후쿠오카 공항 하카타, 텐진 국제선 터미널	벳푸 기타하마 別府北浜	2시간 05분~ 2시간 45분	3250엔	니시테츠 고속버스 후쿠오카~벳푸선福岡~別府線
후쿠오카 공항 하카타, 텐진	쿠로카와온천 黒川温泉	2시간 20분~ 2시간 40분	3470엔	니시테츠 고속버스 후쿠오카~쿠로카와 온센선福岡~黒川温泉線
후쿠오카 공항 하카타, 텐진	우레시노 嬉野	1시간 25분~ 2시간 05분	2200엔	니시테츠 고속버스 큐슈호九州号
후쿠오카 공항 하카타, 텐진	나가사키 長崎	2시간 20분 ~2시간 30분	2900엔	니시테츠 고속버스 큐슈호九州号

* 버스 예약은 이용 예정일 한 달 전부터 가능하다.
* 버스 예약 www.atbus-de.com/

한눈에 보는 근교 노선 탑승 장소

후쿠오카 근교 유용한 패스

산큐 패스 SUNQ PASS	@ www.sunqpass.jp/korean/ 큐슈 전체 및 시모노세키까지의 고속버스, 노선버스, 일부 선박을 무제한으로 이용할 수 있는 프리 패스이다. 북부 큐슈와 시모노세키 구간에서 사용할 수 있는 북큐슈 3일권 및 큐슈 전 지역에서 이용할 수 있는 전 큐슈 3일권, 4일권 티켓이 있다. 산큐 패스 소지자는 사전에 인터넷 www.highwaybus.com/gp/index을 통해 좌석을 예약한 뒤 예약 내역과 패스를 보여주면 버스 티켓을 받을 수 있다. 한국 여행사에서도 판매하며 국내에서 좀 더 저렴한 가격으로 구매할 수 있다. 추천 후쿠오카 시내버스 및 유후인, 벳푸행 고속버스 이용 여행객	북큐슈 3일권 9000엔, 전 큐슈 3일권 1만 1000엔, 전 큐슈 4일권 1만 4000엔
JR북큐슈 레일 패스 JR Northern Kyushu Rail Pass	@ www.jrkyushu.co.jp/korean/railpass/railpass.html 북큐슈 지역에 한해 3일과 5일 동안 JR 열차를 무제한으로 이용할 수 있는 패스이다. 패스는 한국 여행사 및 일본 JR하카타역 미도리노마도구치みどりの窓口 등 각 JR역의 창구에서 구입할 수 있으며, 한국에서 구입한 패스의 교환도 JR역의 미도리노마도구치를 이용한다. 추천 유후인 벳푸, 나가사키, 하우스텐보스 행 열차를 이용하는 여행객	유효기간은 패스 교환일로부터 3일간, 5일간 3일권 성인 1만 엔, 어린이 5000엔. 5일권 어른 1만 4000엔, 어린이 7000엔
후쿠오카 투어리스트 시티 패스 FUKUOKA TOURIST CITY PASS	@ gofukuoka.jp/ko/citypass.html 후쿠오카 시내버스와 지하철, JR의 일부 구간에 니시테츠 전철이 더해진 후쿠오카 투어리스트 시티 패스의 확장판. 후쿠오카 주요 관광 명소 입장료 할인도 제공한다. 후쿠오카 공항버스 승강장, 하카타 및 텐진 버스 터미널과 하카타역 종합 안내소, 텐진 관광 안내소, 지하철 역 내 고객 센터에서 판매하고 있다. 추천 후쿠오카 시내의 버스와 지하철 및 다자이후 행 니시테츠 전철 이용 여행객	1일간 유효 후쿠오카 시내 성인 1700엔, 어린이 850엔 후쿠오카 시내+다자이후 성인 2000엔, 어린이 1000엔
다자이후 야나가와 관광 티켓 太宰府・柳川観光きっぷ	@ www.nishitetsu.jp/kr/ticket/ 니시테츠후쿠오카(텐진)역 또는 야쿠인역에서 다자이후, 야나가와역까지의 왕복 승차권과 야나가와에서의 뱃놀이 승선권 세트. 다자이후, 야나가와의 일부 관광 시설 입장료 할인도 제공한다. 니시 테츠후쿠오카(텐진)역 또는 야쿠인역에서 구매할 수 있으며 탑승 시 승차권을 개찰구 옆에 있는 직원에게 제시하면 된다. 추천 후쿠오카에서 니시테츠 전철을 이용해 당일치기로 다자이후, 야나가와를 방문하는 여행객	성인 3340엔, 어린이 1680엔

일본 렌터카 여행 안내

버스, 열차 여행과는 또 다른 자유와 여유로움을 만끽할 수 있는 렌터카 여행. 특히 홋카이도는 삿포로와 같은 대도시를 조금만 벗어나면 한적한 도로가 많고 자연경관이 빼어나 렌터카 여행에 대한 수요가 늘어나고 있다. 홋카이도 렌터카 여행에 필요한 핵심 정보들을 미리 살펴보자.

일본 렌터카 여행 준비 단계

1 | 국제 운전 면허증 준비
렌터카 여행을 계획 중이라면 일본에 가기 전에 국제 운전 면허증을 발급받아야 한다. 여권과 운전 면허증, 여권용 사진을 지참하고 전국 운전 면허 시험장 또는 각급 지정 경찰서에서 발급받을 수 있다.

2 | 렌터카 예약
렌터카는 최소 이용 날짜의 일주일 전까지는 예약을 해두는 것이 좋다. 각 렌터카 회사의 인터넷 홈페이지나 렌터카 가격 비교 사이트, 여행사를 통해서 손쉽게 신청할 수 있다. 신청할 때 빌리는 날과 반납하는 날, 차종(일본은 클래스로 구분), 편도 여부, 내비게이션이나 ETC 카드, 유아 시트와 같은 옵션 등을 정해 예약하도록 한다. 렌터카는 보통 6시간, 12시간, 24시간 단위로 빌릴 수 있다. 예약 시 사고를 대비해 면책 보상 제도에 가입되어 있는지 확인한다. 예약이 완료되면 등록한 메일로 확인 메일이 온다.

일본 렌터카 비교 예약 | 타비라이 | kr.tabirai.net/car

3 | 렌터카 수령
본인이 예약한 렌터카 회사의 영업소 창구로 가서 수령하는데 이때 반드시 여권과 국제 운전 면허증, 신용카드, 사전 예약을 했다면 예약 내역도 함께 가지고 가야 한다. 요금은 신용카드로 지불하게 되어 있다. 차량 외부에 손상이 있는지 미리 확인하고 시동을 걸어서 차 내부에 문제가 없는지와 유류와 연료량을 확인한다. 사전에 언어 설정이 되어 있는 경우도 있지만, 설정되어 있지 않다면 한국어로 설정해 놓는다.

4 | 그 밖에 알아둬야 할 렌터카 정보
공항에서 출발하는 렌터카를 신청한 경우 공항 부지 내에 있는 경우를 제외하고는 대부분 공항 근처 렌터카 영업소까지 송영 버스로 이동한다. 그 밖에 시내의 역 주변에 있는 렌터카 영업소의 경우에는 스스로 이동해야 한다. 또한 렌터카는 연료가 가득 찬 상태에서 대차되기 때문에 반납 시에도 연료를 가득 채워야 한다. 이때 영수증을 꼭 챙겨두도록 하자.

TIP1 | 렌터카에 필수로 불리는 ETC란?
우리나라의 하이패스처럼 유료 도로 요금소에서 일시 정지 없이 요금소를 통과하고 요금은 후불로 모아 지불하는 시스템이다. 렌터카 이용 시 대여할 수 있으며 차를 반환할 때 후불로 정산하게 되며 특히 주말과 공휴일, 심야 시간(자정에서 새벽 4시)에는 약 30% 통행료 할인 혜택을 받을 수 있어 좋다. 홋카이도를 장기간 여행한다면 일정액으로 마음껏 이용할 수 있는 홋카이도 고속도로 패스 HEP(Hokkaido Expressway Pass)를 이용해보자. 외국인에 한해 구매할 수 있으며 대부분의 렌터카 회사에서 취급하고 있다.

TIP2 | NOC 보상 제도 확인하기
NOC(논 오퍼레이션 차지)란 사고가 발생해 차량의 수리나 청소 등이 필요할 경우 그 기간 중 영업 보상의 일부로 손상 정도와 수리 기간에 상관없이 고객이 부담해야 하는 금액이다. 면책 보상 제도에 가입되어 있는 경우라 하더라도 동일하게 부담해야 한다. NOC의 비용까지 면제받을 수 있는 보상 제도(세이프티팩 등의 이름)도 존재하는데, 렌터카 회사에 따라 제공되지 않을 수도 있으니 사전에 확인하도록 하자.

꼭 알아야 할 일본 운전 수칙

1 | 운전석과 주행 도로 방향이 우리와는 반대
일본 차량은 운전자석과 핸들, 기어, 차량 지시등이 우리나라와 반대로 모두 오른쪽에 있고 통행 방향도 반대이기 때문에 자칫하다간 역주행할 위험이 있다. 따라서 운전을 하기 전에 미리 이미지트레이닝을 하면서 반대로 생각하는 연습을 해두는 것이 좋다. 중앙 차선은 항상 오른쪽에 둔 상태에서 주행하며 좌측 통행이기 때문에 도로 왼쪽으로 진입해야 한다. 법적 제한속도는 일반 도로는 시속 60km, 고속도로는 시속 100km이다.

2 | 우회전 차는 반드시 양보하자
일본은 좌회전이 우선이기 때문에 본인이 우회전할 때에는 마주 오는 차량이 우선이 되어야 한다. 마주 오는 차량이 직진 또는 좌회전을 하고난 후에 우회전을 하도록 한다. 좌회전이든 우회전이든 관계없이 보행자가 항상 우선이므로 방향 전환을 할 때는 보행자에 주의해야 한다.

3 | 고속도로 1차선은 추월할 때만 사용
2차선 주행의 고속도로는 주행 차선과 추월 차선으로 나뉘어 있다. 왼쪽의 주행 차선에서 주행하며 추월할 때는 오른쪽 차선을 이용한다. 추월 차선에서 5분 이상 주행하면 단속에 걸릴 수 있으므로 추월 후에는 반드시 원래의 주행 차선으로 돌아와야 한다. 또한 자동차 전용 도로나 고속도로에서는 황색 실선을 볼 수 있는데 이는 앞지르기 금지 표시이기 때문에 주의해야 한다.

4 | 빨간 신호등은 무조건 멈춤!
빨간 신호등이 켜지면 직진 차량은 물론 좌회전 차도 정지해야 한다. 단, 신호등이 빨간색이고 그 밑에 녹색 화살표가 표시될 경우엔 그 화살표 방향에 한해서는 회전이 가능하다.

5 | '일시 정지' 표지판에 주의할 것
우리나라 운전자가 특별히 주의해야 하는 것이 바로 '일시 정지' 표지판으로, 철도 건널목이나 골목길에서 이를 무시하고 그냥 가다가는 범칙금을 물게 되는 경우가 많다. 일단 '일시 정지' 표지판을 만나면 잠시 멈춰 서서 좌우를 살핀 뒤 다시 출발해야 한다.

6 | 겨울철 드라이브는 특히 조심
큐슈는 일 년 중 눈이 오는 날이 열손가락으로 꼽을 수 있다. 따라서 눈이 내리면 고속도로에는 교통이 통제되는 구간이 많다. 겨울 운전 시, 눈이 오는 날은 도로 통제 상황을 미리 확인하고 목적지로 향하는 것이 좋다.

도로 표지판 미리보기

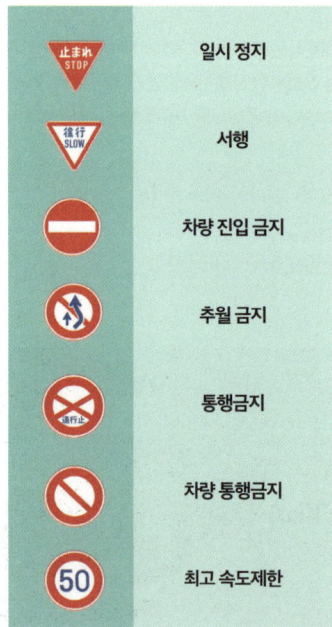
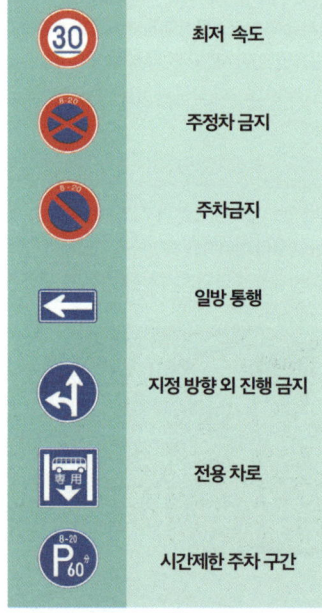
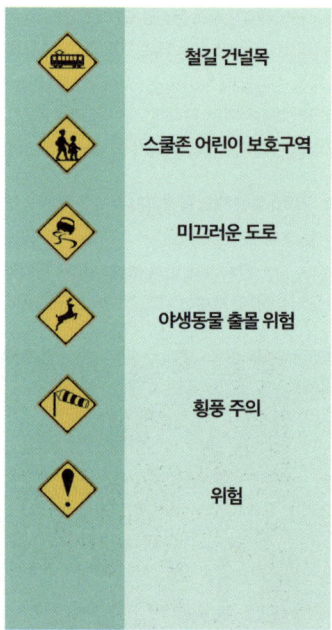

알아두면 좋을 꿀팁

1 | 맵 코드 활용하기

맵 코드란 내비게이션 주소를 검색하기 쉽게 6~10자리의 숫자 코드로 변환해놓은 것으로 목적지를 검색할 때 영문이나 일본어 대신 맵 코드를 입력하면 편리하다. 맵 코드 일람표를 준비해놓는 렌터카 회사도 있으며 홈페이지 japanmapcode.com/ko에서 맵 코드를 검색할 수 있다. 맵 코드가 명확하지 않을 때는 전화번호로도 검색이 가능하다.

2 | 주차장 이용하기

일본은 길가에 차를 세울 수 없고 주차 위반 시 과태료가 1만~1만 8000엔 정도로 높다. 따라서 가고자 하는 관광 스폿 근처에 주차장이 있는지 미리 확인을 해보는 것이 좋다.

코인 파킹 | 1시간 또는 15분, 30분 등 시간 단위로 주차 요금이 발생하는 주차장으로 요금은 정산기에서 지불한다. 비어 있는 주차 공간에 차를 세우면 일정 시간이 지나 잠금장치가 올라간다. 출고하기 전 정산기에서 주차 위치 번호를 입력한 후 현금, 또는 신용카드로 결제하면 잠금장치가 내려간다.

파킹 미터 | 파킹 미터 표시가 있는 도로에서는 표시된 구역에 규정된 시간 동안 주차를 할 수 있다. 파킹 티켓 발행기에 동전을 투입하면 주차 허가증이 발행되며 이 허가증은 밖에서 보이도록 앞 유리 안쪽에 붙여둔다. 요금을 지불할 때는 100엔 동전만 사용할 수 있다. 보통 주차 가능 시간은 60분 이내로 규정되어 있으며 시간을 초과하면 주차 위반이 되므로 주의할 것.

유료 주차장 | 시가지나 백화점, 쇼핑센터 등에 병설되어 있는 유료 주차장은 일정 금액 이상 물건을 구매하면 무료가 되거나 요금이 할인되는 곳이 많다. 쇼핑이나 식사를 했다면 영수증을 챙겨두자. 삿포로역 주변은 1시간에 300~400엔 정도, 오도리 부근은 1시간에 400~500엔 정도이다.

주의!
월정액 주차장과 같은 계약 주차장 또는 주차 금지 도로 및 구역, 관계자 전용 주차장에 차를 세우지 않도록 주의할 것

3 | 주유소 이용하기

일본의 주유소는 크게 풀서비스와 셀프서비스로 나뉘는데 직원이 가솔린을 넣어주고 간단하게 차창을 닦는 것이 풀서비스, 운전자가 직접 가솔린을 넣는 저렴한 방식이 셀프서비스이다. 가솔린은 레귤러(レギュラー / 보통 차용), 고급 휘발유인 하이오쿠(ハイオク/하이오쿠 차용)가 있으니 차종에 따라 확인하고 넣도록 한다. 가격은 보통 하이오쿠가 더 비싸다. 24시간 운영하는 주유소가 많지 않으므로 가능할 때 연료를 꽉 채워두는 것이 좋다.

4 | 셀프 주유는 이렇게

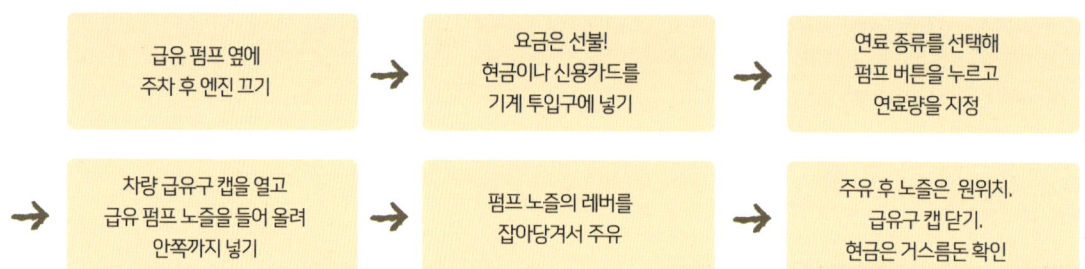

5 | 큐슈 주요 관광지 맵코드

도시 명	관광지 이름	맵코드
후쿠오카 福岡	다자이후 텐만구 太宰府天満宮	553 338 01*56
	후쿠오카 타워 福岡タワー	13 312 760*74
	모모치 해변공원 ももち海浜公園	13 312 760*74
	아크로스 후쿠오카 アクロス福岡	13 318 524*17
	오호리 공원 大濠公園	13 315 347*03
	마리노아시티 쇼핑몰 マリノアシティー	13 338 206*25
	캐널시티 キャナルシティ	13 319 438*77
	난조인 南蔵院	55 698 836*66
유후인 由布院	JR유후인역 JR由布院駅	269 357 088*85
	긴린코 金鱗湖 주차장	269 359 583*82
벳푸 別府	유메타운 벳푸 YOUME TOWN	46 376 574*47
	묘반 유노사토 明礬湯の里	46 519 708*25
	가마솥 지옥 かまど地獄	46 522 481*85
	바다 지옥 海地獄	46 521 411*22
	찜공방 칸나와 地獄蒸し工房 鉄輪	46 522 373*41

도시 명	관광지 이름	맵코드
타케오 武雄	타케오 신사 武雄神社	104 377 206*41
	타케오 시립 도서관 武雄市図書館	104 378 304*11
	타케오 온천 武雄温泉	104 407 151*00
나가사키 長崎	구라바엔 グラバー園	443 824 644*30
	원폭자료관 長崎原爆資料館	262 089 242*74
	평화공원 平和公園	262 088 443*45
	데지마 出島	443 854 864*14
	오우라 천주장 大浦天主堂	443 824 709*50

* 상기의 맵코드는 참고용으로 내비게이션에서 재확인 요망

日本 여행의 온갖 매력

샬레트래블 맞춤 일본여행

전용 차량과 가이드, 이색 호텔까지
오직 나만을 위한 맞춤형 일본 여행

Japan Travel by Chalet.　www.chalettravel.kr　tel 02.323.1202

럭셔리 여행 리더들의 네트워크,
샬레트래블과 함께하는 머무름
Chalet's Member Hotels

오직 샬레에서만 가능한,
Chalet's Member Hotels 네트워크의 **특별한 VIP 혜택**

1. 매일 2인 조식
2. 100달러 상당의 호텔 크레딧
   (호텔에 따른 적용 범위-푸드 & 음료, 스파, 액티비티 등- 별도 안내)
3. 룸 업그레이드 확정 or 우선 권한
4. 룸 얼리 체크 인 & 레이트 체크 아웃 확정 or 우선 권한
5. 호텔에 따라 추가 웰컴 어메니티 및 별도의 혜택이 주어지는 경우 별도 안내
   (공항-호텔간 픽업, 마사지 제공, 애프터 눈 티, 와인, 추가 크레딧 등)
6. 호텔 멤버쉽 포인트 적립 (일부 호텔 한정)

전세계 상위 2% 럭셔리 여행 네트워크인 버츄오소 Virtuoso 에이전트 및
샹그릴라 럭셔리 서클, 스몰 럭셔리 호텔스, 리딩호텔스 오브 더 월드,
호시노리조트, 아만, 포시즌스 등 다양한 호텔브랜드 & 그룹과의
협력관계 구축을 통한 특별한 머무름을 선사합니다.

샬레트래블앤라이프

www.chalettravel.kr   02.323.1280

샬레트래블북
FUKUOKA
후쿠오카

초판 발행 2017년 9월 18일
개정 2판 발행 2023년 11월 1일

글 | 박민주, 손경아
사진 | 정소현
펴낸곳 | ㈜샬레트래블앤라이프
펴낸이 | 강승희 강승일
출판등록 | 제 313-2009-66
주소 | 서울시 마포구 서교동 어울마당로 5길 26. 1~5F
전화 | 02-323-1280
판매 & 내용 문의 | 02-323-1280 travelbook@chalettravel.
디자인 | 말리북
지도 일러스트 | 김선애

ISBN 979-11-88652-31-0 (13910)
값 18,000원

CHALET Travel Book은 ㈜샬레트래블앤라이프의 출판브랜드입니다.

이 책의 저작권은 저작권법에 보호받는 저작물이므로 무단 전재와 무단 복제를 금합니다.
잘못된 책은 구입하신 곳에서 교환해 드립니다.

Special Thanks
많은 도움을 주신 일본관광청 담당자 분들께 감사의 인사를 전합니다.

www.chalettravel.kr